챌린저 세일
과학적으로 밝혀진 우수 영업 사원의 시크릿 영업 전략

챌린저 세일

발행일 2020년 3월 1일 초판

지은이 매슈 딕슨, 브랜트 애덤슨
옮긴이 김정현
발행인 김정현

책임편집 이현곤
디자인 프리렉 김미선, 임희진

발행처 오쿨루스
출판등록 2018년 1월 4일 제 2018-000004호
주소 경기도 수원시 영통구 센트럴파크로 100 6403-2002
전화 070-4189-4949(代) **팩스** 0303-3444-0818
홈페이지 www.oculuspublishing.com
ISBN 979-11-969629-0-6

이 책은 저작권법에 따라 보호받는 저작물이므로 무단 전재와 무단 복제를 금지하며, 이 책 내용의 전부 또는 일부를 이용하려면 반드시 저작권자와 오쿨루스의 서면 동의를 받아야 합니다.
책값은 뒤표지에 있습니다.
잘못된 책은 구입하신 곳에서 바꾸어 드립니다.

4차 영업혁명

챌린저 세일
The Challenger Sale

매슈 딕슨, 브랜트 애덤슨 지음
김정현 옮김

THE CHALLENGER SALE
All rights reserved
including the right of reproduction in whole or in part in any form.
This edition published by arrangement with Portfolio, an imprint of Penguin
Publishing Group, a division of Penguin Random House LLC

This Korean translation published by arrangement with Matthew Dixon and
Brent Adamson in care of Penguin Random House LLC through Milkwood
Agency.

이 책의 한국어판 저작권은 밀크우드 에이전시를 통해서 Portfolio, an imprint of
Penguin Randomhouse LLC사와 독점계약한 오쿨루스에 있습니다.
저작권법에 의하여 한국 내에서 보호를 받는 저작물이므로 무단전재와 복제를 금합니다.

| 닐 라컴의 추천사 |

돌이켜 보면 영업 기술은 점진적으로 발전해 왔고 영업직이 무엇인지 다시 정의하게 만든 몇 번의 진정한 전환점이 있었다. 과격할 정도로 새로운 생각을 바탕으로 촉발된 이 전환들은 모두 괄목할 만큼 큰 성과를 만들어냈다. 흔하지 않은 이 사례들을 모아보면, 과거 백 년간 세 가지 정도를 꼽을 수 있다.

첫 번째 혁신

첫 번째 혁신은 약 백 년 전 보험 회사가 영업 전략을 수정하면 매출을 두 배로 올릴 수 있다는 것을 발견하면서 시작된다. 이전에는 보험 영업은 가구, 일상 잡화, 기계 등을 판매하는 것과 같이 영업 사원이 보험 계약을 체결하고 매주 고객을 방문하여 보험료를 수금하는 과정으로 진행되었다. 영업 사원이 백여 건의 계약을 체결했다면 이 영업 사원은 보험료를 수금하는 것만으로도 시간이 모자라 신규 계약을 체결할 수가 없었다. 이때 어떤 천재가 사냥꾼-농부 모델 hunter-farmer model 이라고 부르는 분업형 영업 전략을 생각해 냈다.

한 사람이 판매와 수금을 모두 하는 것이 아니라 역할을 분리해서 수금은 다른 사람에게 맡겨 보았다. 판매원producer은 보험을 판매하기만 하고, 경험이 적고 급여가 낮은 수금원collector이 보험료를 수금하는 전략이었다.

이 전략은 엄청난 성공을 거두었으며 단숨에 보험 업계 전반에 엄청난 변화를 가져왔다. 또한, 다른 산업 분야로 퍼져 갔으며, 수금하는 역할이 분리된 순수한 영업직이 생겨나는 계기가 되었다.

두 번째 혁신

첫 번째 혁신인 판매원/수금원 전략이 정확히 언제부터 시작되었는지 알 수 없지만, 이제 이야기할 두 번째 혁신은 언제 생겨났는지 정확히 알 수 있다. 1925년 7월 에드워드 스트롱E. K. Strong은 판매의 심리학The Psychology of Selling을 출판했다. 독창적인 내용으로 가득한 이 책은 영업 기술과 관련된 기본적인 원칙들을 정립했다. 제품의 특성이나 장점 소개, 고객의 거부감을 해결하기, 영업을 마무리하는 기술, 그리고 이런 것들보다 더 유용한 개방형/폐쇄형 질문의 구분 등과 같은 개념들이 이 책에서 나왔다. 이 책 때문에 사람들은 더 효과적으로 영업하려면 배워야 한다는 것을 깨달았고 영업 교육 산업이 시작되었다.

더욱 복잡해지고 정교해진 요즘의 영업 방법론들에 비춰 보면, 스트롱이 당시 주장한 내용은 서투르면서 너무 단순해 보인다. 그러나 스트롱과 그의 추종자들은 영업에 대한 인식을 완전히 바꾸어 놓았다. 스트롱의 영업 방법론은 영업은 타고나는 것이 아니라는 인식을 만드는데 가장 크게 기여했다. 사람들은 영업과 관련된 몇 가지 핵심 내용을 배우면 누구나 영업을 할 수 있다는 점을 인식하게 되었다. 이런 관점에서 보면 1925년은 영업 역사에서 전환점이 만들어진 해였다. 더 많은 사람들이 영업 분야에 뛰어들었으며, 당시의 몇몇 보고서를 통해 영업 생산성이 획기적으로 향상되었음을 확인할 수 있다.

세 번째 혁신

세 번째 혁신은 1970년대에 일어났다. 이 당시 영업 방법론을 연구하던 사람들은 저가의 단순 제품을 판매하는 영업에 적용되는 기술과, 고가의 복잡한 제품이나 서비스를 판매하는 영업에 적용되는 기술이 달라야 한다는 생각에 흥미를 느꼈다.

운이 좋게도 나는 세 번째 혁신에 기여할 수 있었다. 1970년대에 나는 32개국에서 만여 명의 영업 사원들을 조사하는 방대한 연구 프로젝트를 총괄했다. 3만 5천여 건에 이르는 고객 방문에 동참했고, 복잡한 영업 환경에서 성공과 실패를 가르는 요인이 무엇인지 분석하였다. 12년에 걸친 연구 프로젝트의 결과물로 몇 권의 책이 출판되었는데 첫 번째가 『SPIN Selling』이다. 이 책이 소개되면서 오늘날 자문형 영업 consultative selling 이라고 하는 새로운 방식의 영업이 부흥하는 시대가 열렸다. 이게 혁신이라 불릴 수 있었던 것은 복잡한 제품과 서비스를 어떻게 판매할 것인가에 대한 더 진화된 모델을 소개하였고, 이전의 혁신과 마찬가지로 영업 생산성을 획기적으로 향상시켰기 때문이다.

이후 지난 30년 동안 영업과 관련된 방법론에서 다양하게 개선이 이루어졌지만, 혁신이라고 불릴 만한 발전은 없었다. 물론, 영업을 자동화하고, 영업 프로세스를 개선하고, 고객 관계 관리^{CRM}에 대한 개념이 정립된 것은 사실이다. 그러나 이들은 모두 점진적인 변화였으며, 생산성을 획기적으로 향상시켰는지 의심스러운 경우도 있다. 내 관점에서는 이들 중 어떤 것도 영업 방법론에 새로운 혁신을 일으키지는 못했다.

구매 혁명

흥미롭게도 과거 30년 동안 혁신적인 발전이 일어난 곳은 영업의 반대편인 구매 부문이었다. 이 기간에 구매는 혁신에 가까운 개선을 이루어 냈다. 1980년대에만 해도 인사 평점이 낮은 직원이 퇴사하기 전에 배치되었던 구매 부서가 이제 회사 내에서 생동감 넘치는 핵심 부서로 인정받게 되었다. 공급자 세분화 전략, 복잡한 공급 체인 관리^{SCM}등과 같은 강력한 구매 방법론을 바탕으로 새로운 형태의 구매가 이루어졌고, 이에 대응하여 영업에서도 근본적인 변화가 필요했다. 나는 개인적으로 이런 구매 혁명에 맞서 영업에서 어떤 변화가 발생할지 지켜보고 있었다. 영업에서 네 번째 혁신이 일어나야 한다면 구매 혁명에 대응해야 할 바로 지금일 것이다. 그러나 어떤 변화도 영업 분야에서 일어나지 않고 있다. 현재 상황은 마치 피할 수 없는 지진을 기다리는 것과 같다. 언젠가 일어날 것이라는 것은 알고 있지만 언제 일어날지 예상할 수 없는 상황 말이다. 무슨 일이 일어나긴 하는데 단지 얼마 남지 않았다는 느낌이다.

네 번째 혁신?

이런 기다림 때문에 SEC^{Sales Executive Council}가 소개한 '챌린저 세일'에 관심을 가지게 되었다. 이것이 우리가 기다리고 있었던 네 번째 혁신인지 판단하기에는 아직 이르고, 좀더 시간이 지나야만 알 수 있을 것이다. 언뜻 보기에 SEC가 수행한 연구는 혁신이라고 불리기에 충분할 만큼 여러 조건을 만족하고 있다.

첫째로, 다른 혁신과 마찬가지로 챌린저 세일의 개념은 전통적인 방식에 반기를 들었다. 그러나 이것 만으로는 충분하지 않다. 이전의 여러 이론들도 기존의 사고에 반기를 든 것은 마찬가지였기 때문이다. 반면, 챌린저 세일이 형편없는 이론들과 다른 것은 다른 혁신적인 이론들과 마찬가지로 영업 리더들이 이 개념을 이해하고 나서는 "그래 내가 지금까지 알고 있던 것들과는 달라, 그래도 설득력이 있어. 이걸 이전에 알았으면 좋았을 걸."이라고 말한다는 사실이다. 챌린저 세일에서 소개한 논리를 따라 가다 보면 다른 방법론과 비교해서 색다른 관점이지만 효과가 있다는 결론에 도달하게 된다.

여기서 이 책의 주요 내용을 먼저 이야기해서 독서의 즐거움을 빼앗을 생각은 없다. 그러나 나는 SEC가 수행한 연구가 과거 수년 동안 이루어진 연구 중에서 그래도 가장 중요한 발전이었으며, '영업 혁신'이라는 명칭을 붙이기에 충분하다는 것을 설명하고자 한다.

뛰어난 연구

　SEC가 수행한 연구는 매우 체계적이며 충실하다. 이 부분은 여러분이 나의 평가를 믿어 주기 바란다. 나는 함부로 이런 평가를 하지 않기 때문이다. 영업과 관련된 연구라는 자체가 사실 방법론적으로 문제점을 갖고 있기 때문에 믿을 수 없는 경우가 많다. 요즘에는 컨설턴트나 저자가 자신의 주장이 효과가 있다는 것을 증명하기 위해서 연구라는 말을 함부로 쓰는 경향이 있다. 연구라는 말을 쓰면 신뢰를 얻기에 충분했던 시기가 있었지만, 이제 연구는 신뢰를 잃어버린 진부한 말이 되었다. 연구를 가장한 근거 없는 주장에 독자는 냉소적으로 반응한다. "우리 연구에 따르면 우리 회사가 제공하는 교육 프로그램을 받은 후 매출이 두 배로 늘었다." 라거나 "영업 사원에게 우리가 정의한 일곱 개의 고객 구매 스타일을 적용하자 고객 만족도가 72퍼센트 증가했다." 등의 주장은 오히려 연구의 신뢰를 깎아먹는 주장이다.

　SEC가 효과적인 영업에 대한 새로운 연구를 수행했다는 말을 들은 것은 내가 참석한 호주의 한 콘퍼런스에서였다. 당시 나는 SEC가 매우 탄탄한 방법론을 바탕으로 높은 고객 만족도를 이끌어 낸다는 점을 존중하긴 했지만, 이전의 다른 허술한 연구에 너무 시진 나머지 또 다른 실망만을 가져올 것으로 생각해 솔직히 큰 기대를 하지 않았다. 버지니아의 사무실로 돌아온 후, 나는 SEC의 연구팀을 초대해서 온종일 미팅을 하며 이들의 방법론을 아주 꼼꼼히 검토했다. 나는 SEC 연구에 큰 결함이 있다는 것을 밝힐 수 있다는 자신감에 차 있었고 특히, 다음 두 부분에 대해서 우려하고 있었다.

1. **영업 사원을 다섯 개의 카테고리로 구분하는 것**
   - 하드워커형(Hard Worker)
   - 챌린저형(Challenger)
   - 관계중심형(Relationship Builder)
   - 외로운 늑대형(Lone Wolf)
   - 수동적 문제 해결형(Reactive Problem Solver)

이 연구에 따르면 영업 사원은 다섯 개의 프로파일 중 하나에 속한다. 이런 구분은 처음에 초보적이고 무작위로 이뤄진 것처럼 보였다. 그래서 나는 SEC의 연구팀에 다섯 가지 구분의 근거가 무엇인지 물었다. 왜 일곱 개나 열 개로 구분하면 안 되는가? 연구팀은 이런 구분이 의도적으로 만들어낸 것이 아니고 방대하고 정교한 통계적 분석을 통해 도출된 것이라는 점을 설득력 있게 보여주었다. 그리고 다른 연구 팀과 달리 이 연구팀은 다섯 가지 구분이 행동 방식에 따른 집합이지, 특성에 따른 고정된 구분이 아니라는 점을 이해하고 있었다. 이 점에서 내 첫 번째 테스트를 만족스럽게 통과했다.

2. **성과가 좋은 사람과 낮은 사람으로 구분하는 것의 함정**

효과적인 영업에 대한 많은 연구에서 성과가 높은 영업 사원과 성과가 낮은 영업 사원으로 구분하는 것이 일반적이다. 초기에는 나도 마찬가지로 이런 구분을 선호했다. 결과적으로 이런 구분을 통해서 성과가 낮은 사람에 대해서는 많은 것을 알게 되었다. 사람들에게 성과가 높은 사람과 낮은 사람을 구분해 보라고 하면 성과가 낮은 사람에 대해 아주 정확하게 설명할 수 있다. 반면에, 성과가 높은 사람이 성공한 이유는 정확하게 말하지 못한다. 나는 얼마 지나지 않아서 성과가 낮은 사람에 대해서만 자세히 알게 되는 함정에 빠진 것을 깨닫게 되었다. 내 연구가 의미 있는 연구가 되려면 최고의 성과를 내는 사람들을 평범한 성과를 내는 사람들과 비교했어야 옳았다. SEC 연구팀은 바로 이런 방법론을 채택했다. 내가 SEC의 연구 결과를 더 신뢰하게 된 두 번째 이유다.

방대한 샘플을 바탕으로 한 연구

영업과 관련된 연구는 일반적으로 서너 개의 회사에서 약 50~80명 사이의 작은 샘플을 대상으로 하는 경우가 대부분이다. 대규모 연구는 실행하기 매우 어렵고 비용이 훨씬 더 많이 들게 마련이다. 내 연구는 천개 이상의 샘플을 바탕으로 수행되었다. 이는 우리가 방대한 샘플로 연구했다는 것을 과시하려는 것이 아니고, 실제 영업 환경에서 여러 방해 요인들을 고려할 때 통계적으로 의미 있는 정보를 이끌어 내려면 적어도 이 정도의 샘플이 필요했기 때문이다. 챌린저에 관한 연구는 초기에 700개의 샘플로 시작했고, 마지막에는 6,000개까지 증가했다. 이 숫자는 어떤 기준을 적용해도 주목할 만한 숫자다. 더욱 인상적인 것은 90여 개의 회사가 이 연구에 참여했다는 점이다. 이 정도의 방대한 샘플이라면 영업 전체를 포괄하는 보편적인 결론을 도출하는 데 방해가 되는 여러 요소들을 배제하기에 충분하다. SEC의 연구 결과는 특정 조직이나 업종에 한정된 것이 아니다. 영업과 관련된 전체 스펙트럼에 적용될 수 있으며, 이러한 포괄적인 적용은 아주 중요하다.

예측한 것을 발견하지 않았다

나는 연구원들이 예상한 것이 결과로 도출되는 연구를 신뢰하지 않는다. 다른 모든 사람과 마찬가지로 연구원들도 많은 편견과 전제를 갖고 있다. 연구원들이 자신이 찾는 것이 무엇인지 알고 있다면 그들은 기필코 그것을 찾아내려고 한다. 그런데 SEC 연구팀이 예상했던 것을 뒤엎는 결과가 나온 것을 보고 매우 놀랐다고 말했을 때 나는 내심 아주 기뻤다. 이것은 이 연구가 아주 충실했다는 것을 반증하며, 이런 현상은 중요한 연구에서 자주 나타나기 때문이다. 다섯 가지 프로파일 구분을 다시 한번 보자.

- 하드워커형(Hard Worker)
- 챌린저형(Challenger)
- 관계중심형(Relationship Builder)
- 외로운 늑대형(Lone Wolf)
- 수동적 문제 해결형(Reactive Problem Solver)

대부분의 영업 임원이 다섯 개의 프로파일 중 하나를 선택해서 영업팀을 구성해야 한다면 관계중심형 영업 사원들을 선택할 것이다. 사실 이것이 SEC 연구팀이 기대했던 것이다. 그런데 연구 결과를 보면 관계중심형 영업 사원은 최고의 성과를 내기가 어렵다고 되어 있다. 반대로, 관리하기 어렵고 고객과 영업 매니저에게 고분고분하지 않은 챌린저형이 오히려 최고 성과를 내는 프로파일이다. 이 책을 읽어 보면 알게 되겠지만, 챌린저는 작은 차이로 1등이 된 것이 아니라 아주 큰 차이로 최고의 성과를 내는 그룹으로 분류되었다. 특히, 복잡한 영업 환경에서는 이 차이가 훨씬 더 컸다.

관계지향형 영업의 퇴장

직관에 반하는 SEC의 연구 결과를 어떻게 받아들여야 할까? 이 책에서 매슈 딕슨Matt Dixon과 브렌트 애덤슨Brent Adamson은 매우 설득력 있는 주장을 펼친다. 여기서 나는 이 주장에 사족을 달고 싶다. 전통적인 영업 이론에 의하면 영업은 관계 이상도 이하도 아니며, 복잡한 영업 환경일수록 관계는 모든 성공의 토대가 된다고 보았다. 그런데 과거 10여년 동안 이러한 관계지향적 영업이 과거보다 효과가 떨어지고 있다는 불편한 징후가 여러 곳에서 발견되었다.

고객이 영업 사원에게 가장 기대하는 것이 무엇인지에 대한 내 연구가 이 사실을 뒷받침한다. 1,100명의 고객에게 영업 사원에게서 가장 바라는 것이 무엇인지 물었을 때 관계라고 말한 사람은 놀랄 만큼 적었다. "관계를 먼저 맺어 놓으면 영업은 저절로 따라온다."라는 오래된 격언은 더는 진실이 아니다. 이 격언을 오늘날의 영업 환경에 맞게 바꾼다면, "관계와 구매 결정은 분리되어 있다."라고 해야 할 것이다.

요즘 고객은 이렇게 말한다. "나는 저 영업 사원과 굉장히 좋은 관계를 맺고 있어. 하지만 나는 다른 회사에서 구매했단 말이야. 경쟁사가 더 좋은 가치를 제공했기 때문이지." 개인적으로 나는 고객과의 관계는 결과로서 따라오는 것이지 성공적인 영업의 조건이라고 생각하지 않는다. 관계는 영업 사원이 고객에게 가치를 창출해서 받을 수 있는 보상이라고 생각해야 한다. 여러분이 고객이 다른 생각을 할 수 있도록 도움을 주거나 고객에게 새로운 아이디어를 제공했다면 좋은 관계를 맺을 수 있는 권리를 획득한 것이며, 이것이 바로 챌린저의 강점이다.

끝없는 도전

이 책의 핵심은 챌린저가 고객에게 영향력을 미치고 영업 성과를 내는 데 얼마나 우수한가를 보여주는 것이다. 그런데 많은 사람들은 챌린저의 우수성에 동조하지 않으며, 이 책을 읽는 여러분 중에도 그런 사람들이 있을 것이다. 챌린저라는 개념은 이 책에서 처음 등장했지만, 사실 우리는 챌린저에 대해 이미 많이 듣고 보아 왔다. 설문 조사를 해보면 고객의 생각을 자극하고, 새로운 아이디어를 제안하고, 고객의 비즈니스를 개선할 창의적이고 혁신적인 방안을 제안하는 영업 사원에게 최고 점수를 준다고 고객들은 한결같이 답한다.

요즘 고객은 영업 사원에게 심도 있는 통찰력과 전문성을 요구한다. 고객은 자신이 모르는 것을 영업 사원이 가르쳐 주기를 기대한다. 이 기대에 부응하는 것이 챌린저의 핵심적인 능력이다. 이 능력은 미래 사회에 필요한 능력이며, 이 책의 메시지를 무시하는 영업 조직은 스스로를 위험에 빠뜨리는 것이다.

영업 혁신과 관련된 일에 평생을 종사해 왔기 때문에, SEC의 연구가 책을 통해 세상에 나오더라도 즉시 획기적인 변화를 불러오지는 못할 것임을 잘 알고 있다. 변화는 매우 느리게 일어나며 고통스러운 과정이 수반된다. 그러나 확실하게 말할 수 있는 것은 이 책이 설명하는 중요한 발견을 받아들이고 실행하는 몇몇 기업들이 있을 것이라는 점이다. 이런 기업들은 엄청난 이익을 올리고 영업 조직에도 도전 의식을 불러 일으킴으로써 상당한 경쟁력을 확보할 수 있을 것이다. SEC의 연구 결과가 보여주듯이 제품을 혁신하는 것만으로는 성공을 담보할 수 없는 시대에 살고 있다. 무엇을 판매하는 것보다는 어떻게 판매하는 것이 더 중요한 시대에 살고 있다. 뛰어난 영업 조직을 보유하는 것이 뛰어난 제품 라인을 보유하는 것보다 회사의 경쟁력을 유지하는데 더 큰 도움을 준다. 이 책은 뛰어난 영업 조직을 구성하는 데 필요한 청사진을 제공한다. 나는 여러분이 이 책을 읽고, 생각해 보고, 실행해 보기를 조언한다. 여러분 자신과 여러분이 속한 조직은 반드시 흡족한 결과를 얻을 것이다.

닐 라컴 교수
SPIN Selling의 저자

| 옮긴이의 말 |

영업의 주도권을 다시 영업사원에게 돌려주기: 긴장과 통찰의 영업

이 책의 내용은 제목만큼이나 도전적이다. 오랫동안 우수 영업 사원이 갖고 있는 좋은 특성이라고 생각했던 것들을 부정한다. 적어도 복잡한 B2B 영업에서는 고객과 친밀한 관계를 유지하고, 열심히 일하고, 고객이 원하는 것을 적극적으로 들어준다고 해서 우수 영업 사원이 되는 것은 아니다.

우수 영업 사원은 고객에게 새로운 기회에 대한 통찰을 제공하며 고객의 생각을 바꾸고, 이 과정에서 고객을 불편하게 하고 긴장시키며, 유연하게 대처하면서도 대화의 주도권을 잡는 사람이라고 한다. 이 책에서는 이런 사람을 챌린저challenger라고 부른다. 챌린저가 어떤 사람인지 특성을 설명하고, 챌린저 영업 방법론을 소개하며, 조직에서 이 방법론을 적용하는 방법을 가르쳐 주는 책이다.

이 책은 광범위하고 충실한 연구에 기초해서 집필되었다. 이로 인해 영업 환경의 현실과 실제 상황들이 정확히 반영되어 있다. 이 책의 내용이 일반적인 영업 이론과 반대이거나 차이가 있지만, 독자가 공감할 수 있는 이

유이다.

이 책은 새롭고 흥미로운 개념으로 시작하지만, 동시에 실용적이고 구체적인 사례와 영업 방법이 담겨 있다. 중요한 개념을 파악하고서 이 책에서 소개하는 질문지나 절차표 등을 활용하기만 해도 큰 효과를 얻을 수 있다. 이 책에는 영업 사원, 영업 책임자, 마케팅 책임자, CEO, 인사 담당자가 바로 이용할 수 있는 실용적인 지식으로 가득 차 있다.

다른 직종과 마찬가지로 영업도 끊임없는 교육이 필요하다. 영업 담당자가 선배와 동료에게서 암묵적으로 영업 기술을 배우지만, 영업은 시스템, 접근법, 툴 등 명시적인 지식을 활용하여 더욱 더 능력을 키울 수 있다. 영업이 과학은 아니지만, 검증된 접근법에 대한 교육과 반복적으로 실전 연습을 함으로써 전수가 가능하다. 국내에서 B2B 영업 교육에 적극적으로 투자하지 않는 이유는 영업 능력이 타고난 능력에 의존한다는 선입견 때문일 것이다. 그러나 이 책의 주장은 평범한 영업 사원이 챌린저의 특성을 후천적으로 얻는 것은 쉽지 않겠지만, 적어도 고객 앞에서 챌린저처럼 행동할 수 있도록 도와주는 다양한 방법이 있다는 것이다.

이 책이 처음 출판된지 6년이 지났다. 비즈니스 현장에서 많은 독자들의 성원으로 스테디셀러로 자리매김하였고 언론에서도 주목하였다. 나 자신이 비즈니스 현장에 있으면서 읽은 책 중 큰 도움을 받았던 책 중 하나이기에, 치열한 영업 현장에서 시간을 내어 읽고 의견을 준 독자들에게 많은 도움이 되었으리라 믿는다.

새로운 출판사에서 출판된 이 개정판이 새로운 고객 접근법과 지식을 갈망하는 영업 사원, 영업 매니저, 마케팅 최고 책임자, 경영진에게 도움이 되기를 바라며, 지금 어디에선가 열심히 일하고 있을 다양한 분야의 영업인에게 도움이 되었으면 좋겠다.

김정현

차례

닐 라컴의 추천사 · 5
옮긴이의 말 · 17
들어가며 · 25

1장 솔루션 영업의 발전 과정

솔루션 영업의 전개 과정 · · · · · · · · · · · · · · · · · · · 31
솔루션과 고객의 부담 · 33
커지는 능력의 격차 · 38
앞으로 나아가야 할 길 · · · · · · · · · · · · · · · · · · · 40

2장 챌린저(1부): 우수 영업 사원의 새로운 모델

해답을 찾기 위한 여정 · · · · · · · · · · · · · · · · · · · 44
첫 번째 발견: 다섯 가지 유형의 영업 사원들이 있다 · · · · · 48
두 번째 발견: 현격한 차이를 보이는 두 프로파일 · · · · · · 54
세 번째 발견: 챌린저는 솔루션 영업 전문가이며,
　　　　　　단지 불황기에 반짝하는 영업 사원이 아니다 · · 62

3장 챌린저(2부):
　　　챌린저 영업 모델을 평범한 영업 사원에게 전파하기

챌린저 영업 모델은 효과가 있는가? · · · · · · · · · · · · · 75
앞으로 다루는 내용 · 85

4장   차별화하도록 가르치기(1부): 왜 통찰이 중요한가?

무엇을 파느냐의 문제가 아니고, 어떻게 파느냐의 문제다 92
통찰의 힘 100
단순한 가르치기가 아니라 상업적 가르치기여야 한다 105

5장   차별화하도록 가르치기(2부): 어떻게 통찰을 바탕으로 대화를 이끌 것인가?

목적에 따라 구성된 세부 진행 절차 123
거울에 비춰 보기 134
잘 구성된 영업 각본 개발하기 136
통찰력 제조 기계 만들기 138
상업적 가르치기 사례 연구 1: 그레인저사의 계획되지 않은 것을 계획하는 것의 힘 . . 148
상업적 가르치기 사례 연구 2: ADP 딜러 서비스의 이익 관리 세미나 168

21

6장 반향을 일으키도록 맞추어 제안하기

결정권자가 진정 원하는 것 177
전반적인 지지를 구축하는 열쇠 179
새로운 영업 법칙 185
메시지를 맞추어 제안하기 188
일관된 메시지 전달하기 190
메시지 맞추어 제안하기 사례: 솔레사의 고객 역할에 맞추어 메시지 제안하기 전략 193
맞추어 제안하기 실습 198

7장 영업 주도권 확보하기

주도권을 잡는 것에 대한 세 가지 오해 203
영업 사원이 주도권을 잡도록 준비시키기 218
주도권 잡기 사례: 듀폰사의 통제된 협상 가이드 220
주의할 점 230
요약 231

8장 영업 매니저와 챌린저 영업 모델

세계적 수준의 영업 매니저 235
알려진 목표를 향해 코칭하기 248
알려지지 않은 것에 대한 혁신 260
실행하기 275

9장　챌린저 영업 모델을
　　　초기에 도입한 회사에서 배우는 교훈

　영업 책임자를 위한 교훈 277
　마케팅 책임자를 위한 교훈 285
　모든 고위 임원을 위한 교훈 290

후기　영업을 넘어 모든 분야로

　내부 비즈니스 고객도 통찰을 원한다 303
　오더 테이커에서 벗어나기 305
　비즈니스 언어로 말하기 308
　중요한 역할을 얻기 위한 방법 311
　끊임없는 노력 313

부록 A : 챌린저 코칭 가이드 315
부록 B : 영업 스타일 자기 진단 318
부록 C : 챌린저 채용 가이드 321

이 책에서는 건설적인 긴장감이 느껴진다. 이 긴장감은 오늘날 고객이 어떻게 구매를 하고 여러 분의 영업팀이 어떻게 판매를 해야 하는지에 대한 통찰을 명료하게 제공한다. 영업 조직의 수준을 높이려 한다면 반드시 읽어야 한다.

Tom Meek, Henkel Adhesives Technologies의 영업 담당 부사장

| 들어가며 |

미래에 대한 놀라운 통찰

지금도 잊을 수 없는 2009년 초반 혼란의 시기, 전 세계 경제가 무너지던 몇달 동안 B2B 영업 조직을 이끌고 있던 전 세계의 영업 책임자들은 전대미문의 사건을 경험하고 여기에 더해 미스터리에 빠지게 된다.

하룻밤 사이에 고객들이 전부 사라진 것이다. 모든 상거래는 정지되고, 돈을 빌리기가 어려워졌고, 눈을 씻고 찾아봐도 현금을 구경조차 할 수 없었다. 비즈니스에 몸을 담고 있던 모든 사람에게 견디기 어려운 시기였고 특히 영업 임원에게는 생각하기도 싫은 악몽과 같은 시간이었다. 매일 아침 일어나서 이길 수 없는 전투로 부하들을 내모는 것과 같은 상황이었다. 아무것도 없는 곳에서 무언가를 찾아야만 했다. 영업이란 곧잘 전투에 비유되기도 하며 항상 강력한 저항을 무릅쓰고 이겨야 하는 것이다. 그렇지만, 이때는 상황이 완전히 달랐다. 소심하고 신경질적인 고객에게 영업하는 것은 기본적으로 힘든 일이지만, 판매할 수 있는 고객을 찾을 수조차 없는 상황이었다. 이게 바로 2009년 초의 아주 우울한 현실이었다.

하지만, 여기서 놀라운 일이 벌어진다. 역사상 가장 어려운 영업 환경

속에서 소수의 특별한 영업 사원들은 뭔가를 팔고 있었다. 그것도 아주 많이 팔고 있었던 것이다. 다른 영업 사원들이 어떻게 해서든 작은 계약이라도 하나 성사시키려고 발버둥칠 때 이 소수의 영업 사원들은 호황기에나 한번 성사시킬까 말까 하는 큰 거래를 성사시키고 있었다. 이것을 그냥 운이 좋다고 해야 할까? 아니면 타고난 재능이라고 해야 할까? 우리가 이 신비한 마술처럼 보이는 해답을 다른 사람에게 전파할 수 있다면 어떨까? 그 당시 많은 회사의 존망이 이 해답에 달려 있었다.

이런 경제 환경에서 SEC^{Sales Executive Council: Corporate Executive Board사 내의 영업 관련 컨설팅을 담당하는 사업 부문}는 영업 사원의 생산성과 관련된 기념비적인 연구를 시작했다. 전 세계 거대 회사에 있는 영업 임원들의 의뢰를 받아 이 특별한 영업 사원과 평범한 영업 사원의 차이점을 연구하기 시작한 것이다. 4년 동안 수십 개의 회사와 수천 명의 영업 사원에게서 이 질문에 대한 해답을 찾으려 노력한 결과 SEC는 세 가지 중요한 사실을 발견했다. 여기서 도출된 결과는 영업 교과서를 처음부터 다시 쓰게 할 정도였으며, 전 세계 많은 B2B 영업 리더들이 그동안 이용하고 있던 영업 방식을 완전히 뒤바꿀 정도였다.

첫 번째 발견한 것은 예상 밖의 결과였다. 연구 결과에 따르면 전 세계의 B2B 영업 사원은 다섯 가지 프로파일 중 하나에 속하는 것으로 밝혀졌다. 여기서 프로파일이란 '영업 사원이 고객과 소통할 때 나타나는 특정한 기술이나 행동 방식을 구분한 것'을 말한다. 이 프로파일은 그 자체로도 아주 흥미롭다. 이 프로파일을 이용하여 자신과 주위 사람들을 구분할 수 있기 때문이다. 더불어 다섯 가지 프로파일을 이용하면 전 세계에서 이용되고 있는 수많은 영업 기술을 몇 가지 영업 방식으로 유용하게 구분할 수 있다.

그런데 획기적인 변화를 가져온 것은 프로파일 자체보다 그 다음에 따라온 바로 두 번째 발견이다. 이 프로파일들을 실제 영업 실적과 연관시켜 보면 어떤 프로파일이 승자이고 패자인지 명확히 드러난다. 특정 프로파일 하나가 나머지 네 개의 프로파일보다 실적에서 눈에 띄게 앞서며, 실적이 낮은 네 개의 프로파일 중에서도 하나가 매우 뒤처진다는 사실을 발견할 수 있었다. 그런데 연구 결과에는 수긍하기 어려운 점이 있었다. 연구팀이 연구 결과를 영업 책임자에게 보여주었을 때도 열이면 열 모두 수긍하지 않았다. 왜냐하면, 영업 책임자들은 성과가 가장 낮은 프로파일에 가장 많은 투자를 해왔기 때문이다. 나중에 자세하게 설명하게 될 이 발견 때문에 어려운 경제 환경에서 생존하고 성공하기 위해 영업 사원이 반드시 가져야만 한다고 생각했던 이미지가 산산이 조각나 버렸다.

마지막으로 세 번째 발견은 모든 사람이 동의하지는 않겠지만, 우리가 생각하기에는 가장 폭발력이 있다. 연구 자료를 자세히 분석한 결과 더욱 놀랄 만한 사실을 발견했던 것이다. 4년 전 연구를 시작할 때는 어려운 경제 환경에서 성공할 수 있는 영업 사원의 특성을 발견하고자 했던 것인데, 연구 자료는 이보다 더 중요한 것을 보여주었다. 성공할 가능성이 가장 큰 프로파일은 어려운 경제 환경에서만 높은 성공 확률을 보여주는 것이 아니라 경제 환경과 상관없이 일관되게 높은 성공 확률을 보여준다는 것이다. 이런 영업 사원이 성공하는 이유는 영업이 무엇인지 완전히 파악했기 때문이지 복잡한 경제 환경을 잘 이해했기 때문이 아니다. 이러한 시기에 도움을 주었던 최고의 영업 사원은 과거의 영웅일 뿐 아니라 앞으로도 영웅으로 군림할 것이다. 왜냐하면, 이런 영업 사원은 경제 환경과 상관없이 영업 성과를 낼 수 있고 고객에게 만족을 줄 수 있기 때문이다. 결국, 이 연구가 발견한 것은 뛰어난 솔루션 영업 사원에 대한 완전히 새로운 정의였다.

이 책에서는 이 성공적인 영업 사원을 챌린저[1]라고 부르며, 자세히 설명하고 있다.

---

[1] 챌린저라는 말이 전 세계 모든 국가나 문화권에서 긍정적인 의미로 쓰이는 것은 아니며, 때로는 진부하기도 하고 너무 공격적이고 무례한 이미지와 연결되기도 한다. 이 부분에 대해서 저자는 책 마지막 부분에 언급한다. 그러나 저자는 이 단어만큼 새로운 형태의 솔루션 영업을 잘 설명하는 단어가 없다고 생각하며, 핵심적인 메시지 전달을 위해 이 단어를 사용한다.

1장

솔루션 영업의 발전 과정

2009년 초 SEC[1] 연구팀은 당시 영업 임원들의 가장 큰 고민(수십년 만에 처음 경험하는 어려운 경제 환경에서 어떻게 영업 성과를 낼 수 있을까?)에 대한 해답을 찾는 여정을 시작했다.

    이 질문은 당시 만연했던 우려와 공포에서 기인한 것이지만, 다른 한편으로는 그때 목격했던 신기한 상황 때문이기도 했다. B2B 영업이 거의 중단된 상황에서 몇몇 영업 사원들이 호황기에나 가능할 법한 영업 실적을 올리는 것을 보고 영업 담당 임원들은 깜짝 놀랐다. 이 영업 사원들은 어떤 방법으로 영업하는 것일까? 다른 영업 사원들이 판매하지 못하는 상황에서 어떻게 우수한 실적을 올리는 것일까?

---

[1] Sales Executive Council은 저자가 속한 컨설팅 회사인 Corporate Executive Board사의 영업 컨설팅 관련 사업부이다.

이 질문에 대해서 심층적으로 연구하는 동안 연구팀은 매우 놀라운 사실을 발견했다. 소수의 영업 사원들이 극심한 불황에도 우수한 실적을 올릴 수 있었던 것은 다른 특별한 비법이 있어서가 아니라, 복합 영업 모델complex sales model을 이용해 영업할 수 있는 능력을 갖추고 있었기 때문이다. 복합 영업 모델에서는 영업 사원과 고객 모두에게 평소보다 한 차원 높은 수준에서 생각하고 행동해야 한다는 부담이 있다. 복합 영업 모델은 일반적으로 솔루션 영업이나 솔루션 접근 방식 또는 단순히 솔루션이라고도 불리며 지난 10~20년 동안 영업 및 마케팅 전략에서 매우 중요한 주제였다.

그런데 이 연구에서 솔루션 영업과 관련된 중요한 흐름을 발견했다. 솔루션 영업이 극적으로 변하고 있었던 것이다. 공급사는 기존 솔루션보다 더 크고, 복잡하고, 자극적이며 비싼 솔루션을 판매하려고 하지만 고객은 구매할 때 더욱 세심한 주의를 기울이며 꼭 필요한 경우가 아니면 구매하려 하지 않았다. 당연히, 오랫동안 이용했던 전통적인 영업 방식은 효과적이지 못했다. 평범한 영업 사원은 변화하는 고객의 요구와 진화하는 구매 행태에 적응하려고 고군분투했지만, 간단한 거래도 성사시키기 어려웠다.

이 연구를 시작했을 때 영업 담당 임원을 힘들게 했던 어려운 경제 환경은 영업 성과에 있어서 중요한 문제가 아닌 것으로 드러났다. 불황기의 어려움이 우수 영업 사원과 평범한 영업 사원 사이의 차이점을 부각시킨 것은 사실이지만 이런 차이를 만든 원인은 아니었다. 이 책에서 다루려는 주제는 경제 환경과는 관련이 없다. 이 책의 주제는 변화된 솔루션 영업 환경, 그리고 앞으로 닥쳐올 어떠한 경제 환경에서도 성과를 낼 수 있는 기술에 관한 것이다. SEC의 연구 결과가 명확하게 밝혀 준 것은 솔루션 영업이 발전하면서 특정한 방식의 영업 기술을 갖고 있으면 전통적인 제품 기반 영업이나 초기 단계의 솔루션 영업 방식보다 높은 영업 성과를 낼 확률이 높다는 사실이다. 왜 이런 영업 기술이 중요한지 이해하려면 솔루션 영업이 어떻게 발전해 왔는지 먼저 알아볼 필요가 있다.

솔루션 영업의 전개 과정

솔루션 영업이라는 말은 다양한 맥락에서 사용될 수 있지만, 가격이나 수량에 기초한 개별 제품 판매 영업 transactional sales에서 벗어나 제품과 서비스를 복합적으로 제공하는 자문형 영업 consultative sales에 중점을 두는 모델을 설명할 때 일반적으로 사용하는 용어이다. 솔루션 영업에서 가장 중요한 것은 다양한 고객의 요구 사항을 충족시킬 수 있는 고유한 번들형 제안 bundled offering을 구성할 수 있는가에 달렸는데, 이 제안은 경쟁사들이 쉽게 모방할 수 없어야 한다. 최고의 솔루션은 고유할 뿐만 아니라 앞으로도 계속해서 고유한 기능이나 제품을 제공할 수 있어야 한다. 이럴 때만 경쟁사보다 고객의 어려움을 새롭고 더욱 경제적인 방식으로 해결할 수 있다.

왜 이 점이 중요할까? 솔루션 영업은 특정 공급사가 개별 제품이나 서비스에서 차별화할 수 있는 강점이 시간이 지남에 따라 점점 사라지는 상황으로 인해 한층 증대되는 상품화 압력[2]을 피하려는 시도를 통해 발전해

---

[2] 상품화 압력(commoditization pressure)이란 판매하려는 제품의 고유성이 없어지고 주로 가격에 따라 구매하게 되는 일반 상품(commodity)처럼 간주되는 상황으로 내몰리는 것을 의미한다.

왔기 때문이다. 잘 구성된 솔루션 번들이 보유하고 있는 다양한 스펙트럼의 요소들을 경쟁사가 똑같이 모방하기는 매우 힘들다. 이런 이유 때문에 솔루션 영업이 전통적인 제품 기반 영업보다 가격을 잘 방어할 수 있는 것이다.

이런 가격 방어에서의 장점으로 인해 솔루션 영업이 B2B 영업에서 일반적으로 사용되는 방식이라는 것이 그리 놀랄 만한 일은 아니다. 솔루션 영업이 얼마나 광범위하게 사용되는지 SEC가 최근 실행한 설문 조사를 보면 알 수 있다. SEC는 영업 책임자들에게 자신의 조직에서 중점적으로 사용하는 영업 전략이 무엇인지 질문하였고 더불어, 전통적인 제품 기반 영업과 완전한 커스터마이징을 바탕으로 한 솔루션 영업을 양쪽의 극단에 놓고 자신의 조직이 어디쯤에 있는지 물어보았다. 답변자 중 3분의 2가 어떤 형태로든 고객에게 솔루션 제공자로 보이고 싶다는 답변을 했다. 이는 업종에 상관없이 솔루션 영업이 주도적인 영업 전략으로 자리 잡았다는 것을 의미한다.

제품이나 서비스가 일개 상품으로 전락하는 것을 피하기 위해 장기적으로 솔루션 영업으로 전환하는 것은 의심의 여지없이 큰 가치가 있는 전략이다. 그렇지만, 솔루션 영업을 도입할 때 동반되는 몇 가지 어려움을 극복해야 한다. 이 어려움 중 핵심적인 두 가지를 짚어보면 솔루션 영업이 계속 진화할 수밖에 없는 이유와 어떻게 진화해 왔는지 알 수 있다. 첫 번째 어려움은 솔루션 영업이 고객에게 지우는 부담이며, 두 번째는 영업 사원에게 지우는 부담이다.

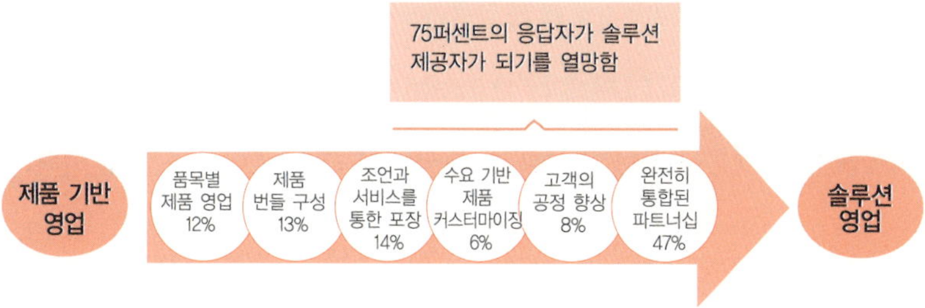

```
                          75퍼센트의 응답자가 솔루션
                          제공자가 되기를 열망함

  제품 기반    품목별   제품   조언과    수요 기반  고객의   완전히         솔루션
    영업     제품 영업 번들 구성 서비스를   제품    공정 향상  통합된          영업
              12%    13%   통한 포장  커스터마이징   8%   파트너십
                           14%      6%             47%
```

관계의 본질	공급자가 구매	공급자가 신뢰할 수 있는
	오더에 반응	조언자로 비춰짐
영업 기술	제품 구성에 대한	고객의 고위
	높은 지식	경영진과 관계 맺음
고객의 기대	적정 가격에 좋은 질의	고객의 비즈니스에 대한
	제품과 서비스 제공	전략적인 통찰 제공

출처 : Sales Executive Council Research

그림 1.1 제품 기반 영업에서 솔루션 영업으로의 이동

솔루션과 고객의 부담

　단순히 정의하면, 솔루션 영업으로 전환되면서 고객은 영업 사원이 단순히 신뢰할 만한 제품을 제공하는데 그치지 않고 현실적인 문제를 해결해 주기를 기대한다. 그런데 문제를 해결해 준다는 것이 말처럼 쉽지 않다. 문제를 해결하려면 영업 사원이 고객의 문제나 어려움을 고객만큼 정확히 이해해야 하는 것은 물론이고, 어려움을 극복할 해결책을 찾아내서 왜 그 해결책을 이용해야만 고객에게 도움이 되는지 명확하게 설명할 수 있어야 한다.

더불어 나중에 성공적으로 해결했다는 것을 평가할 수 있는 잣대도 제공할 수 있어야 한다. 그런데 이 모든 것을 해낼 수 있는 유일한 방법은 고객에게 많은 질문을 하는 것이다. 그래서 솔루션 영업을 하는 영업 사원은 "여러분을 잠 못 들게 하는 근심거리가 무엇인가요?" 라고 끊임없이 질문하며 고객의 다양한 어려움을 이해하려고 시도한다.

그런데 이렇게 질문만 한다고 해서 고객의 어려움을 쉽게 파악할 수 있는 것은 아니다. 탁구 게임처럼 끊임없는 질문과 대답만 반복되고 끝날 가능성이 크다. 어떤 고객이 자신의 요구 사항을 설명하면, 영업 사원은 자신이 이해한 것을 정리하고, 고객은 영업 사원이 정리한 것이 맞는지 아닌지 확인하고, 영업 사원은 제안서를 만들고, 고객은 검토 후 수정하는 등의 과정이 반복된다.

이 복잡하고 때때로 지루한 단계마다 고객의 적극적인 참여가 필수적인데, 이로 인해 고객은 두 가지 부담을 갖게 된다. 첫 번째는 시간이며 두 번째는 타이밍이다. 솔루션 영업 과정은 고객 부서의 여러 담당자들의 희생을 바탕으로 진행되며 이들은 많은 전화 회의와 프레젠테이션에 참여해야 한다. 더불어 모든 희생과 투자는 솔루션을 도입해서 실제로 가치를 경험하기 이전에 진행돼야 하는 것들이다.

이 때문에 고객은 소위 솔루션 피로감을 경험한다. 솔루션이 점점 더 복잡해지면서, 고객은 더 많은 부담을 갖게 되고, 결국 복잡한 구매 상황에서는 단순한 구매와는 완전히 다른 방식으로 공급자와 상호작용하는 것이다. 고객의 구매 행태가 어떠한 방식으로 변하고 있는지 살펴보면 다음 네 가지 경향이 두드러지게 나타난다.

컨센서스 기반 영업의 증가

첫 번째 경향은 어떤 거래가 완전히 성사되기 위해서 컨센서스^{합의}가 필요한 경우가 확연히 증가했다는 것이다. 복잡한 솔루션을 구매할 때 솔루션이 실질적인 도움을 줄 수 있을지 누구도 확신하지 못 한다. 그래서 많은 결정 권한을 가진 고위 임원이라도 팀원의 지지없이 결정하려 하지 않는다. SEC의 연구에 따르면 솔루션 공급사에 대한 팀원의 지지 여부가 결정권자가 구매 결정을 내릴 때 고려하는 첫 번째 사항이라는 것은 명확했다. 여기에 대해서는 이 책의 후반부에서 자세히 다룬다.

물론, 컨센서스에 대한 필요성이 증대되면서 영업 생산성은 큰 폭으로 하락했다. 이제 영업 사원은 구매 관련자 모두를 일일이 만나서 솔루션에 대해 어필해야 한다. 그뿐 아니라, 구매에 영향력을 미칠 수 있는 새로운 담당자가 나타날 때마다 적어도 한 사람은 '아니요'라고 할 위험도 감내해야 한다.

위험 회피 경향의 증가

두 번째로, 거래가 점점 더 복잡해지고 규모가 커짐에 따라 고객 대부분은 투자 효과에 대해 더 많은 걱정을 하게 되었다. 그 결과, 고객은 솔루션에 수반되는 위험을 공급사가 완전히 공유하도록 공격적으로 요구하기 시작했다. 고객은 단순히 JIT^{just-in-time} 배송이나 주문 기반 제작^{on-demand production}을 요청하는데 그치지 않고, 솔루션 도입의 성과를 측정하는 기준 자체를 수정하기 시작했다. 이는 복잡한 솔루션을 도입했을 때 공급사의 우수성은 단순히 제품의 우수성만으로 측정되지 않고 고객의 비즈니스가 얼마나 성공적이었는 가로 측정된다는 의미다.

솔루션 영업에서 성공하려는 공급사는 이러한 위험을 감수하고 사업의 일부분으로 받아들여야 한다. 공급사가 고객에게 약속한 성과가 솔루션을 통해 액면 그대로 나타날 것이라고 믿는 고객의 수가 점점 줄어 들고 있는 것이다.

커스터마이징 요구 증가

세 번째로, 거래가 점점 복잡해지면서 자연히 고객은 거래가 자신의 구체적인 요구 사항에 맞추어 세밀하게 수정되길 원한다. 공급사에게 커스터마이징은 추가 비용의 문제이지만, 고객은 솔루션 영업이라면 커스터마이징을 당연히 제공해야 한다고 생각하며 약속의 일부분으로 받아들인다. "내 문제를 해결하려면 당연히 있어야 하는 기능입니다. 왜 그걸 하는데 추가 비용이 소요된다는 거죠? 이 기능이 없다면 솔루션이라고 부를 수 없습니다." 이런 식으로 이야기해 오면 설득할 논리가 마땅치 않은 경우가 많다. 커스터마이징이란 모든 사람이 원하는 것이지만 아무도 돈을 지불하려고 하지 않는 것이기도 하다.

독립적인 구매 컨설턴트의 부흥

마지막으로, 지난 수년 사이에 고객이 고용한 독립 컨설턴트의 수가 우려할 정도로 빠르게 증가하고 있다. 이 컨설턴트의 역할은 고객의 구매 결정 과정에서 최고의 가치를 창출하는 데 도움을 주는 것이다. 미국 의료 보험 업계에서는 이미 자리 잡은 이러한 현상은 2009년 후반에 전 세계로 확대되었다. 이런 배경에는 대부분의 회사가 비용을 절감해야 했고, 다른 한편으로는 최근에 해고된 각 업계 전문가가 일자리를 찾아야 하는 현실적이고 절박한 이유가 있었다. 새롭게 컨설턴트가 된 사람들이 제공하는 전형적인 서비스는 고객의 구매 비용을 절감해 주는 것이다. 이 경우 구매 결정 과정에서 최고의 가치를 창출하는 것은 공급사와 가격에 관해 최대한 흥정하는 것이고, 그러기 위해서 컨설턴트는 과거의 거래를 들추고 다시 검토해서 가격을 재협상할 수 있는 근거를 찾아내는 일까지 해야 한다.

더불어, 시간이 지나면서 개인뿐만 아니라 대규모의 회사도 구매와 관련된 컨설팅을 제공하는 일에 깊숙이 관여하게 되었다. 이런 형태의 회사가 고객을 위해 구매 결정 과정에서 최고의 가치를 창출하는 일이란 (가격 협상보다는) 다름 아닌 고객이 복잡한 솔루션을 이해하도록 도움을 주는 것이다. 공급사는 점점 복잡해지는 고객의 문제를 해결하기 위해 더 포괄적인 솔루션을 제공하려고 시도하고, 때때로 문제가 매우 복잡하면 고객은 솔루션을 평가하기는 커녕 자신이 어떤 절차를 밟아가야 하는지조차 파악하기 어렵게 된다. 이럴 경우, 고객은 공급사에 도움을 청하기보다는 중립적이라고 생각되는 제 삼자인 전문가를 찾게 된다.

그 결과, 공급사는 새롭게 생겨난 직종인 이 공격적인 구매 컨설턴트와 자주 대면하게 되며, 구매 컨설턴트는 거래 과정에서 자신의 존재 가치를 증명하려고 한다. 결국, 구매 컨설턴트는 고객을 위해 일하는 것이기 때문에 공급사에 가혹한 요구를 한다. 이 상황에서 공급사의 영업 사원은 고객의 비즈니스를 파악하기 위해 동분서주하지만 결국 거래를 통해 돈을 버는 데 실패하기 쉽다.

이 네 가지 구매 행태로 인해 전 세계의 영업 조직은 피할 수 없는 어려운 현실에 직면하게 된다. 특히, 직접 영업을 하는 영업 사원은 이 고통을 온몸으로 경험한다. 비록 경제가 조금 나아졌다고 하더라도 영업 환경이 개선되지는 않았다. 영업에도 물리 법칙과 같은 것이 존재한다. 공급사가 솔루션을 통해 작용을 가하면 고객은 반작용한다. 고객은 솔루션 영업에 의해 의도적으로 만들어졌을 수도 있는 복잡함과 위험을 동시에 제거하려는 방법을 찾고 있는 것이다.

커지는 능력의 격차

지금까지 설명한 솔루션 영업은 영업 사원 개개인의 실적에 어떤 영향을 미칠까? 영업 사원 개개인에 미친 영향력은 드라마틱했다.

최근 SEC의 프로젝트에서 한 회사의 영업 모델이 영업 사원의 실적에 미치는 영향을 연구했다. 즉, 제품 기반 영업transactional sales과 솔루션 영업이 어떤 차이가 있는지를 연구한 것인데, 결과는 아주 놀라웠고 한편으로는 쉽게 수긍할 수 없는 것이었다.

제품 기반 영업을 하는 회사에서는 평범한 영업 사원과 우수 영업 사원의 영업 능력 차이는 59퍼센트였다. 우수 영업 사원이 평범한 영업 사원보다 절반 정도 더 많이 판매를 하는 것이다. 그런데 솔루션 영업을 채택한 회사에서는 두 영업 사원의 능력 차이가 더욱 컸다. 이런 회사에서는 우수 영업 사원이 평범한 영업 사원보다 200퍼센트 정도 더 많이 판매했다. 즉, 영업 방법론의 차이에 따라 우수 영업 사원과 평범한 영업 사원의 차이가 네 배 정도 발생할 수 있다는 것이다. 영업이 복잡해질 수록 평범한 영업 사원과 우수 영업 사원의 격차가 벌어진다는 것이 밝혀졌다.

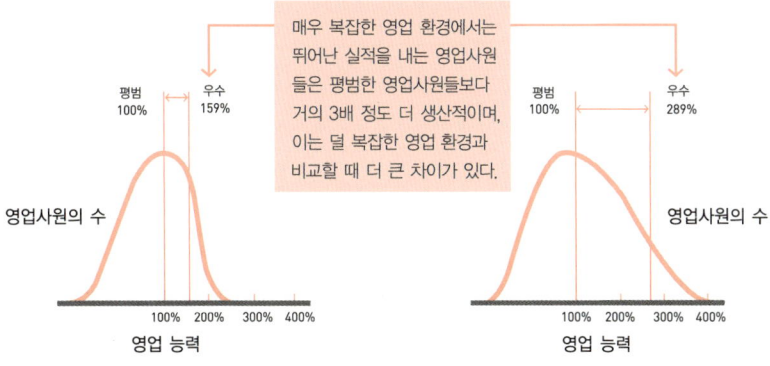

그림 1.2 제품 기반 영업(왼쪽) 및 솔루션 영업(오른쪽) 환경에서 평범한 영업 사원 대비 우수 영업 사원의 영업 능력

이 연구 결과는 세 가지를 시사한다. 먼저, 만약 솔루션을 제공하는 회사일 경우에 우수 영업 사원을 어떻게 하든지 놓치지 말아야 한다는 것이다. 비즈니스 서비스를 제공하는 회사의 영업 임원이 최근에 말하기를 백 명의 영업 사원 중, 단 두 명이 회사 매출의 80퍼센트를 책임지고 있다고 했다. 이처럼 극단적이지는 않지만, 더 많은 회사가 솔루션 영업을 채택하면서 많은 영업 조직에서 소수의 영업 사원들에게 매출의 많은 부분을 의존하는 경향이 눈에 띄게 늘어났다. 이제 우수 영업 사원이 당신의 하루를 책임지는 것이 아니라 전체 회사를 책임지는 시대가 되었다.

두 번째 시사점은 영업 모델이 더 복잡해지면서 우수 영업 사원과 평범한 영업 사원의 차이를 줄이는 것이 아주 중요해 졌다는 것이다. 제품 기반 영업에서는 영업 사원의 능력을 개발하여 우수 영업 사원까지는 아니더라도 그 중간 지점까지 올려놓으면 원래보다 30퍼센트의 영업 능력이 개선된 것으로 볼 수 있다. 이 정도도 나쁘지 않다. 그러나 솔루션 영업에서는 같은 정도로 능력이 상승했다면 이것은 원래보다 거의 100퍼센트 정도 영업 능력이 개선된 것으로 봐야 한다. 쉽게 말하면, 이 능력의 차이를 줄이는 것에 투자해야 한다는 것이다. 마지막 시사점은 회사가 우수 영업 사원과 평범한 영업 사원의 차이를 좁히지 못하면 아주 참담한 결과를 얻게 될 것이라는 점이다. 새로 도입한 영업 모델이 정착되는 과정에서 회사가 평범한 영업 사원에게 관심을 보이지 않으면, 이들은 점점 뒤처지게 될 것이고, 결국 평범한 영업 사원은 새로운 모델을 실행할 능력을 완전히 상실하게 된다.

앞으로 나아가야 할 길

이렇게 구매 행태가 급변하고 영업 사원들 간의 격차가 갈수록 벌어지는 상황에서 우리의 영업 접근법도 진화해야 한다. 그렇지 않으면 뒤처지게 될 것이다.

이제 문제는 "여기에 대처하기 위해 무엇을 해야 하는가?"이다. 이런 영업 환경에서 성공하려면 구매하기를 꺼러하고 위험을 회피하려는 고객들로 가득 찬 세상에서 영업 사원이 새로운 수요를 창출해 내도록 우리가 준비시켜야 한다. 우리가 복잡한 솔루션을 판매하는데 힘 겨워하는 것과 마찬가지로 고객은 복잡한 솔루션을 구매하는 데 힘들어 하고 있다. 이 상황에서 아주 특별한 형태의 영업 전문가들이 필요하다. 지난 10~20년 사이에 영업 환경이 급격하게 변화하는 동안 최고의 영업 사원들은 자신들만의 강력한 기술을 개발하여 여기에 대처해 왔다. 이 책에서 우리가 설명할 내용이 바로 이것들에 관한 것이다.

이 책은 복잡한 영업에서 어떻게 주도권을 잡는지 보여준다. 이를 바탕으로 이제 여러분의 조직, 제안서, 그리고 여러분 자신을 고객의 마음에서 어떻게 차별화할 수 있을지 알 수 있게 되었다.

Adrian Norton, Rechkitt Benckiser Pharmaceuticals의 영업 담당 부사장

| 2장 |

챌린저(1부):
우수 영업 사원의 새로운 모델

    우수 영업 사원과 평범한 영업 사원을 비교하여 우수 영업 사원이 어떤 특별한 행동을 하는지 이해하는 것이 매우 중요해졌다. 호황기의 영업 방식은 불황기에 접어든 현재 전혀 먹혀 들어가지 않는다. 그렇지만, 단지 경제적인 환경이 변했기 때문에 새로운 영업 방식이 필요한 것은 아니다. 핵심적인 이유는 앞에서 설명한 것처럼 지난 5년 동안 고객의 구매 행태가 완전히 변했기 때문이다. 그리고 고객의 이런 변화는 공급사가 더 크고, 복잡하고, 비싸고, 반드시 필요하지 않을 수도 있는 솔루션을 판매하려고 하는 경향에 대한 반작용이었다.

    다른 것은 몰라도 이번 세계적인 경제 위기를 통해 우수 영업 사원과 평범한 영업 사원의 차이를 명확하게 구분할 수 있게 된 것은 사실이다. 최악의 경제 상황으로 영업 사원 대부분이 목표를 달성하지 못하고 있을 때,

정확히 얼마라고 단정 짓기 어렵지만 몇몇 영업 사원은 목표를 달성하고 초과하기까지 했던 것이다. 도대체 이 사람들은 무엇을 했던 것일까?

지금까지는 보통 이런 경우에 타고난 능력의 차이라고 여겨 우수 영업 사원은 타고나는 것이라고 말해 왔다. 우수 영업 사원만이 가진 기술은 취합하고 정리해서 평범한 영업 사원에게 가르칠 수 있는 것이 아니라고 생각했다.

그런데, 이 기술들을 다른 사람들에게도 가르쳐줄 수 있다면 어떨까? 우수 영업 사원의 비법들 중 공유할 수 있는 부분을 선별해서 영업 조직 전체에 전파할 수 있다면? 아마 모든 영업 사원은 아니더라도 적어도 많은 영업 사원이 우수 영업 사원처럼 성과를 낼 수 있지 않을까? 특히, 이런 변화가 회사의 전체 실적에 어떤 영향을 미칠까?

2009년의 경제 위기, 즉 우수 영업 사원만 실적을 올릴 수 있었던 시절에는 이 차이가 회사의 생존 여부를 결정했다. 바로 이런 엄중한 시기에 연구팀은 다음 질문에 대한 답을 찾는 여정을 시작했다. 어떤 기술, 행동 방식, 지식, 태도를 갖춰야 우수 영업 사원이 될 수 있을까?

해답을 찾기 위한 여정

해답을 찾으려고 SEC 연구팀은 전세계 90여 회사에 있는 수백 명의 현장 영업 매니저를 대상으로 설문 조사를 수행했다. 각 팀에서 두 명의 평범한 영업 사원과 한 명의 우수 영업 사원을 선출해 44가지의 특성을 주고 평가를 요청했다. 초기 모델은 700명의 첫 번째 대상군에 대한 자료를 분석해서 만들었으며, 여기에는 대부분의 중요한 산업군, 지역, 시장접근 방식이 포함되었다. 이후 연구 대상이 되는 영업 사원의 수를 전세계에 걸쳐 6,000명까지 확대해 갔다. 이렇게 연구 범위를 확대해 가면서 연구팀은 자료를 분석한 결과가 시간이 지나면서 변하는지, 특히 최근 경기가 조금씩 나아지는 상황에서 어떤 변화가 있는지 확인할 수 있었다. 그런데 나중에 설명할 이유 때문에 연구팀이 도출한 결론들은 경제 상황과 상관없다는 것을 확신할 수 있었다.

이 설문 조사에 어떤 내용이 있었는지 확인해 보자. 다음 표는 이 연구에서 조사했던 영업 사원의 특성에 관한 샘플이다. 연구팀은 먼저 영업 매니저에게 고객의 문제를 해결하기 위해 영업 사원이 노력하는 정도, 고객의 거절을 감수할 준비가 되어 있는 정도 등을 포함한 다양한 태도를 평가하도록 했다.

설문에 이용한 변수 샘플			
태도	영업 기술/행동 방식	활동	지식
문제를 해결하려는 의지	비즈니스 감각	영업 프로세스 준수	업계에 대한 지식
거절을 감수할 수 있는 의지	고객의 요구 사항 파악	영업 기회에 대한 평가 준비	제품 지식
쉽게 접근할 수 있음	커뮤니케이션	영업 기회 창출 관리	
목표에 대한 동기 부여	내부 자원의 이용		
결과에 집중하는 정도	협상		
회사와의 일치감	관계 관리		
호기심	솔루션 영업		
자발적인 노력	팀워크		

또한, 연구팀은 영업 기술과 행동 방식에 대해서도 물었는데 여기에는 영업 사원의 비즈니스 감각, 고객의 요구 사항을 파악하는 능력 등이 포함되었다. 세 번째 범주로 연구팀은 영업 프로세스를 준수하려는 성향이 있는지, 영업 기회를 치밀하게 분석하는 성향이 있는지 등도 질문했다. 그리고 마지막으로 영업 사원이 고객의 산업이나 자신이 속한 회사의 제품에 대해서 충분한 지식을 가졌는지도 질문했다.

가능한 다양한 영업 모델을 설문 대상에 포함시키려고 노력했다. 사냥꾼 스타일에서 농부 스타일, 외근직 영업 사원에서 내근직 영업 사원, 중요 지역을 중심으로 영업하는 모델에서 광범위한 지역을 담당하는 영업 모델, 직접 영업과 대리점 영업 등 여러 모델을 대상으로 연구를 진행했다. 대상의 근무 연수, 지역, 영업 대상의 규모 등을 의도적으로 조정해서 설문 결과가 전체 샘플을 객관적으로 대표할 수 있을 뿐 아니라, SEC 회원사의 다양성을 반영할 수 있도록 했다.

마지막으로, 연구 대상이 영업 사원이기 때문에 실적을 평가할 수 있는 아주 현실적인 방법, 즉 목표 대비 영업 실적이라는 툴을 갖고 있었다. 그 결과 영업 사원의 성과에 대해 자료를 기반으로 한 매우 신뢰할 만한 그림을 그릴 수 있었고, "영업 사원이 할 수 있는 모든 것 중, 최고의 영업 실적을 올리려면 무엇이 가장 중요한가?"라는 질문에 답을 할 수 있었다.

영업 기술 및 행동 방식과 관련해서 어떤 것이 가장 나은 방식인지 정확히 파악할 수 있었다.

그리고 이 설문 조사에서 의도적으로 제외한 것에 대해서도 언급하고 싶다. 이 연구는 영업 사원의 성격이나 개인적인 강점을 조사한 것이 아니다. 이런 것들은 측정하기도 어려울 뿐만 아니라 설사 측정했다고 할지라도 이것으로 할 수 있는 것이 없다. 예를 들어 카리스마가 성공적인 영업을 위해 아주 중요하다는 조사 결과가 있다고 치자. 사람들은 이 정보를 부정하지는 않겠지만, 이것을 이용해서 실제로 할 수 있는 것이 무엇인지 쉽게 결론을 낼 수 없을 것이다. 물론, 카리스마가 약한 사람들을 한꺼번에 해고하고 외향적인 사람들로 조직을 채울 수도 있다. 이 방법이 미래의 실적을 높이는 데는 도움이 될지라도 현재 실적을 높이기 위해 실행할 수는 없다. 이 연구 결과를 통해 전달하고자 하는 첫 번째 메시지는 현재 우리 조직 안에 있는 영업 사원들과 당장 함께 할 수 있는 현실적인 조언이다.

이런 목적으로 진행된 설문 조사이기 때문에 표에 있는 질문은 모두 표면화된 행동 방식demonstrated behavior에 집중한 것임을 알 수 있다". 어떤 영업 사원이 X라는 행동을 어느 정도 할 수 있을까?" 또는 "어떤 영업 사원이 Y라는 행동을 얼마나 효과적으로 할 수 있는가?"를 질문한다. 이유는 영업 기술이나 행동 방식에 대해서는 지금 당장 변화를 줄 수 있기 때문이다. 어떤 사람이 카리스마가 있을 수도 있고 없을 수도 있다. 그러나 적절한 조언을 통해 영업 프로세스를 더 잘 준수할 수 있도록 도움을 줄 수 있다. 더 좋은 교육과 툴을 이용해서 제품이나 산업계에 대한 지식을 향상시킬 수도 있다.

이 연구는 실제 영업에서 성과를 내기 위해 진행되었다. 왜 우수 영업 사원이 우수한지를 파악하기 위한 것이 아니고, 평범한 영업 사원이 실적을 올릴 수 있도록 돕기 위한 것이다. 여러분이 속한 영업 조직의 60퍼센트를 차지하는 평범한 영업 사원들 안에 잠재된 거대한 금전적 가치를 한번 생각해 보자. 이 개개인들이 조금씩 더 잘 할 수 있다면 회사 전체에는 큰 도움이 되지 않을까? 이 연구는 기존 조직 안에 있는 평범한 영업 사원들이 우수 영업 사원처럼 행동할 수 있도록 하는 방안에 초점을 맞추었다.

어떤 결과가 나왔을까? 어떤 특성들이 가장 중요한 것으로 밝혀졌을까? 전체적으로 아주 중요한 세 가지 결과가 도출되었으며, 각각은 지금까지 영업 책임자가 성공적인 영업을 위해 중요하다고 생각한 요소들과는 완전히 다른 것이었다. 이제 연구 결과들을 차례로 살펴보자.

첫 번째 발견
다섯 가지 유형의 영업 사원들이 있다

연구 자료를 가지고 첫 번째로 한 작업은 요인 분석factor analysis이었다. 요인 분석을 쉽게 설명하자면 여러 변수를 몇 가지 카테고리로 묶는 통계학 방법 중 하나이며, 이를 통해 어떤 변수가 어떤 카테고리 안에서 공통으로 나타나고 같은 경향을 보이는지 알려준다. 예를 들어, 우리가 생태계를 연구한다고 할 때 가능한 모든 생태계에 대한 변수를 분석하는 요인 분석을 통해 열기, 모래, 건조함, 전갈, 선인장 등이 자연 상태에서 공존한다는 것을 발견할 수 있다. 이 변수들은 공존하는 경향이 있기 때문에 하나의 카테고리, 즉 사막이라는 이름을 부여할 수 있다.

영업 사원에 대한 연구에서 나온 자료로 요인 분석을 했을 때 아주 흥미로운 사실을 발견했다. 분석 결과 몇몇 특성이 매우 두드러지게 응집되어 있는 것을 알 수 있었다. 설문에 포함된 44개의 특성은 다섯 개의 그룹으로 구분되었으며, 각 그룹 안에서 이 특성들은 매우 독특하게 규합되어 있었다. 한 명의 영업 사원이 특정 그룹에 속하는 특성들 중 하나를 잘 수행할 수 있다면, 이 영업 사원은 해당 그룹에 속하는 다른 모든 특성에서 우수한 결과를 보여줄 가능성이 매우 높았다.

하드워커형
샘플의 21퍼센트

- 항상 최선을 다함
- 쉽게 포기하지 않음
- 본인 스스로 동기를 부여함
- 피드백과 자기 개발에 관심이 있음

챌린저형
샘플의 27퍼센트

- 항상 고유한 관점을 가지고 있음
- 고객의 비즈니스를 이해함
- 논쟁하기를 좋아함
- 고객을 압박함

관계중심형
샘플의 21퍼센트

- 고객사에 적극적인 지지자를 만들 수 있음
- 시간을 할애해서 다른 사람을 도와주는 데 관대함
- 모든 사람과 좋은 관계를 유지함

외로운 늑대형
샘플의 18퍼센트

- 본능을 따름
- 자기 확신에 차 있음
- 제어하기 어려움

수동적 문제 해결형
샘플의 14퍼센트

- 조직 내부나 외부의 담당자에게 신뢰감이 가는 행동을 함
- 모든 문제가 확실히 해결되도록 함
- 매우 꼼꼼함

출처 : Sales Executive Council Research

그림 2.1 다섯 가지 영업 사원 프로파일

그림 2.1에는 다섯 가지 프로파일과 각각의 프로파일에 모여 있는 대표적인 변수들이 들어있다. 이 그룹들은 서로 배타적이지 않다. 생태계와 비교해 본다면, 모든 사막에 강렬한 열기와 모래가 있는 것은 맞지만, 열기와 모래가 반드시 사막에만 있는 것은 아니다. 이 둘은 정도의 차이는 있겠지만 다른 생태계에 존재할 수 있다. 연구 결과를 보면 모든 영업 사원은 모든 항목에 대해서 아주 기본적인 능력은 보여주었다. 예를 들어, 정도의 차이는 있지만 모든 영업 사원은 형식적인 영업 프로세스를 어느 정도 준수했다. 최소한의 제품 지식이나 산업계에 대한 지식 정도는 갖고 있었다. 그렇지만, 거의 모든 영업 사원에게 공통적으로 적용되는 사실은 이 특성들이 어떤 소그룹으로 모여 있는가를 보면 각 영업 사원이 고객과의 영업에서 이용하는 근본적인 접근법을 파악할 수 있다는 점이다.

이 프로파일은 마치 대학 학위와 비교해볼 수 있다. 대학을 졸업하려면 학생은 과학, 언어, 역사, 수학 등 여러 과목을 이수해야 한다. 그러나 동시에 대학생은 자신이 좀 더 전문적으로 공부해야 하고 본인의 학업적인 정체성을 나타내는 전공을 가지고 있어야 한다. 다섯 가지 프로파일은 이 전공과 아주 유사하다. 영업에서 활용되는 다섯 개의 전공이라고 생각하면 된다.

다섯 가지 프로파일은 연구팀이 자료를 자의적으로 해석해서 연구팀의 세계관을 반영한 것이 아니며, 순수하게 자료를 분석해서 구성된 것이다. 이 프로파일들은 통계적인 분석을 통해 추출된 것이지만 현실에 존재하는 다섯 가지 일반적인 프로파일을 정확하고 완벽하게 대표한다. 흥미로운 것은 다섯 가지 프로파일이 대상 샘플에 상대적으로 골고루 분포되어 있다는 사실이다.

이제 좀 더 본격적으로 각 유형의 영업 사원에 대해 알아보자. 각 프로파일을 설명하는 동안 여러분은 자신에게 다음 질문을 해보기를 바란다. 내가 관리하는 영업 조직의 구성원들은 어떤 프로파일에 속할까? 우리 회사는 어떤 유형의 영업 사원에게 중점을 두는가, 더 쉽게 말하면 어떤 유형의 영업 사원을 당장 고용하겠는가? 내가 관리하는 영업 사원들은 어떤 유형의 프로파일을 닮아 가기를 원하는가?

하드워커형 | The Hard Worker

하드워커형 영업 사원은 말 그대로 열심히 일하는 사람이다. 일찍 출근하고, 늦게 퇴근하고, 항상 자신에게 할당된 것 이상 해내려고 노력한다. 악착같이 일만 하는 사람이다. 혼자서도 동기 부여가 되며 쉽게 포기하지 않는다. 다른 사람보다 더 많은 전화를 하고 더 많은 영업 방문을 한다. 열정적으로 피드백을 들으려 하고 항상 자신을 개발할 기회를 찾으려 한다.

큰 물류회사의 CSO(최고 영업 책임자)는 이런 하드워커형 영업 사원이 해야 할 일을 올바른 방식으로 하면 반드시 좋은 결과를 낳을 수 있다고 믿는다. 전화 영업을 많이 하고, 이메일을 충분히 보내고, 제안요청서에 충분히 답을 하면, 한 분기가 끝나는 시점에 좋은 성과가 있을 것으로 생각한다. 영업 프로세스가 얼마나 중요한지 상사가 열변을 토할 때 그래도 열심히 집중해서 듣는 부류가 바로 하드워커형 영업 사원이다.

관계중심형 | The Relationship Builder

이름에서 알 수 있듯이 관계중심형 영업 사원은 고객과 개인적 비즈니스 관계를 맺고 증진시키며, 고객사에서 지지자를 만들 수 있는 사람이다. 자기 시간을 내어 주는데 매우 관대하며, 고객의 요구 사항이 충족될 수 있도록 열심히 노력한다. 고객을 대하는 마음가짐에서 언제든지 고객이 원하면 달려갈 수 있고 어떤 서비스도 제공할 수 있다고 생각한다. 고객에게 "필요하면 언제든지 연락해 주세요. 제가 여기에 있습니다. 그냥 말만 하세요."라고 말한다.

최근에 인터뷰한 영업 부사장은 "우리 고객은 관계중심형 영업 사원을 사랑합니다. 고객과의 관계를 맺으려고 아주 열심히 하며 때로는 몇 년이 걸리더라도 최선을 다합니다. 저는 이런 태도가 우리 비즈니스에 큰 도움을 주었다고 생각합니다."라고 말했다.

외로운 늑대형 | The Lone Wolf

영업하는 사람이라면 외로운 늑대형에 익숙할 것이다. 이 유형은 자기 확신에 차 있다. 따라서 규정보다는 자신의 본능을 따르는 경향이 있다. 이 유형의 영업 사원 대부분은 영업 조직에서 프리마돈나 또는 카우보이이며, 일할 때 자신의 방법으로 하거나 아니면 아예 하지 않는다.

외로운 늑대형은 자주 영업 책임자를 화나게 한다. 규정을 따르지 않으며, 고객 방문 리포트를 작성하지 않고 CRM[customer relationship management, 고객 관리 소프트웨어]에 정보를 입력하지도 않는다.

"솔직히 말해서 할 수만 있었다면 해고해 버렸을 겁니다. 그런데 그럴 수가 없었어요. 영업 목표를 모두 달성했기 때문이죠."라고 한 영업 책임자가 말했다. 이 회사만 그런 것이 아니다. 평균적으로 외로운 늑대형은 시스템을 지독하게 따르지 않지만 좋은 실적을 낸다. 실적이 좋지 않았다면 이미 해고되었을 것이다.

수동적 문제 해결형 | The Reactive Problem Solver

수동적 문제 해결형은 신뢰할 수 있는 사람이며 꼼꼼하다. 고객의 문제를 해결하는데 집중하지 않는 영업 사원은 없지만, 이 유형의 영업 사원은 거래가 일단 성사되면 영업 과정에서 어쩔 수 없이 한 약속이라도 지키는 데 최선을 다한다. 영업 후 사후 처리에 고도로 집중하여, 구축 과정 및 실제 운영 과정에서 서비스가 문제없이 처리되는 데 고도로 집중한다.

SEC 회원사의 한 영업 임원은 수동적 문제 해결형 영업 사원을 '영업 사원의 옷을 입은 고객 서비스 사원'이라고 묘사했다. "이 영업 사원은 아침에 출근할 때 새로운 영업을 창출할 위대한 계획을 세우고 사무실로 들어선다. 그런데 기존 고객이 전화해서 문제 해결을 요청하면, 우리가 이런 문제를 해결하기 위해 돈을 지급하는 사람에게 전달하지 않고 자신이 바로 고객의 문제를 해결하려고 나선다. 이 영업 사원은 고객을 행복하게 하는 방법을 찾으려고 하지만, 사실 이것은 새로운 비즈니스를 창출할 기회를 희생하면서 얻는 것이다."라고 영업 임원은 말했다.

챌린저형 | The Challenger

챌린저형은 영업팀에서 논쟁을 이끄는 영업 사원이다. 고객의 비즈니스를 심층적으로 이해하고 있으며, 이해를 바탕으로 고객의 생각을 움직이고 고객사가 더 효과적으로 경쟁할 수 있는 새로운 방법을 가르쳐 준다. 자신의 관점이 기존의 전제와 다르고 논쟁의 여지가 있을지라도 이것을 주저하지 않고 말한다. 이 유형의 영업 사원은 자신의 생각이나 가격 등을 주장할 때 단호하며, 고객을 어느 정도 압박한다. 많은 영업 책임자가 동감하는 것 중 하나는 이런 태도를 고객에게만 보이는 것이 아니라는 점이다. 자신의 영업 매니저나 조직 내의 고위 임원에게도 압박을 가한다. 그런데 압박을 가하면서도 상대방을 힘들게 하거나 공격적이지 않다. 만약 그렇다면 이 프로파일을 그냥 멍청이라고 불러야 할 것이다. 주위에 있는 사람들이 복잡한 문제를 다른 관점에서 바라보도록 도움을 주는 능력이 있다. "우리 회사에는 몇 명의 챌린저형 영업 사원이 있으며, 우리 회사의 CSO는 이 영업 사원과 주기적으로 만나 시장에서 무엇을 보고 듣는지 이야기하고 싶어 한다. CSO는 이런 대화가 굉장히 도움이 된다고 생각한다. 챌린저형 영업 사원은 지속적으로 새로운 통찰을 제공하며, 이로 인해 CSO는 자신의 전략이 현실과 어떻게 맞아 들어가는지 지속적으로 파악할 수 있다."라고 SEC 회원사가 이야기한 적이 있다.

두 번째 발견
현격한 차이를 보이는 두 프로파일

잠시 물러서서, 다섯 가지 프로파일을 보고 자신에게 이런 질문을 해보

자. 어떤 프로파일의 영업 사원을 우리 팀에 보유하고 싶은가? 모든 프로파일은 각기 다른 장점을 가지고 있다.

영업 사원이 다섯 가지 프로파일 중 하나에 속한다는 사실도 흥미롭지만, 모든 사람을 놀라게 한 것은 두 번째 발견이었다. 다섯 가지 프로파일을 실제 영업 성과와 비교해 보면 놀라운 사실을 알게 된다. 한 프로파일은 다른 프로파일보다 훨씬 더 좋은 성과를 내지만, 다른 한 프로파일은 매우 큰 차이로 다른 프로파일보다 뒤처져 있는 것이다. 그런데 이 순위를 보면 사람들이 생각해 왔던 것과 큰 차이가 있었다. 모든 영업 책임자에게 각 프로파일의 성과를 보여주었을 때 성과가 가장 낮은 프로파일에 가장 많이 의존했다고 솔직히 말해 주었다.

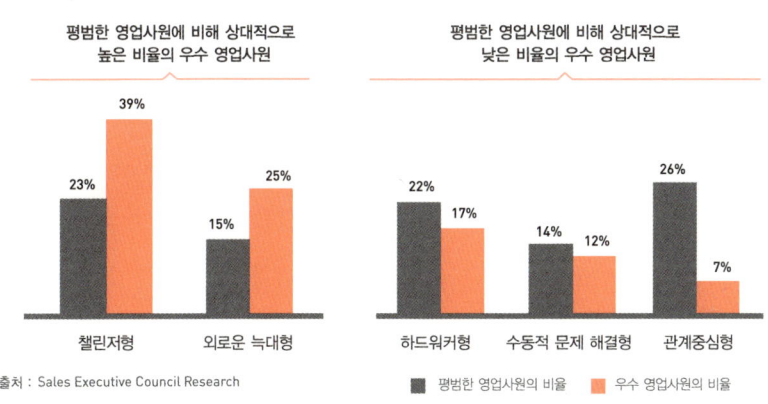

그림 2.2 프로파일별 평범한 영업 사원과 우수 영업 사원의 비율

다섯 가지 프로파일을 실제 영업 실적과 비교할 때 제일 먼저 한 작업은 평범한 영업 사원과 우수 영업 사원을 분리하고 별도로 분석하는 것이

었다. 어떤 영업 사원이 우수 영업 사원인지 판단하기 위해 참여한 회사의 샘플 영업 사원 중에서 목표 대비 실적으로 판단했을 때 영업 조직에서 상위 20퍼센트에 속하는 영업 사원을 선택했다. 샘플에 포함된 모든 영업 사원을 실적에 따라 분류한 후, 각각의 그룹이 다섯 가지 프로파일에 어떻게 분포되어 있는지 확인했다. 그 결과는 아주 놀라웠다.

먼저, 평범한 영업 사원은 다섯 가지 프로파일에 비슷한 비율로 분포되어 있었다. 평범한 영업 사원은 어느 프로파일에 집중되어 있지는 않았다. 이는 평범한 영업 사원이 평범한 것은 어떤 프로파일적인 특성이 있기 때문이 아니라는 것을 보여준다. 그냥 평범하니까 평범한 것이다. 평범한 영업 사원은 다섯 가지 프로파일에 모두 분포되어 있으며, 각각의 프로파일에서 모두 평균적인 성과를 냈다. 다른 말로 설명하자면, 평범해지는 길은 한 가지만 있는 게 아니라 다섯 가지나 있다. 평범함은 여러 형태로 나타난다. 그림 2.2에서 회색 막대로 표시된 평범한 영업 사원의 비율이 다섯 가지 프로파일에 상대적으로 골고루 분포된 것을 볼 수 있다.

그런데 우수 영업 사원이 다섯 가지 프로파일에 어떻게 분포되어 있는지 보면 양상이 완전히 다르다는 것을 알 수 있다. 평범한 영업 사원이 되려면 다섯 가지 프로파일 중 아무거나 선택해도 되지만, 우수 영업 사원이 되려면 하나의 방법을 선택해야 한다. 압도적인 우위를 보이는 프로파일은 챌린저형 프로파일이며, 이 연구에서 파악한 우수 영업 사원의 거의 40퍼센트가 이 프로파일에 속했다.

챌린저형 영업 사원은 논쟁을 즐긴다. 그리고 고객의 비즈니스를 깊이 이해하고 이를 바탕으로 단순히 고객에게 서비스를 제공하는 것이 아니라 고객을 가르치는 영업 사원이다. 이 유형의 영업 사원은 고객의 생각을 자극하며, 고객이 비즈니스를 영위하고 경쟁하는데 새롭고 차별적인 방안을 제공한다.

진정 어떤 차이가 있는가? 연구에서 테스트한 44개의 특성 중 챌린저형 프로파일에서 자주 나타나며 통계적으로 의미를 가질 수 있는 것은 다음 여섯 가지다.

- 고객에게 고유의 관점을 제공한다.
- 뛰어난 커뮤니케이션 능력을 갖추고 있다.
- 고객의 핵심 가치를 파악하고 있다.
- 고객의 비즈니스에서 핵심이 되는 경제적인 가치를 파악할 수 있다.
- 고객과 돈에 대해서 거리낌 없이 이야기할 수 있다.
- 고객을 압박할 수 있다.

얼핏 보면 이 목록은 서로 관련 없는 특성이 무작위로 섞여 있는 것처럼 보일 수 있다. 사실, 연구를 위해 영업 사원의 특성 목록을 구성할 때 우수 영업 사원의 특성으로 이 여섯 가지가 선택될 것이라고는 전혀 기대하지 않았다. 그런데 분석 결과 이 여섯 가지 특성이 나왔던 것이다. 각 특성은 챌린저형 영업 사원이 평범한 영업 사원에 비해 아주 뛰어나게 일을 처리하는 특정한 방식을 의미한다.

그리고 이 특성들을 세 가지 범주로 나누어 보면, 챌린저(챌린저형 영업 사원)가 무엇인지를 명확하게 설명할 수 있다. 챌린저는 다음 세 가지를 할 수 있는 능력에 달렸다. 가르치고^{teach}, 맞추어 제안하고^{tailor}, 주도권을 확보하는^{take control} 능력이다.

- 챌린저는 고객의 비즈니스에 대해 고유의 관점을 가지고 뛰어난 대화 능력을 갖추고 있다. 이를 바탕으로 영업을 통해 고객에게 어떻게 차별화할 수 있을지 가르칠 수 있다(teach for differentiation).
- 챌린저는 고객의 비즈니스에서 무엇이 핵심적인 경제적 가치이며, 가치의 원동력이 무엇인지에 대한 뛰어난 감각을 지니고 있다. 따라서 고객사의 적절한 담당자에게 적합한 메시지를 전달하면서, 반향을 불러 일으키도록 맞추어 제안할 수 있다(tailor for resonance).
- 마지막으로, 챌린저는 예산에 대해서 이야기하는 것을 어려워하지 않으며, 필요하다면 고객에게 어느 정도 부담을 줄 수 있다. 이러한 방식으로 영업의 주도권을 확보한다(take control).

다시 말해서 이 세 가지가 챌린저인지 아닌지를 결정짓는 특성이다. 가르치고, 맞추어 제안하고, 주도권을 확보할 수 있는 능력이다. 이들은 챌린저 영업 모델^{challenger sales mode}이라고 불리는 방법론을 구성하는 기둥이며, 이 책의 나머지 부분은 이런 능력을 갖춘 영업팀을 구성하는 방법을 담고 있다.

챌린저에 대해서 자세히 분석하기에 앞서, 잠시 전반적인 연구 결과를 살펴보자. 챌린저형이 다른 프로파일에 비해 성공할 확률이 훨씬 높다는 것에 전 세계의 영업 임원은 공감했다. 그러나 관계중심형 프로파일이 실적에서 아주 뒤처진다는 사실에 더욱 놀라고 불편한 모습을 감추지 못했다. 이 연구 결과에 따르면 우수 영업 사원 중 오직 7퍼센트만 관계중심형 프로파일에 속했으며, 이것은 다른 프로파일에 비해 아주 적은 수치이다. 이 결과는 영업 사원에게 나가서 고객과 "아주 깊은 관계를 맺으라."라고 독려하는 영업 책임자, 한창 불황기에 나가서 "고객을 껴안아라."라고 말하는 회사에게 경종을 울리는 것이다.

그렇다고 해서, 이 연구 결과가 결코 고객과의 관계가 영업에서 중요하지 않다는 의미는 아니다. 그렇게 결론을 내린다면 이건 아주 순진한 발상이다. 물론, 관계는 중요하다. 특히, 영업 사원이 특정 고객사 내의 여러 담당자와의 다양한 관계를 맺어야 하는 복잡한 영업에서는 특히 그렇다. 고객이 당신이 누구인지 모른다거나, 최악의 경우에 당신을 싫어한다면 먼저 이것부터 해결해야 한다. 그렇지만, 1장에서 서술한 이유 때문에 고객이 솔루션을 구매하기 꺼리는 상황에서, 영업 전략이 관계를 증진하는데 집중하다 보면 고객의 요구 사항이 뭐든지 간에 어쩔 수 없이 들어주게 될 것이며, 이것은 몹시 나쁜 결과를 가져온다. 어려운 상황에서는 고객과의 관계가 어느 때보다 중요할 수도 있겠지만, 고객과의 친밀한 관계만으로 비즈니스를 성사시킬 수 없다. 고객과 분기 마다 만나 서비스에 만족하는지 확인하는 것이 새로운 비즈니스를 찾는데 좋은 방법일 수 있지만, 이것이 비즈니스를 창출하는 데는 좋은 방법은 아니다.

결국, 찾을 수 있는 비즈니스가 갑자기 사라져 버린 상황에서는 관계중심형 영업 사원은 실패할 수밖에 없다.

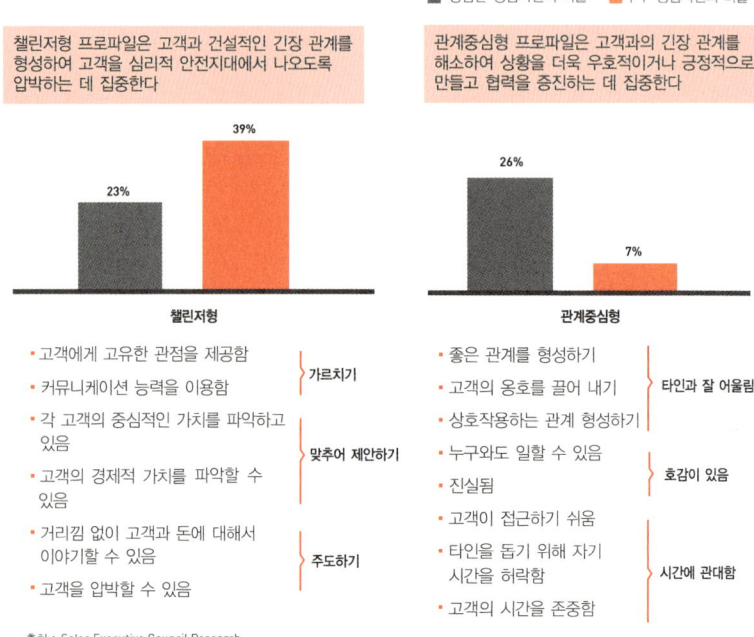

그림 2.3 챌린저형 vs. 관계중심형 프로파일

챌린저형 프로파일은 관계중심형 프로파일과 정말로 많은 차이가 있는가? 그렇다. 이것은 사실이다. 그림 2.3에서 본 것처럼 챌린저형과 관계중심형 영업 사원의 특성을 비교해 보면 이유를 알 수 있다.

챌린저형 영업 사원이 성공하는 이유는 방금 설명한 것과 같다. 챌린저는 가르치고, 맞추어 제안하고, 주도권을 잡는데 뛰어난 능력을 발휘한다. 챌린저형 영업 사원이 고객을 심리적 안전지대^{comfort zone}에서 밀어내는 데 집중한다면, 관계중심형 영업 사원은 고객의 심리적 안전지대 안으로 들어가는데 사활을 건다. 이런 영업 사원은 고객사의 모든 사람과 친밀한 개인적인 관계를 맺는데 집중하며, 항상 호감이 가는 행동을 하며 자신의 시간을 고객에게 할애하는데 관대하다. 챌린저는 고객에게 돌아가는 가치에 집중하는 반면, 관계중심형 영업 사원은 고객에게 편의를 제공하는 데 관심이 있다.

챌린저가 성공하는 이유는 고객과 건설적인 긴장 관계를 어느 정도 유지하기 때문이다. 반면, 관계중심형 영업 사원은 긴장을 해결하기 위해 노력하며 긴장을 만들려고 하지 않는다. 이 두 가지는 상반된 접근법이다. 관계중심형 영업 사원도 매우 전문적인 대화를 이끌어 간다는 점은 인정해 줄지라도, 그렇다고 해서 고객이 목표를 향해서 전진하도록 도와주지는 못한다. 고객 입장에서는 호감이 가기는 하지만 그렇다고 해서 아주 효과적인 도움을 받지는 못한다. 반면, 챌린저는 고객과 영업 사원 사이에 꾸준한 긴장을 유지함으로써 고객이 자기 비즈니스에 대해서 다른 관점을 가지도록 압박한다. 그리고 다른 관점을 가지도록 압박하는 것이 자신과 고객에게 가치가 있는 일이라는 것을 알고 있다. 이렇게 함으로써 고객은 비용을 절감하고 수익을 높일 수 있으며 결국 고객은 영업 사원이 제공하는 가치를 인정한다.

호텔 업계에 종사하는 영업 임원이 이 연구 결과를 보고 다음과 같은 말을 했다. "사실 이 연구 결과를 인정하기에는 마음이 편치 않습니다. 지난 십년 동안 능력 있는 관계중심형 영업 사원을 뽑는 것이 우리 회사의 분명한 전략이었습니다. 한동안은 이 전략이 효과적이었습니다. 그런데 경제 환경이 나빠지자 관계중심형 영업 사원은 완전히 실패했습니다. 아무 것도 팔 수 없었습니다. 이 연구 결과를 보니 왜 그런지 알 수 있을 것 같습니다."

세 번째 발견

챌린저는 솔루션 영업 전문가이며,
단지 불황기에 반짝하는 영업 사원이 아니다

이제 세 번째이자 논쟁의 여지는 조금 있지만 가장 극적인 결론으로 이어진다. 챌린저에 대해서 이만큼 밝혀진 시점에 당연히 따라오는 질문은 챌린저형 프로파일이 지속적이냐는 것이다. 지금까지 챌린저형 프로파일에 대해 파악한 것은 흔히 볼 수 없는 극심한 경제 불황에서 연구를 한 결과 얻어낸 것이다. 그래서 챌린저의 뛰어난 실적이나 능력은 단지 일시적인 현상일 수도 있다. 즉, 매우 심각한 경제 불황과 이로 인해 발생한 아주 힘든 영업 환경 때문일 수도 있다. 그렇다면, 이삼 년 후에 지금까지 발견되지 않은 새로운 프로파일이 최고의 프로파일로 등장할 수도 있을 것이다. 그런데 지금까지 확보한 자료를 보면 그럴 가능성은 매우 낮다. 잠시 관점을 넓혀서 챌린저형 프로파일을 솔루션 영업의 발전 과정과 비교하여 이해한다면 이유를 알 수 있다.

연구 자료를 다른 각도, 즉 영업의 복잡한 정도를 기준으로 살펴보면 더욱 놀라운 사실을 알 수 있다. 연구팀은 영업하는 제품이나 서비스의 복잡한 정도에 따라 우수 영업 사원의 분포를 분류하였다. 우수 영업 사원 중에서 짧은 영업 주기 동안 단순한 제품을 판매하는 사람과 긴 영업주기 동안 복잡한 제품이나 솔루션을 판매하는 영업 사원을 비교한 것이다.

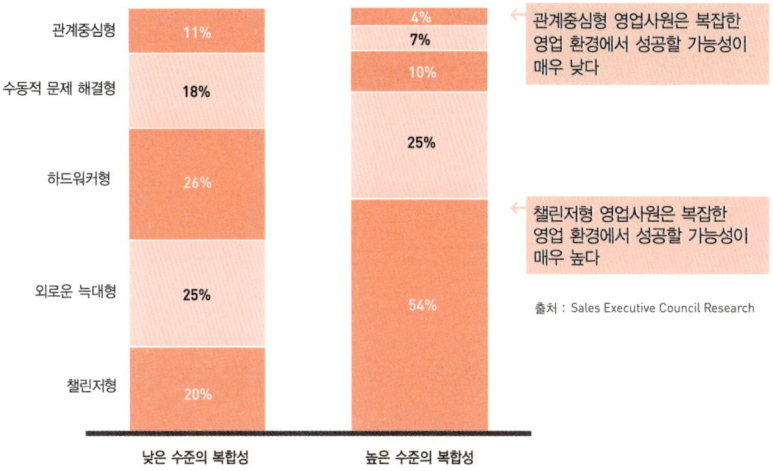

그림 2.4 단순한 영업 환경과 복잡한 영업 환경에서 나타나는 프로파일별 우수 영업 사원의 비율

　복잡한 영업 환경에서는 챌린저가 영업 현장을 압도했다. 우수 영업 사원의 50퍼센트 이상은 챌린저였다. 챌린저에 근접할 수 있는 프로파일은 외로운 늑대형뿐이었다. 그런데 외로운 늑대형은 모든 영업 책임자가 입을 모아 말하기를, 발견하기 어려우며 관리하기는 더 어려운 영업 사원이라고 한다. 이와 반대로, 관계중심형은 그래프에서 찾아보기도 어려울 정도로 아주 낮은 비율이었다. 복잡한 솔루션 영업 환경에서 관계중심형 영업 사원이 우수 영업 사원이 될 확률은 거의 0퍼센트이다.

　많은 회사가 솔루션 영업으로 전환하는데 어려움을 겪는 이유가 바로 여기에 있을 수도 있다. 솔루션 영업은 본질적으로 기존 관념을 깨뜨리는 영업이다. 솔루션 영업에서 영업 사원은 고객에게 그냥 제안한 제품을 구매해서 다른 제품과 함께 진열장에 단순히 올려놓으면 끝날 것이라고 말하지 않는다. 반대로, 솔루션 영업은 고객의 행동 방식을 바꾸도록 요청하는 것이다. 즉, 지금까지 행동했던 방식을 바꾸어 다른 방향으로 움직일 것을 요구한다. 그런데 이것이 가능하려면 영업 사원은 고객이 현재 운영 방식에 대해 다른 생각을 하도록 해야 한다. 영업 사원은 고객에게 자신의 비즈니스를 운영하는데 지금까지 생각할 수 없었던 새로운 방식을 보여줄 필요가 있다. 이런 상황을 고려한다면 복잡한 영업 상황에서는 오직 하나의 프로파일이 우수한 실적을 내고, 아주 큰 차이로 다른 프로파일보다 앞서는 것은 전혀 놀랄 만한 일이 아니다.

회사가 챌린저형 영업 사원을 육성하거나 고용하지 않으면, 영업이 갈수록 복잡해지는 현 상황에서 뒤쳐지게 될 가능성이 아주 높다. 챌린저는 단순히 요즘 같은 불황기에 반짝하는 영업 사원이 아니고, 미래의 솔루션 영업 사원이다. 솔루션 영업을 통해 회사가 성장하려면 이를 수행할 수 있는 챌린저가 필요하다.

주위에서 최고의 영업 사원, 즉 까다로운 고객에게서 대형 거래를 성사시키는 영업 사원이 누구인지 둘러보면 챌린저일 가능성이 크다.

챌린저가 우수 솔루션 영업 사원이라는 이 발견에는 덜 복잡하고 단순 거래 위주의 비즈니스를 어떻게 운영할지에 대한 암묵적인 지혜가 들어 있다. 텔레마케팅 영업 등과 같은 비즈니스에서는 챌린저를 육성하는데 많은 투자를 할 필요가 없을 것이다. 연구 자료를 보면 하드워커형이 이 분야에는 더 잘 적응할 것이다. 고객과 어떤 대화를 했느냐 보다는 얼마나 많은 전화를 했느냐에 영업의 성공이 달렸다면 하드워커형 영업 사원이 최적이다.

챌린저는 복잡한 영업에는 반드시 필요하지만, 모든 형태의 비즈니스 환경에서 반드시 필요한 것은 아니다.

연구의 전반적인 결론은 다음과 같다. 여러분이 가치 중심의 솔루션 영업을 지향한다면, 고객에게 도전할 수 있는 능력이 성패를 판가름 짓는다. 그러므로 챌린저가 되는데 필요한 것이 무엇인지 정확히 아는 것이 필수적이다. "챌린저가 되라!"라고 말하기는 쉽지만, 챌린저가 되려면 정확히 무엇을 해야 하는지 말하기는 쉽지 않다.

영업에 몸담은 모든 사람이 반드시 읽어야 하는 책이다. 영업의 규칙이 어떻게 바뀌었는지 그리고 어떻게 대처해야 하는지 설명해 준다. 뒤처지지 않으려면, 성공적인 영업을 위한 새로운 공식을 가르쳐 주는 이 책을 놓쳐서는 안 된다.

Ken Revenaugh, Oakwood Temporary Housing의 영업 운영 담당 부사장

| 3장 |

챌린저(2부):
챌린저 영업 모델을
평범한 영업 사원에게 전파하기

    챌린저가 되려면 가르치고teach, 맞추어 제안하고tailor, 주도권을 확보take control할 수 있는 능력이 필요하다. 그리고 이 세 가지를 고객과의 건설적인 긴장 상태에서 실행할 수 있어야 한다.

    이 세 가지가 새로운 영업 방법론인 챌린저 영업 모델challenger sales model을 구성하는 축이다. 이 방법론은 SEC가 탈레크리스 바이오테라퓨틱스Talecris Biotherapeutics, PMI, 브링스Brinks, 톰슨 로이터Thomson Reuters의 솔루션 사업부 등 여러 회사와 함께 개발하였고 참여한 회사의 영업 조직에 적용했다. 이 방법론은 적합한 교육과 코칭, 영업 툴이 제공되면 챌린저와 대조적인 관계중심형 영업 사원을 포함한 모든 유형의 영업 사원이 챌린저처럼 고객과의 대화에서 주도권을 확보하는 방법을 배울 수 있다는 전제에서 출발한다.

챌린저 영업 모델은 이론상으로는 매우 단순하지만, 실제로 적용하려면 상당히 복잡하다. 초기에 이 모델을 채택한 회사들의 경험이 이를 말해준다. 이 책의 나머지 부분에는 챌린저 영업 모델을 적용할 때 도움을 줄 수 있는 우수 사례, 툴, 교훈 등을 공유하는 데 집중할 것이다.

본격적으로 시작하기에 앞서 이 모델의 근간인 네 가지 원칙들에 대해 먼저 설명한다. 이 원칙들이 이 책의 전반적인 주제를 반영하고 있다.

원칙 1: 챌린저는 태어나는 것이 아니라 만들어진다

영업 매니저가 자주 하는 질문 중의 하나는 챌린저가 본성의 문제인지 양육의 문제인지에 대한 것이다. 쉽게 말하면 "챌린저는 태어나는 것이냐? 만들어지는 것이냐?"이다. 이 질문에 몇 가지 다른 방식으로 대답할 수 있다.

챌린저에 대한 연구 결과 중 하나는 모든 영업 사원이 챌린저 DNA의 흔적을 가지고 있다는 것이다. 단지, 이 DNA를 중점적으로 개발하지 않았을 뿐이다. 기술, 태도, 행동 방식, 지식을 집중적으로 연구한 결과 적절한 툴, 교육, 코칭, 보상, 인정 시스템이 작동한다면 챌린저가 되기에는 부족한 영업 사원도 고객 앞에서 챌린저처럼 행동하게 할 수 있다는 것이 확인되었다. 결국에는 챌린저가 되지 못하는 영업 사원도 있겠지만, 시간과 열정을 투자한다면 평범한 영업 사원이 챌린저로 변할 것이다.

챌린저는 태어나는 것이지 만들어질 수 없다는 생각은 틀렸다. 평범한 영업 사원의 DNA를 처음부터 바꿀 수는 없더라도, 이 영업 사원이 고객과 대면할 때 행동 방식을 잠시만이라도 바꿀 수 있다면(아니면 어떤 SEC 회원사의 고위 임원이 말한 것처럼 잠시 "강한 척할 수 있다면") 여기에 투자할 가치가 있다. 몇 명의 우수 영업 사원을 남겨 두고 모든 영업 사원을 해고한 후 다시 영업 사원을 일괄 채용할 영업 책임자는 없다. 적어도 이 영업 책임자가 영업 세계에서 계속 살아남으려면 이렇게 하지 않을 것이다.

우리가 영업과 관련하여 회원사에게 도움을 주는데 기준으로 삼는 원칙은 (장기적인 계획에 대한 조언을 제공하는 것이 아니라) 현재 영업 조직의 역량을 지금 당장 개선하는데 필요한 툴과 교육을 제공하는데 집중하는 것이었다. 현재 영업 조직의 역량을 지금 당장 개선하는 것은 의미 있는 목표이며 훌륭한 조직이 아주 성공적으로 이 목표를 수행했다. 챌린저가 만들어진다는 것을 보여주는 많은 증거가 있다. SEC사는 내부적으로 이것을 직접 경험했다. SEC의 컨설팅 부문인 SEC 솔루션 그룹은 이 원칙들을 이용해서 고객사가 챌린저를 만들고 키우는 데 도움을 주었다.

이 책을 읽는 여러분이 영업 사원이라면 챌린저의 특성을 타고 났느냐와 상관없이 챌린저 영업 모델이 여러분의 영업 능력을 개발하는데 도움을 줄 것이다. 지금 사용하는 방법론이 이 모델과 차이가 있더라도, 충분히 극복할 수 있는 것이므로 실망할 필요가 없다. 차이가 존재한다는 것을 충분히 이해하고, 누구나 차이를 줄일 수 있는 능력을 갖추고 있다는 것을 깨닫게 하는 것이 이 책의 핵심이다.

원칙 2: 챌린저의 특성은 복합적으로 작용해야 한다

챌린저에 대한 연구에서 핵심적인 내용은 건설적인 긴장 상태를 유지하면서 가르치고, 맞추어 제안하고, 주도권을 잡는 능력을 복합적으로 사용해야 한다는 것이다.

맞추어 제안하는 능력 없이 고객을 가르치기만 한다면 효과가 없다. 반면에 맞추어 제안만 하고 가르치지 않는다면 다른 영업 사원과 차별화되지 않는다. 고객과의 거래에서 주도권을 확보하기는 하지만 어떤 가치를 제공할 수 없다면 고객의 입장에서는 영업 사원은 성가신 사람일 뿐이다. 그림 3.1의 벤 다이어그램은 영업 사원이 우수한 실적을 내려면 어떤 요소들이 조화를 이루어야 하는지 간략하게 보여준다. 새로운 유형의 우수 영업 사원을 하나의 그림으로 보여주고 있다고 생각하면 된다. 챌린저 모델은 세가지 요소들을 복합적으로 활용할 때 가장 효과가 크므로, 챌린저 모델을 이용할 때 필요한 요소만 선택적으로 이용하려는 시도는 바람직하지 못하다.

회사가 가장 기피하는 것 중 하나가 비용을 중복 투자하는 것이다. 중복 투자를 피하려는 비용 절감 노력의 일환으로 챌린저 영업 모델 중 일부를 제외하려는 영업 책임자가 있을 수 있다. 예를 들어, 어떤 회사는 최근에 새 영업 브로슈어를 만드는데 투자했기 때문에(고객을 가르치는데 이미 회사가 투자했기 때문에) 맞추어 제안하기와 주도권을 확보하는 능력을 배양하는 것에만 집중할 수 있다. 각 회사가 어떻게 이 모델을 적용해야 하는지를 우리가 구체적으로 지시할 수는 없지만, 챌린저 영업 모델을 부분적으로 활용하는 데는 강력히 반대한다. 이 모델의 개별적인 요소에만 투자해도 현재 상태를 개선할 수는 있다. 그러나 이 모델이 진정한 효과를 내려면 모든 요소에 투자하고 개선해야 한다. 이 모델이 제공할 수 있는 최대치를 단숨에 뽑아낼 수 있는 지름길은 없다.

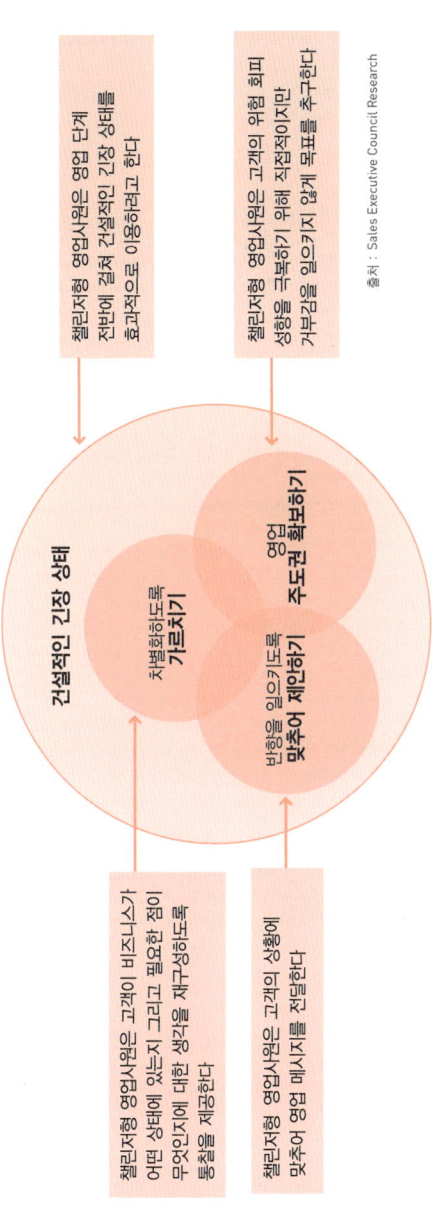

그림 3.1 챌린저 영업 모델

원칙 3: 챌린저는 개인의 능력뿐만 아니라 조직의 역량과도 관련되어 있다

많은 회사나 조직이 챌린저 영업 모델로 전환하는 방법은 개별 영업 사원의 능력을 발전시키는 것이라고 생각한다. 그러나 영업 사원의 능력에만 집중하는 것은 문제가 있다. 이 모델에서는 개인의 능력을 개발하는 것만큼이나 조직의 역량을 강화하는 것도 중요하다.

가르치는 능력을 예로 들어 보자. 이 능력은 개별 영업 사원이 고객을 만나면서 스스로 알아내는 것들이 아니다. 몇몇 영업 사원이 혼자서도 효과적으로 이러한 기술이나 능력을 발휘하는 것은 사실이지만, 고객을 가르칠 때 필요한 콘텐츠를 각 영업 사원에게 맡겨 놓으면 이 조직은 우왕좌왕하게 된다. 이런 상황에서 개별 영업 사원은 수많은 문제점에 대해서 솔루션을 제공할 수 있다고 약속하겠지만, 회사는 그렇게 많은 것을 해결할 준비가 되어 있지 않을 가능성이 높기 때문이다.

고객을 실제 만나서 가르치는 능력은 개인 기술이지만, 가르칠 때 이용하는 콘텐츠는 그렇지 않다. 예를 들면 고객이 가치를 두어야 하는 비즈니스 이슈들과 고객이 비즈니스에 대한 생각을 재구성하도록 해주는 아이디어 등의 콘텐츠는 확장할 수 있어야 하고 반복할 수 있어야 한다. 이런 것들은 조직 차원에서 만들어져야 하며 영업 사원 개인이 할 수 있는 일이 아니다. 대부분의 회사에서 이러한 일은 마케팅 부서가 담당한다.

맞추어 제안하기도 마찬가지다. 영업 상황과 고객에 따라 영업 사원 개인이 맞추어 제안하는 능력을 발휘해야 한다는 것은 명확하다. 즉, 영업 사원은 고객사의 각기 다른 담당자에게 가르쳐 줄 메시지를 어떻게 변경하고 최적화할지 알고 있어야 한다. 그러나 여기에서도 마찬가지로 개인뿐만 아니라 조직이나 회사도 중요한 역할을 해야 한다. 먼저, 조직이나 회사는 시장 정보나 연구 자원을 이용하여 챌린저가 각 고객의 업종이나 회사 상황에 맞게 내용을 최적화할 수 있도록 도와줄 수 있다. 또한, 조직이나 회사는 가르치려는 메시지teaching message가 어떤 부류의 담당자에게 긍정적인 반향을 불러일으킬지 파악해야 할 의무가 있다. 결정 과정이 복잡하지 않은 서로 유사한 부류의 고객군을 대상으로 영업하는 사람이 아니라면, 천편일률적인 메시지는 다양한 상황에 대한 활용성이 떨어진다. 설사 단순한 고객을 대상으로 영업한다고 하더라도, 고객 개개인을 결정 과정에서의 영향력 정도에 따라 분류하는 것조차 개인의 능력일 뿐 아니라 조직의 능력이다.

이렇게 맞추어 제안하는 능력도 개인과 조직이 나눠서 책임진다고 할 경우, 챌린저 영업 모델에서 진정 개인만의 능력이라고 불릴 수 있는 요소는 주도권을 확보하는 능력이다. 그러므로 개인이 이 능력을 개발한다면 즉시 뛰어난 효과를 볼 수 있을 것이다. 7장에서 어떻게 이 능력을 효과적으로 끌어낼 수 있는지 설명할 것이다. 하지만, 이 능력도 조직이나 회사가 도움을 줄 수 있다는 점은 밝혀 두고 싶다. 회사에서 제공하는 강력한 메시지로 무장한 영업 사원은 고객과 대면해서 주도권을 확보할 확률이 훨씬 높기 때문이다. 최근의 SEC 연구에는 영업 사원이 고객사에서 적합한 담당자를 파악하고 적절하게 관계를 맺을 수 있도록 준비시키는 데 회사가 큰 역할을 수행한다는 결과가 있었다. 이 두 가지는 대화에서 주도권을 확보하는 데 중요한 요소들이다.

원칙 4: 챌린저는 하룻밤에 만들어지지 않는다

챌린저들로 영업팀을 다시 꾸리려고 할 때 회사가 저지르는 실수는 변화가 즉시 일어날 것이라고 착각하는 것이다. 챌린저 영업 모델로 변화하는 과정은 비즈니스적인 전환이며, 이미 적용한 기업의 예를 보더라도 효과적으로 정착되기 위해서는 오랜 시간이 걸린다. 이 모델은 조직의 역량을 변화시키고 개인의 행동과 능력을 변화시켜야만 정착될 수 있으며, 이런 의미에서 결코 쉽게 얻어질 수 없다.

영업 사원이 고객을 만날 때 이용할 잘 구성된 가르치기 메시지를 준비하지 않은 상태에서 챌린저 교육만 밀어붙여서 시행하거나, 또는 영업 사원의 올바른 행동 방식이나 기술을 유지시킬 수 있는 능력을 일선 영업 매니저가 가지고 있지 않으면, 챌린저 영업 모델의 도입이 영업 사원의 생산성에 오히려 방해가 될 수 있다. 그리고 회사가 여전히 단기적인 결과에만 집착한다면 이 모델을 통해 얻을 수 있는 최대의 효과를 얻지 못할 것이며, 영업 사원은 챌린저 교육을 한 달에 한 번씩 진행하는 통상적인 교육 프로그램 정도로 인식하고 금방 잊어버리거나 수용하지 않을 가능성이 크다.

초기에 챌린저 영업 모델을 적용한 기업의 경험이 이 모델로 전환하는 것은 기나긴 여정이라는 것을 증언해 주고 있다. 이 모델을 이미 적용한 기업은 몇 주나 몇 달이 아닌 수년이 걸릴 것을 알고 있다. 실제 적용할 때, 초기의 많은 노력은 경영진이 이 모델을 충분히 수용할 가치가 있다는 것을 설득하는데 투여될 것이다. 비유하자면, 챌린저 영업 모델은 기존의 소프트웨어를 추가로 업데이트하는 것이 아니라 새로운 운영 체제operating system를 도입하는 것과 같다. 눈앞에 효과를 보고자 한다면 챌린저 영업 모델이 아닌 다른 영업 모델을 찾는 것이 낫다.

자신이 속한 조직을 챌린저 영업 모델로 변화시키고자 한다면 이 책의 나머지 부분에 더욱 집중하기 바란다. 다른 회사나 조직보다 먼저 이 모델을 도입한다면 더 큰 성과를 얻을 수 있을 것이다. 챌린저 영업 모델은 수년 동안 전 세계의 많은 회사를 힘들게 했던 솔루션 영업의 늪에서 구해줄 수 있는 새롭고 강력한 해결책이다.

챌린저 영업 모델은 효과가 있는가?

SEC가 연구 결과를 회원사와 공유한 후, 많은 회사가 챌린저 영업 모델의 원칙들을 영업에 적용하고 경험담을 들려주었다. 대부분 매우 긍정적인 성과를 얻었다. 계속해서 이 모델의 중요한 요소들을 한 번씩 살펴보면서 이것들이 적절히 적용되면 어떤 결과를 낳을 수 있는지 살펴보자.

차별화하도록 가르치기

챌린저를 챌린저 답게 만드는 진정한 능력은 고객이 시장에서 경쟁할 때 이용할 수 있는 새롭고 가치 있는 방법을 가르쳐 주는 데 있다. 다음 장에서 자세히 다룰 고객 충성도에 관한 연구를 보면 이 능력이야 말로 고객과 오랫동안 관계를 유지할 수 있는 비밀이다.

여기서 가르친다는 것은 고객의 비즈니스에 고유한 관점을 부여하고, 이것을 열정을 가지고 정확하게 전할 수 있다는 의미다. 이렇게 한다면 고객은 영업 사원과의 대화에 관심을 보일 것이다. 이 새로운 관점은 영업 사원이 제안하는 제품이나 솔루션과 관련된 것이 아니라 고객이 시장에서 어떻게 더 효과적으로 경쟁할 수 있는가에 관한 것이어야 한다. 고객은 영업 사원이 전해주는 이러한 통찰을 바탕으로 비용을 절감하고, 새로운 시장에 진입하고, 위험을 줄일 수 있다.

이러한 접근 방법이 실제로 어떤 도움을 줄 수 있는지 몇 가지 사례를 보자. 첫 번째는 사무용 가구를 제조하는 SEC 회원사의 사례다. 이 회사의 영업 임원이 해 준 이야기로, 특정 고객과의 영업 건이 제대로 진행되지 않아 힘들어하고 있던 한 영업 사원에 관한 것이다. 이 영업 사원의 고객이 최근에 본사 건물을 새로 지었고, 경쟁사 중 하나가 가구를 납품하기로 결정되었다. 그래서 이 회원사는 이미 납품하기 어려운 상태에 놓여 있었다. 그런데 갓 입사한 이 영업 사원은 가구가 실제로 납품되기 전에 뭔가 전환점을 만들 기회가 여전히 있다고 생각했다. 끈질기게 노력한 끝에 영업 사원은 고객사의 부동산 및 건물관리 담당 임원과 미팅을 할 수 있었다.

그 임원이 중요하게 여긴 것은 직원들이 효과적으로 교류할 수 있도록 편안한 사무 공간을 만드는 것이었다. 공간 디자인 도면을 본 영업 사원은 "글쎄요. 우리 회사가 보유한 자료를 보면 한 그룹에 8명씩 모여서는 협동심이 생겨나지 않는다는 사실을 알 수 있습니다. 서로 적극적으로 교류하려면 2명이나 3명씩 모일 때 최적이고 7명이 모이면 생산적인 교류가 일어날 수 없다고 합니다. 아마 너무 큰 회의실을 만들고 계시지 않을까 하는 생각이 드는 군요."라고 확신에 찬 어조로 말했다.

그러자 그 임원은 "네, 아주 좋은 정보입니다. 그런데 회의실 공사는 이미 끝나 버렸습니다. 이제는 어떻게 할 수 없을 것 같습니다."라고 말했다.

　　영업 사원은 제품에 대한 지식을 바탕으로 고객에게 조언하기 시작했다. 회의실 중간에 이동식 내벽을 설치하여, 3명이나 4명이 이용하기에 적당한 두 개의 회의실로 나눌 수 있다고 설명했다. 그리고 이렇게 직원들이 교류할 수 있도록 해 주는 자사의 제품을 소개했다. 이 전체 영업과정을 보면, 이 영업 사원은 하나의 통찰에서 시작해서, 고객이 인지하지 못하고 있던 문제에 대해서 가르쳐 주었으며, 관심을 유도하고 결국에는 고객의 지향점을 완전히 변화시켰다.

　　어느 글로벌 제약 회사가 보여준 다른 사례도 있다. 제약 업계에 대해서 아는 사람은 영업이 얼마나 치열하게 진행되는지 알 것이다. 큰 제약 회사들은 아주 오랫동안 같은 딜레마에 빠져 있었다. 너무 많은 영업 사원이 적은 수의 의사를 대상으로 한번이라도 만나려고 수단과 방법을 가리지 않는다는 것이다. 힘든 영업 환경에서 이 회사는 어떻게 해서든 돌파구를 만들어 의사들이 호감을 가지는 제약 회사가 되고자 했다. 그런데 설문 조사를 해보면 의사의 눈에는 제약 회사 간에 차별점이 전혀 없는 것으로 나타났다.

　　이런 현실을 타개하고자, 이 회사는 영업 사원이 고객에게 새로운 통찰을 제공할 수 있도록 훈련했다. 그런데 여기서 새로운 통찰이란 제약 회사의 제품에 대한 통찰이 아니라 의사가 어떻게 자신의 능력을 개발할 수 있느냐에 관한 것이었다. 질병 관리에 관한 회사의 풍부한 지식을 바탕으로 회사의 마케팅팀은 질환별로 환자의 질병 진행 과정에 관한 자료를 준비했고, 영업 사원이 이 자료를 의사와 공유하도록 했다. 이 자료는 특정 질병의 전체 과정, 즉 증세가 나타나고 치료를 하고 사후 처리를 하는 과정에 관한 것이었다.

질병에 관한 전체 과정을 한눈에 볼 수 있다는 것은 새로운 경험이었다. 예를 들어, 이 제약 회사는 어떤 질병이 있는 환자는 일년에 약 2.5번 정도 심각하게 병세가 나빠질 수 있다는 것을 알고 있다. 이 경우 대부분의 환자는 응급실에 가야 한다. 하지만, 이 환자들을 책임지는 가정의학과 의사들은 이런 응급 상황이 어떻게 발생했는지 전혀 모르고 있을 수도 있고, 이 환자들의 병세를 심각하게 생각하지 않고 좀 약한 처방을 할 수 있다. 하지만, 이러한 정보를 알고 있다면 의사는 이런 병세의 악화를 예방하거나 확률을 줄일 수 있도록 치료 방식을 바꿀 수 있으며, 이를 통해 의사가 제공하는 의료 행위의 질을 훨씬 높일 수 있다. 이것이 바로 의사들에게 의미 있는 통찰이며, 이 회사는 이 방법을 이용해 이전과는 다른 차원에서 의사들에게 쉽게 접근할 수 있었다.

이제 마지막 사례를 보자. 최근 복잡한 영업에서는 영업 사원이 RFP request for proposal: 제안 요청서가 나오기 전에 영업 활동을 시작할 수 있을 지가 관건이다. 이제 설명할 사례는 가르치기가 RFP가 나오기 전에 미리 대응하도록 할 뿐 아니라 영업 사원이 원하는 방식으로 RFP를 재구성하는데 어떻게 효과적으로 사용될 수 있는지 보여준다.

직원 복지 관리 서비스를 제공하던 한 회사는 오랫동안 거래했던 고객사가 예산을 절감하기 위해서 다른 회사들과의 경쟁 입찰을 통해 계약을 갱신할 것이라고 통보를 받았다. 믿었던 고객사가 단순히 가격을 통해 다른 회사들과 경쟁하도록 한 데에 화가 난 이 회사는 단순히 가격에 기반을

둔 파트너십에는 관심이 없다고 고객사에게 통보했다. 그리고 아쉽지만, 이번 입찰 제안서는 제출하지 않을 것이라는 사실도 통보했다. 그러나 이 통보 이전에 이 회사는 고객사에게 다소 특이한 제스처를 보여주었다.

이 회사는 입찰에 참여하지는 않겠지만, 고객사와의 오랜 비즈니스 관계에 대한 보답으로 고객사가 RFP를 작성하는데 도움이 된다면 기꺼이 도와주겠다고 했다. 그렇게 함으로써 경쟁 입찰을 통해 선택될 어떤 다른 회사가 고객에게 적합한 서비스를 제공할 수 있도록 하자는 것이었다.

이런 제안을 고맙게 생각한 고객사는 이 회사 영업 사원을 초대해서 입찰 조건에 어떤 내용이 들어가야 하는지 몇 시간 동안 이야기를 나누었다. 대화 내용은 다음과 같았다.

"만약 입찰 참여사가 다음 세 가지를 이야기한다면 이것은 잘못된 것입니다. 다음과 같은 이유 때문입니다.", "만약 입찰 회사들이 이런 네 가지가 필요하다고 말한다고 하더라도 실제로는 그렇지 않습니다. 이유는 바로 이것입니다.", "어떤 상황이라도 입찰 조건에 다음 두 가지는 반드시 필요합니다. 이유는 이것입니다.", "어떤 참여사가 이 두 가지는 필요 없다고 한다면, 잘못되었다고 말해야 합니다. 아마 그 회사는 그냥 자기들이 팔고 싶은 것을 고객이 구매하도록 유도하겠지만, 이 두 가지를 반드시 고수해야 하는 이유는 바로 이것입니다."

고객사는 이런 조언이 실제로 도움이 되었다는 것을 알게 되었다. 이런 정보는 고객사가 혼자서 생각해낼 수 있는 것들이 아니기 때문이다. RFP가 만들어지자 이것을 본 이 회사의 담당팀은 고객에게 전화를 걸어 "만약 그 요청서를 바탕으로 입찰을 진행하신다면 우리 회사도 참여하고 싶습니다.

제안 요청서의 내용이 우리가 생각하는 진정한 파트너십에 부합하기 때문입니다."

이 사례는 왜 가르치기 방법이 효과적인지 잘 보여준다. 영업 사원의 가르침은 이 회사가 제공할 수 있는 고유의 능력과 잘 연관되어 있다. 모든 사람이 동의하지는 않겠지만, 이렇게 고유한 통찰을 제공할 수 있는 영업 사원의 능력은 챌린저가 가진 가장 강력한 능력이며, B2B 고객의 충성심을 이끌어 낼 수 있는 가장 큰 요인이다. 4장과 5장에서 어떻게 이러한 가르치기 능력을 끌어낼 수 있는지 집중적으로 다룰 것이다.

반향을 일으키도록 맞추어 제안하기

가르치는 능력이 챌린저를 가름하는 결정적인 특징인 것은 맞지만, 가르치려고 하는 메시지를 각각 다른 부류의 고객에게 맞추어 전달하는 능력이야 말로 고객에게 반향을 일으키고 깊은 인상을 남길수 있는 능력이다.

맞추어 제안하기를 하려면 영업 사원은 고객의 비즈니스 우선 순위가 무엇인지 구체적으로 알고 있어야 한다. 즉, 고객이 중요시하는 구체적인 성과물, 고객이 자신의 회사를 위해서 어쩔 수 없이 만들어 내야만 하는 결과물, 그리고 이런 결과물에 영향을 미칠 수 있는 여러 경제적인 요인들을 잘 파악하고 있어야 한다.

만약 챌린저형 영업 사원이 고객사의 마케팅 총괄 책임자와 미팅을 하고 있다면, 이 영업 사원은 상대방의 우선 순위에 적합하도록 자신이 전하려는 메시지를 어떻게 구성해야 할지 알고 있다. 그런데 이 챌린저형 영업 사원이 같은 회사의 일반 운영을 담당하는 고객을 만난다면 마케팅 총괄 책임자에게 전했던 메시지를 상황에 맞추어 다르게 전해야 할 것이다.

이 능력은 단순히 어떤 사람이 비즈니스 능력을 가지고 있느냐로 판단할 수 있는 것은 아니며, 이것보다는 상황에 민첩하게 대응하는 능력에 달렸다. 즉, 영업 사원이 고객사의 개별 관계자들의 상황에 맞추어 자신이 하고자 하는 이야기를 수정할 수 있는 능력이 있어야 한다. 그러기 위해서는 구체적으로 이 관계자들이 관심을 두는 부분은 어디인가? 성과는 어떻게 측정되는가? 고객사에서 이 관계자들이 하는 역할은 무엇인가? 등을 먼저 파악하고 있어야 한다.

효과적으로 상황에 맞추어 제안하기가 얼마나 강력한 효과를 발휘하는지는 다음 회원사의 사례가 잘 보여준다. 이 회사의 두 영업 사원은 약 6개월 동안 한 고객사를 대상으로 영업해 왔고, 여러 담당자와 관계를 증진시키면서 CEO와 경영진에 아주 중요한 프레젠테이션을 준비하고 있었다. 이전의 여러 회의와 프레젠테이션을 통해 두 영업 사원은 고객사에게 가장 필요한 것이 무엇인지 감을 잡아 가고 있었고, 그것은 비용을 절감할 수 있는 아웃소싱 솔루션이라고 이들은 결론을 내렸다.

고객사의 CEO와 경영진 앞에서 프레젠테이션을 하기 일주일 전에 두 영업 사원은 내부 영업 미팅에 참여했는데, 마침 이 미팅은 조직 내에 챌린저 기술을 향상시키는 내용이었다. 맞추어 제안하기 능력과 관련된 교육에서 두 영업 사원은 고객사 CEO의 개인적인 관심사와 비즈니스 목표가 무엇인지 완벽하게는 파악하지 못하고 있다는 것을 알아 차렸다. 즉, 최종 미팅에서 최고의 프레젠테이션을 할 준비가 완벽하게 되어 있지 않다는 것을 깨달은 것이다.

그래서 두 영업 사원은 CEO의 개인적인 목표와 비즈니스 목표가 무엇인지 정확히 파악하기 위해 고객사의 담당자들과 다시 한 번 미팅을 잡았다. 이것은 최종 프레젠테이션에서 CEO에게 깊은 인상을 남길수 있는 정보를 알아내기 위해서였다. 이 미팅에서 두 영업 사원은 매우 중요한 정보를 얻었다. CEO가 최근 회사가 받은 낮은 점수의 고객 만족도를 개선하기 위해 집중한다는 것을 알았다. 그리고 CEO가 기술 마니아라는 것도 알게 되었다.

두 영업 사원은 준비했던 프레젠테이션 내용을 바꿔 제안하려는 솔루션이 비용을 절감할 수 있을 뿐 아니라, 최근 개발된 기술을 적용하여 고객 만족도를 높이고 문제 해결까지 걸리는 시간을 줄일 수 있다는 것에 초점을 맞추었다. 여기에 더해, 이 기술을 통해 CEO부터 현장 관리자에 이르기까지 모든 관리자가 서비스 만족도와 이 문제 해결에 걸리는 시간을 실시간으로 파악할 수 있다는 것도 알려주었다.

당연히 프레젠테이션 동안 CEO는 주의를 기울여 듣게 되었다. 이제 최종 프레젠테이션은 한 솔루션 공급사의 제안에 대한 평범한 검토의 장이 아니었고, 놀랍게도 CEO의 중요 관심사에 대한 토론의 장이 되었다. 프레젠테이션이 끝난 후 CEO는 두 영업 사원에게 이 극복하기 어려울 것 같은 비즈니스 문제에 대해서 새로운 방향을 보여주고, 자신의 회사가 이 문제를 해결할 능력이 있다는 것을 알게 해주어서 고맙다고 했다. 경쟁사들은 일반적인 제안서를 고수했지만, 이 회사는 CEO가 고민하는 문제에 적합하도록 메시지를 맞추어 제안함으로써 이길수 있었다. 이 경우와 반대로, 한 사람의 의견이 아니라 전체의 컨센서스가 거래에서 가장 중요한 요소라면, 이 상황에서 영업 건을 성사시키기 위해서는 가능한 한 많은 이해관계자가 동의할 수 있도록 영업 사원이 메시지를 맞추어서 제안해야 한다. 이 주제에 대해서는 6장에서 깊이 있게 다룬다.

영업 주도권 확보하기

챌린저를 구분 짓는 마지막 특징은 단호함과 영업 주도권을 확보하는 능력이다. 여기에 대해서 설명하기 전에 단호하다는 것이 공격적이라거나 더 나가서 귀찮게 하거나 지나치게 자기 주장만 앞세운다는 뜻이 아니라는 점을 먼저 밝혀 둔다. 단호함은 고객이 거부할 때도 자신의 의견을 고수하려는 의지나 능력과 연관된 것이다.

챌린저의 단호함은 두 가지 형태로 나타난다. 먼저, 챌린저는 가격이나 비용에 대해서 이야기할 때 주도권을 확보할 수 있다. 챌린저는 고객이 10퍼센트 할인을 요청하더라도 쉽게 승낙하지 않으며 대신 대화의 주제를 솔루션으로 되돌린다. 즉, 가격이 아니라 가치에 대해 고객이 동의하도록 압박한다. 두 번째로, 챌린저는 고객의 생각에 과감하게 도전할 수 있으며 고객의 의사 결정 과정을 압박할 수 있다. 고객이 결정을 더 빨리 내리도록 하거나 우유부단해지는 것을 막아 결정이 무작정 연기되는 것을 예방할 수 있다.

사실, 챌린저의 핵심이 가르치기 능력, 즉 고객의 고유 관점을 다시 구성하는 능력에 달렸다면, 챌린저는 이 과정에서 고객과 마찰이 생기는 것도 기꺼이 감수한다. 학생에게 단호하지 않으면 우수 교사가 되기 어려운 것처럼, 챌린저가 되려면 고객을 압박할 수 있어야 한다. 오늘날과 같이 고객의 위험 회피 성향이 아주 높은 때에는 이러한 접근법이 아주 중요하다. 많은 영업 책임자가 평범한 영업 사원은 심리적 안전지대에 빠진다고 자주 한탄하지만, 사실 이보다 더 큰 문제는 고객이 자주 이 심리적 안전지대에 빠진다는 점은 재미있는 현상이다. 여기서 챌린저의 능력이 발휘된다. 챌린저는 고객에게 다른 관점을 보여주어서 고객을 심리적 안전지대 밖으로 끌어낸다. 이는 영업 과정을 주도하고, 고객과의 관계에 수완을 발휘하고, 공감대를 형성함으로써 가능하다.

SEC의 오래된 회원사이자 화학 회사의 전직 최고 영업 책임자가 말하기를 "실제로 주도권을 확보하는 것은 다양한 형태로 나타난다. 그런데 핵심은 영업 전문가는 특정한 최종 목표를 염두에 두고 고객과의 대화를 주도한다는 것이다." 주도권을 확보하는 방법은 다양하고 복잡하지만, 다음의 예와 같이 간단하지만 효과적인 방법이 있다.

"가격을 이야기할 때가 영업 사원이 주도권을 발휘해서 결과를 얻을 수 있는 시점이다."라고 이 최고 영업 책임자는 말한다. 가격에 대한 이야기가 나올 때 강력한 대응 방안은 영업 사원이 주제를 가격에서 가치로 옮기는 것이다. 현재 제안한 것이 어떤 가치가 있는지 설명하는 것은 중요한 출발점이 될 수 있다. 대화를 이어가면서 제안한 여러 요소를 고객이 중요도에 따라 순서를 매겨 보도록 하는 것도 유용하다. 그러면 대부분의 고객은 이 제안을 다른 각도에서 볼 수 있게 된다. 이 방법은 영업 사원과 고객 모두 거래의 가치에 대해서 생각해 보도록 하는 데 큰 도움을 준다.

이 최고 영업 책임자는 어느 영업 사원 이야기를 해주었다. 이 영업 사원은 고객사에게 가격 인상 소식을 알려주어야 하는 상황에 놓였다. 문제는 가격이 큰 폭으로 인상되는데, 마침 그때 경제 상황이 좋지 않았다는 것이다. 고객사에 제품을 제공하는 다른 회사들 중 가격을 올린 회사는 하나도 없었지만, 이 회사 제품의 원재료 가격이 많이 올랐기 때문에 가격을 올려야만 했다. 여기에 더해, 고객사는 몇 해 전부터 제품을 고급 포장재로 납품하도록 했고, 이로 인해 몇 년 동안 포장재 비용 때문에 이 회사의 수익이 매우 나빠졌다. 가격 인상과 관련된 이야기를 하는 동안 영업 사원은 제공하는 제품의 여러 특성을 중요도에 따라 순서를 매기도록 고객에게 요청했다. 여기에서 고급 포장재는 가장 중요한 세 가지 요소에 들어가지 못했다. 그래서 고객사와 영업 사원은 가격 인상 폭을 줄이고 일반적인 포장재를 사용하기로 했다. 결국, 포장재에 변화를 준 것이 가격 인상 자체보다 수익성을 더 개선했다. "그 결과는 엄청난 것이었습니다. 상대적으로 간단하게 가격 협상에서 주도권을 확보하고 이로 말미암아 모두 만족할 만한 상황을 연출한 것이지요."

앞으로 다루는 내용

챌린저를 키우는 최고의 방법은 무엇일까? 이 책의 나머지 장에서 이 질문에 대한 답을 제시한다.

- 4, 5장에서는 가르치기에 대해서 알아본다. 왜 가르치기가 효과가 있으며, 영업 사원이 가르쳐야 하는 것들이 어떤 것인지, 그리고 어떻게 가르쳐야 하는지 알

아본다. 이 장의 많은 내용은 마케팅팀이 고객에게 의미 있는 통찰을 뽑아내는 역할에 대해 집중한다. 이런 통찰이 있어야만 공급사는 고유의 역량을 갖추게 된다.

- 6장에서는 맞추어 제안하기에 대해서 알아본다. 맞추어 제안하기가 오늘날 영업 환경에 적합한 접근법인지 알아보고, 회사들이 영업 사원의 맞추어 제안하는 능력, 즉 영업 방식과 메시지를 고객사의 여러 담당자에 맞추어 최적화하는 능력을 키우기 위해 어떤 투자를 하는지 알아볼 것이다. 이 맞추어 제안하기가 필요한 핵심적인 이유는 1장에서 이야기한 것처럼 고객사가 구매 결정 과정에서 컨센서스를 중요시하는 쪽으로 전환되고 있기 때문이다. 6장은 이 경향을 자세히 알아보는 데 할애한다.

- 7장에서는 주도권 확보하기에 대해서 자세히 다루고, 영업 사원이 공격적으로 변하지 않으면서 단호해질 수 있는 방법에 대해서 다룬다. 이전에 설명한 것처럼, 주도권을 확보하는 것은 챌린저 영업 모델에서 오해의 소지가 있는 부분이다. 제대로 적용하지 않으면 오히려 부작용을 낳게 되지만, 적절히 적용하기만 한다면 고객이 결정을 내리는 데 결정적인 기여를 한다. 고객이 현재 상태에 집착하는 것은 영업 사원에게 가장 큰 어려움이 되고 있으며, 고객이 점점 더 위험을 회피하려는 상황에서 주도권을 확보하는 능력은 영업 사원에게 결정적인 도움을 줄 수 있다.

- 8장에서는 영업 조직에서 챌린저를 키우는 데 일선 현장 영업 매니저의 역할에 대해서 알아본다. 구체적으로 코칭(coaching)을 다룰 것인데, 많은 영업 조직이 코칭의 중요성을 무시하는 경향이 있다. 코칭은 SEC의 전문 영역이며 상식을 깰 수 있는 자료와 좋은 사례들을 공유할 수 있다. 하지만, 코칭만 중점적으로

다루는 것은 아니다. 최근의 SEC 연구 결과에 따르면 우수한 성과를 내는 영업 매니저는 각각의 거래 단계에서도 영업 사원과 함께 혁신적인 변화를 이끌어 낼 수 있는 고유의 능력을 갖추고 있다. 코칭이 성공적인 영업을 이끌어 내기 위한 기술을 나누어 주는 것이라면, 영업 혁신은 어떤 목적을 가지고 개별적인 거래를 진전시키는 것이다. 이 두 개는 다른 능력이지만 챌린저 영업 모델로의 전환을 꾀하는 조직에서는 무척 중요하다.

- 9장에서는 현재 조직을 챌린저 조직으로 바꾸려는 리더들에게 조언을 하고 있다. 챌린저 조직을 만드는 긴 여정을 시작하려면 어떠한 변화 요인을 계획해서 이 변화가 장기적으로 진행되도록 할 것인가? 이 변화가 매달 반복되는 평범한 직능 교육처럼 여겨져서는 안 된다.

- 마지막으로 영업 분야 이외에서 어떻게 챌린저 개념을 적용할 수 있는지 알아본다. 챌린저 영업 모델은 단순히 영업적인 개념이 아니라 비즈니스 개념이며, 여러 회사 내의 다양한 분야에서 채택될 수 있다. 예를 들면 IT, 재무, 법률, 전략 팀 등의 업무 영역에도 적용할 수 있다. 마지막 장에서 여기에 대해서 더 자세히 다룬다.

혁신적이며, 체계적인 연구를 바탕으로 직관적이고 매우 현실적으로 내용이 설명되어 있다. 이 책은 완전히 새로운 관점에서 고객을 바라보게 하며, 이로 인해 조직의 채용, 고용, 교육, 인력 배치 수준을 한 단계 끌어올린다.

**Jeff Connor, ARAMARK Global Food,
Hospitality and Facility Services의 수석 부사장 및 최고 성장 책임자**

4장

차별화하도록 가르치기(1부): 왜 통찰이 중요한가?

지난 15년 동안, 대부분의 영업 교육은 '영업에서 성공하는 지름길은 고객이 진정 필요한 것을 깊이 이해하는 것이다.'라는 핵심적인 원칙에 집중했다. 솔루션을 판매하려면 고객을 괴롭히는 가장 힘든 문제가 무엇인지 먼저 찾아야 한다. 그 다음에 고객을 잠 못 들게 하는 문제와 우리가 판매하려고 하는 제품과 연관성이 있다는 것을 보여주어야 한다.

그렇다면 많은 영업 책임자가 수백만 달러의 돈과 수많은 시간을 투자하면서 영업 사원이 더 나은 질문을 할 수 있도록 교육해온 것은 놀랄 일이 아니다. 요구 사항을 파악하는 용도의 질문, 재무적인 질문, 가설적 질문, 자유 해답식 질문, 후속 질문 등은 모두 '앞으로 몇 년 동안의 세 가지 전략적 목표', '이 분기에 해결해야 하는 두세 가지 문제', '현재 가장 긴박한 문제' 등과 같이 고객이 필요한 것을 심도 있게 이해하기 위해 만들어진 질문이다.

이 접근법에는 계속 이러한 질문을 하다 보면, 어느 순간 고객은 솔직하게 자신이 원하는 것이 무엇인지 말해줄 것이라는 전제가 깔렸다. 그리고 고객이 원하는 것을 알았기 때문에 이제 고객의 문제를 완벽하게 해결해 줄 솔루션을 제안할 수 있다. 이렇게 제안한 솔루션은 고객을 완벽하게 만족시킬 수 있기 때문에 고객은 비용이 얼마든지 간에 솔루션을 구매하지 않을 수 없을 것이다.

이 접근법은 설득력이 있어 보이지만 맹점이 있다. 이제는 예전처럼 먹혀들지 않으며, 영업 사원이 요구 사항을 파악하는 기술을 개선하기 위해서 많은 교육비를 투자할 필요가 없다. 영업 사원이 적절한 질문을 할 수 있는 능력을 키우는 것이 어려워서 그런 것이 아니다. 평범한 영업 사원을 대상으로 이 능력을 키우는 것은 그리 어렵지 않다. 그런데 더 중요한 것은 이 접근법은 고객이 자신이 무엇을 필요로 하는지 이미 알고 있다는 잘못된 가정을 기초로 하고 있다는 점이다. 질문하는 기술을 완벽하게 익히면 고객이 필요한 것을 고객의 의도와 상관없이 쉽게 알아낼 수 있다는 것을 전제로 한다.

그런데 고객이 자신이 원하는 것을 알지 못한다면 어떻게 되는가? 고객이 진정으로 원하는 것이 얄궂게도 바로 자신이 원하는 게 무엇인지 파악하는 것이라면? 만약 이것이 사실이라면, 고객이 필요로 하는 것을 질문하기보다는 고객이 필요한 것이 무엇인지 그냥 말하는 것이 사실 더 우수한 영업 기술일 수 있다. 이것이 바로 챌린저가 영업하는 방식이다. 사실 챌린저는 최고의 교사이지 최고의 수사관은 아니다. 챌린저가 성과를 낼 수 있는 이유는 고객의 비즈니스를 고객만큼 알고 있어서가 아니다. 챌린저는 고객보다 고객의 비즈니스를 더 잘 알고 있으며 더불어 고객은 모르고 있지만 알아야만 하는 것을 가르침으로써 성과를 낸다.

다음 두 장에서는 챌린저의 가르치기 능력에 대해서 더 깊이 알아볼 것이다. 이는 챌린저의 세 가지 능력들 중 논쟁의 여지가 있지만 가장 중요한 것이다. 여기에서는 가르치기가 무엇인지, 그리고 어떤 것이 되어서는 안 되는지를 구체적으로 파악해볼 것이다. 그리고 가르치기가 어떤 특성을 말하는 것인지, 어떻게 작동하는지, 잘 가르친 후 어떻게 보상받을 수 있는지 등에 대해서 알아볼 것이다. 이 과정에서 다음과 같은 어려운 질문에 전혀 예상하지 않은 답변을 얻게 될 것이다.

- 고객과의 가르치기 방식의 대화가 전통적인 영업 미팅과 어떻게 다른 가?
- 효과적으로 가르치려면 어떤 자료가 필요한가?
- 가르치기 능력은 개인과 조직 중 어디에 달려 있는가?
- 효과적으로 고객을 가르치기 위한 마케팅 부서의 역할은 무엇인가?

그리고 아마 가장 중요한 질문은 이것일 것이다.

- 고객은 영업 사원을 처음 대면했을 때 정말 뭔가를 배우고 싶어 할까?

먼저 마지막 질문부터 시작해 보자. 이 질문은 어떤 영업 방법론을 따르든지 간에 영업이 본격적으로 시작되는 초기 단계와 연관되어 있기 때문이다. 또한, 챌린저 영업 모델과 관련하여 가장 많이 듣는 질문이기도 하다. 하여튼, 영업 사원이 그냥 나타나서 고객에게 "제가 가르쳐 드리려고 여기 왔습니다."라고 말한다면 오만하게 보일 것이다.

그런데 바로 이 접근법이 챌린저 영업 모델이 지향하는 것이다. 물론, 앞서의 표현을 그대로 사용해서는 안 된다. 그러나 4년 동안 광범위하게 연구한 결과를 바탕으로 확실하게 말할 수 있고 또 강조하고 싶은 것은 고객은 공급사의 영업 사원을 만날 때 무언가를 배울 수 있기를 기대한다는 것이다.

무엇을 파느냐의 문제가 아니고, 어떻게 파느냐의 문제다

2008년 세계 경제가 붕괴하고 불황이 지속되기 전부터, 우리는 Corporate Executive Board사의 두 사업부인 Sales Executive Council과 Marketing Leadership Council을 통해 회원사와 거래하는 고객사에 근무하는 5,000명 이상의 개인을 대상으로 설문 조사를 진행했다. 조사 대상은 회사 소유주, 최고 경영진, 제품 이용자, 구매 관계자, 조달 공무원, 컨설턴트 등으로 광범위하게 설정했고, 설문 조사의 목적은 고객이 B2B 공급사로부터 기대하는 것이 무엇인가를 알아보는 것이었다.

구체적으로 약 50개의 문항을 통해 Corporate Executive Board의 회원사와 경쟁사들을 제품, 브랜드, 서비스, 가격대비 가치 비율 등의 여러 특성에 대해서 비교하도록 했다. 이를 통해 특정 회사를 선택하는 이유에 대해서 질문한 것이다. 예를 들어, 제품의 성능, 제품의 기능, 브랜드 인지도,

서비스 반응 시간 등이 이유가 될 수 있을 것이다. 그리고 동일한 응답자에게 영업 사원과의 경험에 대한 몇 가지 질문을 했다. 즉, 한 공급사에서 물건을 구매하는 것이 어떠했는지 그리고 경쟁사와 비교해서 어떠한 차이가 있는지를 질문한 것이다. 마지막으로, 동일한 응답자에게 특정 공급사에 대해서 충성도^{loyalty}를 파악할 수 있는 세 가지 구체적인 질문을 했다. 1에서 7까지의 척도로 답변하도록 했다.

- 특정 공급사에서 지속적으로 구매할 의사는 있는가?
- 앞으로 이 공급사에서 지금보다 더 많이 구매할 의사는 있는가?
- 여러분의 조직에서 이 회사를 지지할 의사는 있는가?

이 질문들을 통해서 고객의 일반적인 구매 행복도와 만족 정도, 아니면 구매를 할 가능성을 물은 것이 아니었다. 이전에 Marketing Leadership Council의 조사에 따르면 이런 것들은 B2B 고객의 충성도에 별로 영향을 미치지 않는다. 이 질문의 의도는 고객이 공급사와의 솔루션 여정에 참여할 의사를 묻는 것이었다. 다년간의 고객 충성도에 대한 연구를 통해 이 세 가지 질문을 조합하면 고객과의 관계가 앞으로 어느 정도 심화될 수 있는지, 그래서 고객과의 비즈니스가 성장할 수 있을지를 다른 어떤 고객 충성도 지표보다 더 잘 예측할 수 있다는 결론을 얻었다.

수많은 자료로 표현된 모든 정보를 취합하고 광범위한 분석을 진행해서 경쟁사를 압도할 수 있는 수많은 방법 중에서 고객 충성도를 이끌어 낼 수 있는 중요한 요인이 무엇인지 파악할 수 있었다.

이 질문에 대한 답변은 매혹적이었을 뿐 아니라 대부분의 영업 및 마케팅 전문가가 전혀 예상할 수 없는 것이어서, 어떤 연구보다 회사 경영진의 관심을 끌었다(그림 4.1 참고).

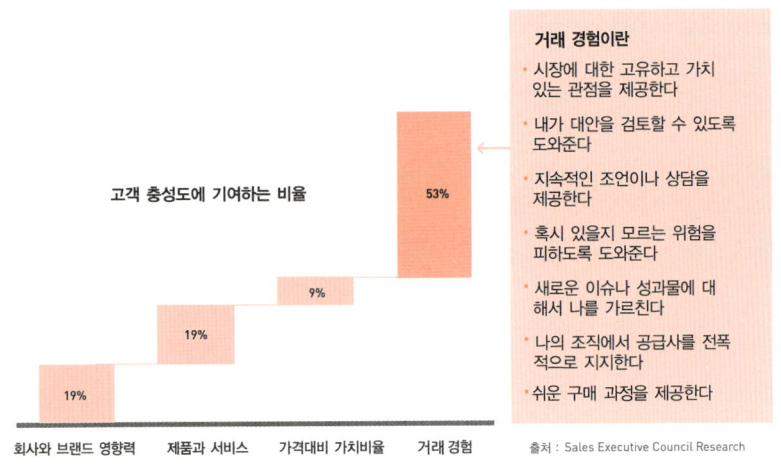

그림 4.1 고객 충성도 유발 요인

이 분석 결과를 통해 먼저 알 수 있는 것은 브랜드, 제품, 서비스가 고객 충성도에 기여한다는 것이다. 즉, 고객 충성도의 38퍼센트는 이 세 영역에서 경쟁사를 이길 수 있는 능력에 달렸다고 할 수 있다. 좋은 브랜드의 차별화된 제품으로 업계 평균 이상의 서비스의 지원을 받아 판매할 수 있다면 이 회사는 더 높은 수준의 고객 충성도를 얻을 수 있다. 이 세 가지 영역에서 경쟁사보다 뒤처져 있다면 이것들부터 먼저 개선해야 한다.

그런데 많은 경영진이 이 결과에 대해 매우 놀라워했다. 왜냐하면, 많은 사람이 이 세 가지 요인이 고객 충성도의 70에서 80퍼센트, 아니면 90퍼센트까지 영향을 미칠 것으로 생각했기 때문이다. 브랜드, 제품, 서비스를 가지고 고객 충성도를 완전히 이끌어 내지 못한다면 도대체 무엇을 가지고 할 수 있을까?

이 세 가지 요인이 영향력을 미치지 못하는 이유는 세계적인 금융 서비스 회사의 글로벌 마케팅 책임자가 전해준 이야기에서 잘 드러난다. 그 책임자는 이 자료를 보자마자 "4년 전 우리 회사는 이 업계의 전반적으로 낮은 수준의 고객 서비스로 인해 65퍼센트의 고객 만족도에 머물렀습니다. 이 문제를 개선하기 위해 3년 동안 모든 고객 접점을 통해 서비스를 분석하고 개선하기 시작했으며 수백만 달러의 돈을 투자하고 수많은 시간을 투자했습니다. 그 결과는 엄청났어요. 3년 후에 고객 만족도가 65퍼센트에서 95퍼센트로 증가했거든요."라고 말했다. 환상적이지 않은가?

"그런데 문제가 하나 있었습니다. 3년 동안 두 개의 경쟁사가 똑같은 일을 해 낸 것입니다. 이 회사들은 거의 같은 돈을 투자해 비슷한 결과를 만들어 냈습니다. 결국, 4년이 지난 지금 업계 전체가 96퍼센트의 고객 만족도를 보이고 있습니다. 이게 잘못됐다는 것이 아닙니다. 단지, 결론적으로 말하고 싶은 것은 우리 회사는 투자 비용만큼 이익을 내지 못했다는 것입니다. 만족도가 높은 고객들도 우리 회사를 언제든지 버릴 수 있는 이유는 다른 회사에서도 같은 대접을 받을 수 있다는 점을 알고 있기 때문이지요."

이 회사가 단지 생존하기 위해 그 많은 시간과 돈을 투자해야만 했는가? 물론 그렇다. 아무것도 하지 않았다면 이 회사는 지금쯤 파산했을 지도 모른다. 그런데 이 이야기가 주는 교훈은 놀라울 정도로 익숙한 것이다. 브랜드, 제품, 서비스에 수백만 달러를 투자해서 성장을 꿈꿨지만, 결국은 현상 유지만 하게 된다. 고객은 만족하겠지만, 그렇다고 해서 반드시 충성하는 것은 아니다.

도대체 무엇이 문제인가? 이유를 알기 위해서 설문에 참여한 고객과 그 결과에 대해 허심탄회한 이야기를 나누었고, 아주 놀란 만한 이야기를 들었다. 브랜드, 제품, 서비스가 고객 충성도에 상대적으로 적은 영향력을 미친다는 결과 때문에, 적어도 몇몇 고객은 세 개 중 하나의 항목에 큰 불만을 나타내리라 예상했다. 그런데 고객의 이야기는 전혀 달랐다. 아니, 기대했던 것과 완전히 반대였다. 고객은 제품을 사랑했고, 세계적인 수준의 브랜드였고, 서비스는 환상적이었다. 그러면 도대체 왜 이 세 가지 요인이 충성도에 미치는 영향력이 그렇게 낮았던 것일까?

답은 고객이 들려준 이야기에서 찾을 수 있었다. "그 회사 제품들 대단한 제품이에요! 그리고 약속한 그대로 잘 작동했지요. 그런데 경쟁사도 마찬가지로 대단한 제품을 가지고 있었지요." 또는 "그 회사는 세계적인 브랜드를 가지고 있어요! 모든 사람이 그 브랜드를 알고 있지요. 그런데 경쟁사도 마찬가지로 세계적인 브랜드를 가지고 있습니다.", "서비스는 환상적이에요! 사실, 경쟁사만큼 좋은 서비스를 제공합니다." 왠지 익숙한 답변이지 않는가?

이야기를 하면 할수록 고객은 일반적으로 영업 사원이 생각하는 것보다 경쟁사와 큰 차이점을 느끼지 못하고 있다는 것을 발견했다. 이 말은 고객이 거래하는 회사 대부분이 브랜드, 제품, 서비스에서 수준 이하라고 생각한다는 뜻이 아니다. 단지, 고객은 거래처 간에 특별한 차이점을 느끼지 못하는 것이다. 솔루션 공급사와 영업 사원이 미묘한 차이점을 강조하기 위해 많은 시간을 보내지만, 고객은 일반적인 유사점에 초점을 맞추는 경향이 있다.

그렇다면 브랜드, 제품, 서비스에 대한 투자를 중단해야 한단 말인가? 그렇지는 않다. 이 세 가지는 여전히 중요하다. 그러나 적어도 B2B 영역에서는 브랜드 개선, 제품 개발, 고객 서비스 개선에 투자하는 것은 고객의 충성도를 얻기 위한 첫 번째 투자이지만, 마지막 투자는 아니다. 고객의 충성도를 얻으려면 기본적으로 투자해야 하는 비용일 뿐이다.

이 조사 결과를 찬찬히 살펴보고 나서 영업 및 마케팅 책임자들은 결과에 동의했다. 왜냐하면, 사실 이들이 매일 현장에서 경험하는 것과 다르지 않기 때문이다. 그런데 적어도 과거 수년 동안에는 이러한 브랜드, 제품, 서비스가 고객 충성도에 낮은 영향을 미치는 이유를 고객이 비용을 줄이는데 과도하게 집중한 부작용이라고 설명하는 것이 당연시되었다. 고객은 충성도가 높다. 인정한다. 그런데 누구한테 충성도를 보이는가? 바로 가격이 제일 낮은 업체이다.

그런데 이것도 설문 조사 결과와 다르다. 9퍼센트의 고객 충성도만이 가격대비 가치 price-to-value 비율에서 경쟁사를 이길 수 있는 업체의 능력에 기인했다. 한 업체가 다른 업체보다 싼 가격을 제공하더라도, 고객은 가격만큼의 낮은 수준의 가치를 제공받을 것이라고 생각할 뿐이다. 낮은 가격으로 거래를 성사시킬 수 있겠지만, 고객의 충성도를 끌어낼 가능성은 매우 낮다.

한 고객이 현재 무조건 싼 제품을 구매한다면, 미래에도 제일 싼 제품을 구매할 가능성이 매우 크다. 그런데 가장 싼 가격에 제품을 제공할 수 있는 업체가 반드시 우리일 수는 없다. 결국, 경쟁사가 거래를 성사시키기 위해 계속해서 할인을 제공하는 것을 막을 방법은 없다. 이런 게임에서는 고객 충성도라는 말은 의미가 없어진다. 고객은 파트너partner를 찾는 것이 아니고, 할인 가격bargin에만 집중하기 때문이다.

그런데 이 책이 말하고자 하는 것은 이러한 가격 전쟁이 아니다. 이 책의 목적은 고객이 당신과 계속해서 거래를 유지하고, 여기에 더해서 시간이 지날수록 더 많이 구매하고, 결국은 조직 내에서 당신을 전폭적으로 지지하도록 하는 방법이 무엇인지 설명하는 것이다. 만약 이것이 최종 목표라면 분명히 가격에 의존하는 것은 잘못된 방법이다. 경쟁사보다 낮은 가격을 주면서 동시에 경쟁사보다 높은 가치를 주지 못한다면, 지금 할인을 해서 거래를 성사시킨다고 하더라도 미래에는 당신에게서 등을 돌릴 것이다.

고객 충성도를 유발하는 요인의 38퍼센트가 브랜드, 제품, 서비스에서 우수성과 관련되어 있고, 9퍼센트가 가격 대비 가치 비율과 관련되어 있다면, 나머지 53퍼센트는 어디에서 오는가?

이에 대한 해답을 찾기 위해 조금 전에 인용한 고객과의 대화로 다시 돌아가 보자. 고객이 브랜드, 제품, 서비스에서 업체 간의 차이가 미미하다는 점을 말하고 나서 들려준 이야기는 완전히 다른 것이었다. 고객들은 거래 경험sales experience, 즉 특정 업체에서 제품을 구매하기 위해 진행하는 대화에서 업체 간에 큰 차이가 있다고 말했다.

고객들은 이 점에 대해 지나치리만큼 솔직하게 말해 주었다. 고객들은 어떤 영업 사원은 쓸데없는 이야기로 미팅 시간을 낭비하기 때문에 미팅이 끝나고 나서는 자신의 인생에서 돌아올 수 없는 한 시간을 강탈당한 느낌이 들 때도 있었다고 말해 주었다. 사실, 영업 사원의 프레젠테이션 기술은 큰 영향력을 미치지 못했다. 최신 XPJ178 모델이 에너지를 적게 소비하면서, 3초 더 빠르게 움직이고, 관리 시간도 줄여 주어, 결국 "돈과 시간을 줄여 주고 이것들을 더 중요한 일에 이용할 수 있게 됩니다."라고 영업 사원이 열정적인 설명을 하더라도 별로 들을 가치가 없었다라고까지 말해 주었다. 시간과 비용을 절약하려고 하는가? 물론이다. 그렇다면 3초 더 빠른 제품이 5퍼센트의 가격 인상을 정당화할 수 있는가? 그것은 아니다.

고객들은 매우 흥미롭고 가치 있는 정보를 주고 가는 다른 부류의 영업 사원들이 있다는 이야기를 해주었다. 닐 라컴(Neil Rackham)의 표현을 빌리자면 돈을 주고서라도 이야기하고 싶은 영업 사원이 있다. 즉, 고객들은 어떤 업체와의 미팅은 끔찍했지만 다른 업체와의 미팅은 가치가 있다고 여기는 것이다. 여러 항목에서 동일한 업체들일지라도 고객들은 거래 경험에서는 아주 다르게 평가하고 있었다. 그리고 이 차이가 고객 충성도에 미치는 영향력이 아주 크다는 것을 알 수 있었다.

이것은 충격적인 발견이다. 고객 충성도는 제품 개발 센터, 광고, 수신자 부담 전화를 통해 얻어지는 것이 아니다. 고객 충성도는 전쟁터의 참호와 같이 치열한 영업 현장에서 결판이 난다. 고객 충성도는 영업 사원이 고객과 매일 진행하는 대화에서 얻게 되는 결과다. 제품, 서비스, 브랜드에서 찾을 수 없었던 고객 충성도를 결정짓는 나머지 53퍼센트는 영업 현장에서 고객에게 전달하는 경험을 통해 결정된다. 고객 충성도의 53퍼센트는 당신이 무엇을 판매하느냐에 달린 것이 아니라 어떻게 판매하느냐에 달렸다.

좋은 제품, 브랜드, 서비스를 가지고 있는 것도 중요하지만, 영업 사원이 이것들을 제대로 활용하지 않으면 아무런 의미가 없다.

이제 거래 경험이 고객 충성도를 결정하는데 아주 중요하다는 것을 알았다면, 어떻게 영향을 미치는지 이해할 필요가 있다. 고객들이 이 부분과 관련하여 매우 구체적인 진술을 해 주었다. 어떤 대화는 고객을 힘들게 만들지만, 어떤 대화는 믿을 수 없을 정도로 가치 있는 것이었다. 고객 충성도에 긍정적인 효과를 미치게 하려면 영업 현장에서 고객에게 어떤 경험을 주어야 하는가?

이 대목에서 아주 흥미로운 사실이 밝혀졌다. 고객의 거래 경험과 관련된 카테고리에 속한 내용을 살펴보면, 챌린저를 설명하는 내용과 일치한다. 단지, 동일한 특성들을 고객의 입장에서 바라봤을 뿐이다.

통찰의 힘

고객 충성도와 관련된 설문 조사에 들어 있는 50여 가지의 항목 중 17개 항목이 거래 경험과 관련된 카테고리에 속했다. 이 17개의 항목은 고객의 충성도와 관련하여 조금이라도 긍정적인 영향을 미칠 수 있는 것들이다. 예를 들어 '높은 수준의 전문성을 보여줌', '우리의 특별한 요청과 요구 사항을 맞춰 줌', '비용과 관련하여 실현할 수 있는 비전을 제시함', '원하는 바를 잘 파악하고 대화에 임함' 등의 항목이다. 그런데 이 항목들을 영향력을 기준으로 순위를 매기면 다음 7개가 중요도에서 다른 것보다 눈에 띈다.

- 영업 사원이 시장에 대한 고유하고 가치 있는 관점을 제공한다.
- 영업 사원이 여러 대안을 검토할 수 있도록 도움을 준다.
- 영업 사원이 지속적으로 조언과 자문을 해준다.
- 영업 사원이 발생할 수도 있는 위험을 피하도록 도와준다.
- 새로운 이슈와 성과물에 대해 가르쳐 준다.
- 공급사에서 구매하는 과정이 쉽다.
- 공급사가 나의 조직에서 전폭적인 지지를 받고 있다.

그러면 제일 마지막에 있는 항목부터 시작해 보자. 사실 이 항목은 모두 잘 알고 있던 것이지만 이번 조사를 통해 통계적으로도 의미가 있다는 것이 확인되었다. 이 항목에 대해서는 6장에서 더 자세히 다룰 것이다. 구매 관계자 사이의 컨센서스는 최근 매우 중요한 사항이 되었다. 고위 결정권자들은 팀원들의 지지 없이 혼자서 특정 업체나 솔루션을 지목하려고 하지 않는다. 대규모 거래일 수록 한 사람의 결정권자가 은밀하게 결정을 내릴 수 없다. 영업 사원은 영업 과정에서 지원받을 수 있는 네트워크를 형성해야 한다. 그렇지 않으면, 고객사 내의 낮은 지지 때문에 거래 자체를 무산시킬 수 있다.

마찬가지로, 고객은 거래가 원활하게 진행되며 복잡하지 않기를 바란다. 구매 과정이 복잡한 업체와 일하고 싶은 고객은 없다. 특히 솔루션은 더욱 그렇다. 영업 사원이 계속 "상사와 확인해야 합니다.", "법률팀에 문의해야 합니다.", "재무팀의 승인이 있어야 합니다."라고 말하면 영업 진행이 한없이 늦어지게 마련이다. 고객이 돈을 쓰는 것을 어렵게 만들어서야 되겠는가?

이 항목들에는 매우 눈에 띄는 것들이 있다. 다섯 가지 항목을 다시 한 번 보자. 이것들이 최고 수준의 거래 경험을 느끼도록 하는 특성들이다.

- 영업 사원이 시장에 대한 고유하고 가치 있는 관점을 제공한다.
- 영업 사원이 내가 여러 대안을 검토할 수 있도록 도움을 준다.
- 영업 사원이 지속적으로 조언과 자문을 해준다.
- 영업 사원이 있을지도 모르는 위험을 피하도록 도와준다.
- 새로운 이슈와 성과물에 대해 가르쳐 준다.

이들 특성들은 고객의 무엇을 구매하려는 절박함이 아니라 무엇을 배우려고 하는 절박함과 관련된 것이다. 고객은 비용을 절감하고, 매출을 올리고, 새로운 시장에 진출하고, 위험을 줄이는데 자신이 알지 못하는 새로운 방법을 업체가 알려주기를 기대한다. 연구에 참여한 적어도 5,000여 명의 전 세계에 흩어져 있는 고객들이 힘주어서 "내 시간을 허비하지 마세요. 대신, 제발 나한테 도전하세요. 그리고 뭔가 새로운 것을 가르쳐 주세요."라고 외쳤던 것이다.

이것은 B2B 영업에 대해서 수년간 가져온 생각과 교육을 뒤집는 아주 강력한 결론이다. 물론, 좋은 제품, 브랜드, 서비스는 기본이다. 이런 기본적인 것도 갖추지 않았다면 고객이 그 업체와 만날 이유가 없다. 그런데 최고의 업체와 나머지 업체를 구분 짓는 것은 제품의 질이 아니라, 통찰력이 주는 가치이다. 즉, 고객이 이전에는 불가능하다고 생각하는 방법으로 돈을 벌거나 비용을 줄일 수 있는 새로운 아이디어를 줄 수 있느냐 없느냐의 문제이다.

이런 의미에서 고객 충성도는 영업 사원이 무엇을 파느냐에 달린 것이 아니라 어떻게 파느냐에 달렸다. 최고 수준의 회사는 제품의 질이 아니라 영업 과정 자체에 들어 있는 수준 높은 통찰을 이용해서 경쟁사를 이긴다. 고객 충성도를 얻기 위한 전투는 제품이 판매되기 전에 이미 결판난다. 우수 영업 사원은 고객이 이미 아는 것을 발견하는 것이 아니라 새로운 사고 방식을 가르쳐 주면서 전투에서 승리한다.

고객의 입장은 이 부분에서 아주 명확했다. 고객은 자신이 이미 아는 것을 영업 사원이 파악하는 능력보다는 모르는 것을 가르쳐 주는 능력에 더 가중치를 둔다. 설문 자료를 보면 '영업 사원이 구체적인 요구 사항을 파악하는 능력에서 뛰어남'이라는 항목은 거래 경험에 관련된 순위에서 아주 밑에 있었다. 이 점수가 낮은 이유는 이것이 고객에게 그렇게 중요하지 않기 때문이다. 영업 사원이 내가 무엇을 원하는지 나만큼 알고 있고 그것을 밝혀내려고 가능한 한 빨리 좋은 질문을 하는 것은 물론 대단한 것이다. 그런데 진정 필요한 것은 고객보다 요구 사항을 더 잘 파악하는 영업 사원이다. 즉, 고객이 자신의 비즈니스에 대해서 다르게 생각할 수 있도록 도전하고 자극하는 사람이 진정으로 필요한 영업 사원이다. 그래서 단순히 대단한 질문을 하는 것으로 충분하지 않다. 이런 의미에서 영업 사원은 상당한 통찰력을 가져야 한다.

한편, 차별화하기 어려운 일반 상품을 판매하는 영업 사원에게 이 통찰력은 오히려 더 큰 무기가 될 수 있다. 제품, 브랜드, 가격에서 차별화할 수 없을 때 고객 충성도를 끌어내기는 어렵다. 그런데 이 조사 결과를 이용하면 차별화할 수 있는 방안이 있다. 글로벌 화학 회사의 영업 책임자가 한 말이 이를 잘 설명해 주고 있다. "물론, 당신과 나는 특정 브랜드에 속하지 않는 5갤런의 차축 윤활유를 같은 가격에 팔려고 하겠죠. 이때 내가 똑같은 5갤런의 차축 윤활유를 더 잘 팔 수 있으면 이기는 겁니다. 이럴 때 저는 (차별화할 수 없는) 5갤런의 차축 윤활유가 아니라 고객이 자신의 비즈니스에 대해 다른 관점을 가지도록 도움을 줘서 결국은 판매를 이끌어 냅니다." 이 말은 맞는 말이다. 만약 이 말이 틀렸다면, 결국 이 경우에 차별화할 수 있는 근거는 가격밖에 없을 것이기 때문이다. 가격만이 차별화 요소라면 영업 조직을 둘 필요가 없다. 그냥 차축 윤활유를 홈페이지에 올려서 판매하면 되고, 이렇게 하는 것이 더 싼 가격에 판매하는 지름길이다.

일반 상품뿐만 아니라 높은 수준의 통찰력이 무엇보다 중요한 B2B 시장에서 챌린저가 성공하는 것은 당연하다. 통찰이란 고객에게 새로운 사고방식을 가르치고, 고객이 현재의 관점과 접근법에 대해 다시 생각해 보도록 압력을 가하는 것이다. 이것이 챌린저의 방식이다. 챌린저는 고객에게 새로운 관점을 가르치며, 특히 고객의 가장 중요한 비즈니스 요구 사항에 구체적으로 맞추어서 가르친다. 그리고 충분히 강력하고 단호한 방식으로 진행해서 전하려는 메시지가 반향을 일으킬 뿐 아니라 행동을 유발할 수 있도록 한다. 이런 점에서 영업 사원이 고객이 생각하는 방식을 바꾸고 행동하는 방식을 바꾸지 못하면 고객에게 진정 무언가를 가르쳤다고 할 수 없다. 행동을 유발하지 못한다면 굳이 그 많은 수고를 할 필요가 없다. 그냥 고객이 무엇을 원하는지 알기만 하는 것이 어떤 가치가 있겠는가?

단순한 가르치기가 아니라 상업적 가르치기여야 한다

가르치기에서 가르치는 행위 자체만큼 중요한 요소가 있다. 그냥 챌린 저팀을 만들어서 "나가서 가르쳐!"라고 말한다고 해서 끝나는 것이 아니다. 이러면 고객은 더할 나위 없이 좋겠지만, 비즈니스를 위해 반드시 좋은 것은 아니다. 한 소프트웨어 회사의 글로벌 영업 책임자가 의미 있는 질문을 했다. 이 책임자가 질문하기를 "우리 회사의 영업 사원 중 한 명이 나가서 고객의 비즈니스와 관련된 아주 새롭고 중요한 것을 가르치자, 고객은 매우 고무되어 행동을 취한다고 합시다. 그리고 이 새로운 통찰을 입찰에 반영했지만 경쟁 업체가 입찰을 따낸다면 어떻게 될까요? 이러면 내가 뭘 얻었다고 할 수 없을 것입니다."라고 했다.

이 말은 정곡을 찌른다. 이 회사는 얻은 것이 없다. 영업 사원은 그냥 무료 컨설팅을 해 준 것이기 때문이다. 영업 사원은 고객에서 필요한 것을 주었지만, 그 과정에서 경쟁사가 원했던 것을 주어 버렸다. 즉, 비즈니스를 빼앗겨 버린 것이다. 정말 이것은 최악의 상황이다.

새로운 아이디어로 고객에 도전하는 것은 물론 좋지만, 노력의 대가로 보상을 받는 것은 저절로 따라오는 것이 아니다. 세계 최고의 챌린저라고 할지라도 자신이 해줄 수 없는 것을 고객이 추구하도록 가르친다면 좋은 성과를 내기 어렵다. 고객을 가르치는 노력을 경쟁사가 아닌 우리에게 도움이 되는 비즈니스적인 보상으로 연결할 수 있을까? 그렇게 하려면 가르치기가 몇 가지 구체적인 기준에 부합해야 한다.

그래서 이 접근 방식을 상업적 가르치기commercial teaching라고 부른다. 이 말이 그리 참신한 표현은 아니지만, 챌린저가 궁극적으로 무엇을 해야 하는지를 완벽하게 표현하고 있다. 즉, 고객에게 비즈니스와 관련된 새롭고 가치 있는 것들을 가르치지만, 이것이 우리에게 도움이 되는 상업적인 성과로 연결되어야 한다는 의미이며, 고객이 원하는 것을 제공하면서 동시에 우리가 원하는 바를 얻어야 한다는 의미다. 좀 복잡한 말처럼 들리지만, 메시지 자체는 사실 아주 단순 명확하다. 단지, 실제로 그렇게 하기가 쉽지 않을 뿐이다. 상업적 가르치기에는 네 가지 중요한 법칙이 있다.

- 자신의 고유한 강점을 이용할 수 있도록 유도하라.
- 고객이 가지고 있는 전제(assumptions)에 도전하라.
- 행동을 촉발하라.
- 여러 고객으로 확대시켜라.

이 법칙들을 살펴보면 이것들이 개인의 능력을 개발하는 것뿐 아니라 조직의 능력을 키우는 것과 연관되어 있다는 것을 알 수 있다. 이전 장에서 배웠듯이 이것이 챌린저 영업 모델이 주는 중요한 교훈 중 하나다. 챌린저 영업 모델을 적용하려면 단순하게 챌린저를 육성하는 것 이상의 노력, 즉 조직 전체의 장기적인 변화가 있어야 한다. 이에 대해서 나중에 자세하게 설명한다. 먼저 상업적 가르치기의 네 가지 법칙을 살펴보자.

상업적 가르치기의 법칙 1:
자신의 고유한 강점을 이용할 수 있도록 유도하라

첫 번째로 상업적 가르치기는 경쟁사보다 우수한 능력과 직접 연관되어 있어야 한다. 고객에게 가르친 것이 당신이 최고로 잘할 수 있는 것과 연관되어 있다면 경쟁사를 이길 가능성이 훨씬 큰 것은 당연하다.

다른 말로 표현하자면, 고객 충성도의 스위트 스폿sweet spot은 당신이 고객에게 중요하다고 가르친 부분에서 경쟁사보다 뛰어난 모습을 보여주는 곳에 있다. 영업 사원은 비용을 절감하거나 매출을 확대할 기회를 보여주면서 고객의 생각을 사로잡아야 한다. 그러면 마음이 움직인 고객은 어떤 행동을 하려고 할 것이다. "대단해. 어떻게 하면 그렇게 될까요?"라고 고객이 묻고, 영업 사원이 "그렇다면 우리가 어떻게 도움을 드릴 수 있는지 한번 볼까요? 다른 누구보다도 이 부분에서 큰 도움을 드릴 수 있을 것 같습니다."라고 대답한다면 이제 절정에 이른 것이다. 이것은 마술쇼의 절정과 같다. 영업 사원은 고객이 찾고 있던 새롭고 적합한 통찰을 공유했고, 동시에 그 통찰을 자신의 고유한 강점과 연계시켰다. 즉, 고객에게 단순히 도움이 되도록 가르친 것이 아니라, 당신의 도움이 필요하도록 가르친 것이다.

그런데 이것과 관련해서 두 가지 유의 사항이 있다. 먼저, 이 접근법이 실제로 효과를 보려면, 영업 사원이 확실하게 도움을 줄 수 있어야 한다. 업체가 매출을 올릴 수 있는 새롭고 확실한 방법을 가르쳐 주고 나서 실제로는 아무것도 할 수 없다면 고객 입장에서는 매우 화나는 일이다. 어떤 영업 책임자가 말했듯이 이건 마치 고객을 사막으로 가라고 가르치는 것과 같다. 이렇게 되면 고객은 결국 지금까지는 몰랐던 새로운 문제를 가지고 고민하게 되고, 더욱 참담한 것은 여기에 더해서 실제로 아무것도 할 수 없다는 것이다. 고객은 생산성을 높이는데 필요한 통찰력 있는 정보를 원한다. 그런데 바로 이 정보 때문에 밤잠을 설치게 된다면 이건 뭔가 잘못된 것이다.

두 번째 유의 사항은 더 중요하다. 가르치기에 투자한 노력이 자신의 강점과 연결되어 성과를 나타내려면, 자신의 고유한 강점이 무엇인지 알아야 한다. 이것은 당연한 말이다. 그런데 많은 경영진이 이 문제로 힘들어하는 것을 보면 놀라울 따름이다. 잘 알려진 제조업체의 최고 마케팅 책임자가 한 말이 인상에 남는다. "100명의 영업 사원에게 우리 회사의 핵심적인 강점에 대해서 물으면, 적어도 100개 이상의 다른 대답이 나옵니다." 이런 반응은 사실 주위에서 흔히 듣는 것이며, 우리는 머리를 흔들거나 깊은 한숨을 쉬면서 "원래 영업이나 마케팅이 그런 거야."라고 말할 수 있을 것이다.

그런데 심각한 것은 이 최고 마케팅 책임자가 체념한 이 부분이 가장 큰 문제가 아니라는 점이다. 어떤 회사가 무엇을 잘하는지에 대해서 포괄적으로 말하라고 하면 영업 사원들이 공통된 답변을 내놓기 쉽지 않다는 것은 어느 정도 이해할 수 있다. 그런데 똑같은 영업 사원들에게 실제로 우리 회사가 경쟁사보다 무엇을 더 잘하는지에 대해 물어보면 이제 100가지 다른 답변이 나오기는커녕 하나의 답변도 얻어내기 어려울 것이다. "경쟁사도 이런 걸 할 수 있어요. 그런데 우리 회사가 그건 훨씬 더 잘할 수 있지요!"라는 식의 답변이 나오기만 해도 잘 대답하는 것이다. 더 일반적인 대답은 "물론, 다른 회사와 거래를 하셔도 됩니다. 그런데 우리 회사가 이 비즈니스를 더 오랫동안 해왔습니다. 우리는 우수한 제품과 맞춤 서비스를 기반으로 한 혁신적인 솔루션을 가지고 유수의 회사들과 55년 이상 거래를 해왔습니다." 마치 경쟁사들은 맞춤 서비스를 제공하지 않는 것처럼 말한다. 그런데 사실 모든 회사가 이렇게 하고 있다.

고객 입장에서 차별성이 없는 두 회사 중 하나를 선택해야 한다면 어떻게 결정할까? 사실 이것은 매우 단순한 결정이다. 낮은 가격을 제시하는 회사를 선택할 것이다. 그렇게 하지 않을 사람이 어디 있을까? 다른 말로 하면, 모든 회사가 혁신적인 솔루션을 지향하며, 고객을 중심에 두며, 친환경을 추구한다. 이런 것들은 더 큰 비용을 지불할 만한 장점이 될 수 없다.

최근 Marketing Leadership Council의 B2B 고객에 대한 설문 조사에 참여한 회사 중 35퍼센트만이 고객이 경쟁사보다 자신을 선택하게 만들 수 있는 진정한 역량을 가지고 있다고 자신 있게 말할 수 있었다. 그런데 문제점은 이 회사들이 자신의 고유한 강점이라고 말한 것이 실제로 고객에게 어떤 영향을 미치는지 확인해 보면 그중 절반 정도만 고객이 진정으로 필요한 것으로 드러났다는 사실이다. 그리고 고객이 강점이라고 인정한 절반 정도에서도 선호도에 영향을 미칠 정도로 고객에게 전달된 것은 많지 않았다. 모든 것을 종합하면, 회사들이 소위 고유한 강점이라고 자랑한 것 중 14퍼센트만이 고객들도 고유하며 실질적인 도움이 된다고 인정했다. 아마 짐작하겠지만 '혁신적이다.', '고객 중심적이다.', "친환경적이다.' 등은 이 항목들에 들어 있지 않았다. 차별화와 관련해서 고객은 아주 높은 기준을 가지고 평가하고 있는 것이다.

이 상황에서 영업 사원이 가격에 의존하는 것은 당연하다. 자신의 솔루션이 제공하는 가치를 명확하게 설명하지 못하기 때문이기도 하지만, 더 큰 이유는 자신의 솔루션이 가지는 고유의 가치를 명확하게 알지 못하기 때문이다. 상업적인 가르치기의 가장 어려운 부분은 우리 회사가 다른 회사들보다 무엇을 더 잘하는지 이해하고 여기에 공감하는 것이다. 그러려면 우리 회사가 어떤 회사인지 무엇을 하는 회사인지에 대해서 깊이 이해해야 한다. Sales Executive Council과 Marketing Leadership Council이 과거 수년 동안 진행한 사업 중 대부분은 고객이 자신의 회사의 가치를 파악하는 방법을 알려주는데 목적이 있었다. 단계적으로 스스로 수행할 수 있는 연습 과정, 리더십 워크숍, 고객 설문 조사 구성 방법론, 실제 고객 진단에 이르기까지 모두 자신의 회사의 강점을 파악하는 데 초점이 맞춰져 있다.

이 핵심적인 문제에 해답을 찾으려고 다양한 방법을 동원하지만, 궁극적으로 모든 노력은 하나의 질문에 대한 답을 찾기 위해서다. 이 해답은 그레인저$^{W.W.\ Grainger}$사의 브랜드를 책임지는 부사장이자 총괄 책임자 Deb Oler의 이름을 따라 때로는 Deb Oler 질문이라고 불리기도 한다. Deb는 "왜 고객이 다른 회사가 아니라 우리 회사에서 구매해야 하는가?"라고 질문한다. 바로 여기에 핵심이 있다. 이것은 허무할 정도로 간단한 질문이다. 그런데 이 질문은 전체 경영진을 절망에 빠뜨릴 수 있을 정도로 힘든 질문이기도 하다. 이유는 이 질문이 생각보다 대답하기에 훨씬 어렵기 때문이다. 사실, 대부분의 회사는 이 질문에 고객을 설득할 수 있을 정도로 확실하게 답하지 못한다. 다시 말하지만 '혁신적이다.', '고객 중심적이다.', '솔루션 지향적이다.' 등은 적절한 답이 아니다. 그리고 이 질문에 명확하게 답할 수 있는 많지 않은 회사들 중에서도 아주 소수의 회사들에서만 진 영업 조직이 이견 없이 자신의 회사의 강점에 대해서 전적으로 동의할 수 있는 것으로 드러났다.

그렇다면 소수의 회사들만 이 질문에 적절히 답할 수 있고 영업 조직이 이 답변에 동의한다는 사실이 우리에게 시사하는 바는 무엇인가? 첫 번째로, 고객의 비즈니스에 대해 새로운 것을 가르칠 수 있는 챌린저를 만들려고 한다면, 고객보다는 먼저 자신의 비즈니스에 대해서 더 깊이 생각해야 한다는 것이다. 고객에게 가르친 정보가 우리 회사만 제공할 수 있는 능력과 연계되지 못한다면, 상업적 가르치기를 주기보다는 공짜로 상담해 주는 셈이다. 그러면 이 회사가 업계에서 가장 낮은 가격으로 판매하지 못한다면 위험한 상황에 빠질 수 있다. 사실, 상업적 가르치기를 제공하는 회사가 가장 낮은 가격으로 판매하는 회사가 될 수는 없다. 왜냐하면, 저가 정책의 회사는 고객을 가르치는 비용을 감당할 수 없기 때문이다.

상업적 가르치기의 법칙 2: 고객이 가지고 있는 전제에 도전하라

첫 번째 법칙이 통찰과 공급사의 강점을 연결시키는 것이라면, 두 번째 법칙은 통찰과 고객을 연결시키는 것이다.

이것은 아주 당연한 말처럼 들리지만, 다시 설명해 보자. 고객에게 무엇을 가르치든지 이것은 고객에게 무언가 작용을 해야 한다.

고객이 가진 전제에 도전해야 하며, 그것도 고객이 전혀 생각하지 못했거나 아니면 알았지만 심각하게 생각하지 않았던 새로운 관점으로 고객의 기존 관점에 직접 도전해야 한다. 이것을 표현하는 적절한 말이 재구성reframe이라는 단어다. 어떤 자료, 정보, 통찰을 고객의 눈앞에 보여주면서 고객이 자신의 비즈니스에 대해 생각하고 있던 것을 재구성하도록 만들 것인가? 즉, 어떻게 비즈니스를 운영하고 경쟁사와 경쟁할 것인가에 대해서 완전히 새로운 관점을 보여주어야 한다. 이것이 고객이 진정 찾고 싶어 하는 것이다. 이 설문 조사에서 발견한 것이 무엇인지 다시 한번 보자.

- 영업 사원이 시장에 대한 고유하고 가치 있는 관점을 제공한다.
- 영업 사원이 내가 여러 대안을 검토할 수 있도록 도움을 준다.
- 영업 사원이 지속적으로 조언과 자문을 해준다.
- 영업 사원이 있을지도 모르는 위험을 피하도록 도와준다.
- 영업 사원이 새로운 이슈와 성과물에 대해 가르쳐 준다.

이 항목들에 확인이나 확증에 관련된 것은 없다. 고객이 아는 것이 정확하다고 확인해 주면 고객이 좋아할 것이다. 이것도 물론 의미가 있다. 그러나 고객이 알고 있던 것을 혼자서는 전혀 생각하지 못했던 방식으로 변화시키거나 개선할 수 있는 통찰을 줄 수 있다면 이것이 훨씬 더 가치가 있다.

이러한 통찰은 쉽게 얻어지는 것이 아니다. 영업 사원은 고객의 비즈니스에 대해서 고객보다 더 잘 알아야 한다. 모든 부분을 더 잘 알지 못한다고 하더라도, 영업 사원이 판매하려는 제품의 기능과 관련된 고객의 비즈니스에 있어서는 적어도 고객보다 더 잘 알아야 한다. 이것이 비현실적으로 높은 기준처럼 들릴 수 있지만, 실제로는 모든 공급사는 고객들보다 고객의 비즈니스에 대해서 더 잘 이해하고 있다. 공급사가 구체적으로 어떤 역량을 가지고 있는지를 한번 보면 이것을 알 수 있다. 예를 들어, 병원에 프린터를 판매하려는 회사가 있다면, 이 회사가 병원 관리 직원보다 의료 서비스에 대해서 더 잘 알지는 못할 것이다. 그러나 적어도 병원에서 어떻게 정보를 관리해야 하는지는 확실하게 알고 있다.

이러한 통찰이 어디에서 오든지 간에, 고객의 반응에 따라 고객의 생각을 변화시켰는지 아닌지 알 수 있다. 이 부분이 영업 사원이 함정에 빠지기 아주 쉬운 부분이다. 아이러니하게도 고객이 영업 사원이 프레젠테이션을 마치자 "전적으로 동감합니다. 이게 나를 잠 못 들게 하는 바로 그것입니다!"라고 반응했다면 이 프레젠테이션은 사실 실패한 것이다.

상식에 반하지만 이것은 사실이다. 영업 사원이 고객에게 반향을 불러 일으킬 문제나 통찰을 알아냈을지는 모르지만, 이것이 고객이 자신의 비즈니스를 재구성하게 하지는 못한 것이다. 바로 이 부분이 관계중심형 영업 사원이 힘들어하는 지점이다. 이런 형태의 영업 사원은 고객을 방문하고 나서 고객의 문제를 정확하게 파악했고 이를 바탕으로 고객과 관계를 형성했다는 사실에 매우 흥분한다. "마치 내가 고객의 마음을 읽는 것 같았어. 내가 말하는 모든 것에 고객은 몰입했지." 그런데 2주가 지나도 고객이 아무런 연락이 없어도 왜 그런지 이해하지 못한다. 관계중심형 영업 사원은 고객의 요구 사항을 잘 진단하는 것이 성공적인 비즈니스를 만들어 내기에 충분하다고 생각한다. 그런데 사실은 그렇지 않다. 친밀한 관계 형성rapport과 재구성reframe은 전혀 다른 것이다. 고객과 비즈니스적인 관계를 맺었다고 해서, 고객과 실제로 비즈니스를 시작할 수 있는 것은 아니다. 작은 차이이지만 매우 중요한 부분이다.

반면, 챌린저형 영업 사원은 고객이 아주 다른 반응을 보여주기를 바란다. "그래, 전적으로 동감해!" 보다는, 고객이 "음, 이런 방식으로 생각해 본적이 없는 것 같아."라고 말하면 일이 순조롭게 진행되고 있다고 생각한다. 다른 말로 표현하자면, 성공적인 재구성이 잘 진행되고 있다는 것을 알 수 있는 최고의 척도는 고객의 열정적인 동의 라기보다는 고객이 생각에 잠기는지를 알아보는 것이다. 고객에게 자신의 비즈니스에 대해 다르게 생각할 수 있는 방법을 보여주었으며, 고객은 이제 호기심에 가득 차 있다. 간과했던 위험, 관심을 두지 않았던 새로운 경향, 무시했던 대안들이 고객의 마음에 들어온다. 그러면 고객은 "이게 내 비즈니스에 어떤 의미가 있을까?"라고 반문할 것이고, 더 좋은 상황은 "내가 모르는 다른 것들이 있지 않을까?"라고 생각하는 것이다. 이것이 상업적 가르치기에 기반한 대화의 핵심이다. 고객이 "음, 이런 방식으로 생각해본 적이 없는 것 같아."라고 말한다면, 고객은 실제로 당신이 말한 것에 관심을 보이고 있으며 조금 흔들리고 있는 것이다. 이것이 사실이라는 것은 실제 고객 연구에서도 증명되었다. 고객은 영업 사원과 마주했을 때 자신의 생각을 바꾸어 줄 새로운 관점을 기대하고 있는 것이다. 그렇게 되면 고객은 이 대화가 충분한 가치가 있다고 생각한다.

여전히, 고객이 다른 관점에서 생각할 수 있도록 도와주었다고 해서, 고객이 다른 방식으로 행동하도록 설득한 것은 아니다. 이 부분에 대해서는 바로 다음에 설명할 것이다. 이것은 두 번째 법칙만큼이나 중요하다.

상업적 가르치기의 법칙 3: 행동을 촉발하라

제한된 돈과 시간을 바탕으로 여러 우선순위 사이에서 고민해야 하는 것이 현실이기 때문에 단지 고객이 생각하는 것을 바꾸는 것만으로 충분하지 않다. 궁극적으로 고객이 행동하도록 해야 한다. 항상 하는 농담이지만, 고객이 "음, 이런 방식으로 생각해본 적이 없는 것 같아! 그런데 오늘 점심은 뭘 먹지?"라고 반응한다면 어떻게 할 것인가? Up이라는 영화에는 다람쥐를 보기만 하면 산만해지는 Doug라는 개가 등장한다. 고객은 마치 Doug와 마찬가지로 쉽게 집중력을 잃어버린다. 고객이 행동을 취하도록 하려면 고객이 왜 그래야 하는지에 대해 비즈니스적으로 설득력 있게 설명해야 한다.

사실 많은 공급사가 나름대로 고객에게 이유들을 설명하고 있다. 대부분의 공급사가 솔루션 제공사가 되려면 번들 제품이나 번들 서비스로 발생하는 가격 인상을 정당화하기 위해 노력해야 한다. 그 결과로 공급사들은 개발하는데 많은 시간과 노력을 들인 툴을 이용해 제안된 제품이나 서비스의 투자 수익률^{ROI}이나 전체 소유 비용$^{total\ cost\ of\ ownership}$ 등을 고객이 파악할 수 있도록 했다. 대부분 여기에 더해서 영업 사원은 아주 열정적으로 제품의 생애 가치$^{lifetime\ value}$에 대해서 고객에게 확신을 주려고 한다. "맞습니다. 초기에는 비용이 좀 더 들겠지요. 그런데 향후 4년 동안 절약할 수 있는 금액을 한번 보세요. 우리 솔루션은 투자한 비용을 그냥 회수할 수 있는 구조입니다." 고객이 추가 비용을 치른 만큼 추가적인 가치를 줄 수 있다는 점을 확신시키지 못하면 실패하게 되어 있다.

상업적 가르치기의 관점에서 보면, 이 가치를 잘 보여주고 있다고 확신만 하지 실제로 그러지 못하는 회사와 실제로 이 가치를 잘 보여주는 회사가 확실하게 구분되는 곳이 바로 여기다. 왜냐하면, 잘 진행된 가르치기는 적어도 대화의 초기 단계에서는 판매 업체가 제공하는 솔루션에 초점을 맞추지 않기 때문이다. 가르치기의 대화는 고객의 비즈니스와 관련된 것이어야 한다. 기존에 간과하고 있었지만 비용을 절감하거나 매출을 올릴 수 있는 방안을 늘어놓는 것이어야 한다. 이런 대화에서는 잘못된 곳에 초점을 맞춘 전통적인 방식의 ROI 계산은 별로 의미가 없다.

우리가 아는 거의 모든 ROI 계산 방식은 고객이 어떤 업체에서 솔루션을 구매했을 때 얻을 수 있는 효과를 계산하는 것을 돕기 위해 고안된 것이다. 그러나 고객이 행동하도록 확신시키기 전에, 먼저 지금 당신이 알려준 통찰이 왜 어떤 행동과 연결될 가치가 있는지 고객에게 보여주어야 한다. 통찰이 지금까지의 일반적인 생각과 많이 다를 경우라면 특히 중요하다. 상업적 가르치기에서 최고의 ROI 계산 방식은 제공 업체의 솔루션과 관련이 없어야 한다. 오히려, 이 계산 방식은 가르치기를 통해 고객이 지금 간과하고 있는 것으로 드러난 기회 요인들을 실행하지 않아서 발생하는 비용이나 잃어버리는 효용을 계산하는데 도움을 주어야 한다.

만약 ROI 계산 방식을 고안하려면, 고객이 비즈니스를 재구성^{reframe} 할 때의 효용을 계산하도록 해야지, 당신의 제품을 구매할 때의 효용을 계산하도록 해서는 안 된다. 무엇을 구매하기 이전에 고객은 자신이 어떤 문제를 해결함으로써 무엇을 얻을 수 있는지 먼저 이해할 필요가 있다.

상업적 가르치기의 법칙 4: 여러 고객으로 확대시켜라

　상업적 가르치기가 잘 진행된다면 단순히 효과적인 영업 기술을 넘어 강력한 비즈니스 전략이 될 수 있다. 챌린저형 영업 사원은 고객의 상황에 맞추어 어떻게 통찰을 가르쳐야 할지 그냥 알아낼 수 있기 때문에 상업적 가르치기가 개별적인 거래를 대상으로 구성되어도 큰 효과가 있다는 것은 두 말할 필요가 없다. 그러나 상업적 가르치기가 개별 고객 하나를 대상으로 진행되기보다는 특정 고객군^{segment}별로 구성되면 왜 더욱 효과적일 수 있는지를 설명해 주는 여러 중요한 이유들이 있다.

　전술적인 관점에서 보자면 조직에서 지원을 하지 않으면서 영업 사원이 고객의 비즈니스를 고객 보다 더 잘 이해하기를 기대하는 것은 현실적이지 않으며 무리한 기대를 하는 것이다. 평범한 영업 사원들을 아무리 교육하더라도 이들은 고객의 비즈니스를 깊이 이해하는 데 어려움을 느낄 것이다. 특히, 영업 사원들이 다양한 층의 고객을 만나야 한다면 더욱 그렇다.

　그런데 평범한 영업 사원들에게 몇 가지 잘 서술된 통찰과 두세 개의 기억하기 쉬운 진단용 질문을 주면서, "이것을 가지고 적합한 고객에게 가서 전달하세요."라고 하면 어떨까? 그러면 영업 사원들은 상업적 가르치기를 더 잘 수행할 수 있을 것이다. 이를 통해 고객의 요구 사항을 효과적으로 진단해야 하는 부담이 일선 영업 사원에서 조직으로 이전될 것이다. 조직은 대게 어떤 문제들이 있을지 예측하는데 필수적인 심화된 기술과 폭넓은 통찰력을 갖고 있기 때문에 이 작업을 더 잘 수행할 수 있다.

　이 상업적 가르치기가 효과적으로 진행되기 위해서는 고객에게 전달할 강력한 통찰이 필요하며, 이 통찰은 자연스럽게 특정 공급사만 가지고 있는 고유한 솔루션과 연결이 되어야 한다. 그리고 이 솔루션은 가능한 폭 넓은 고객 집단에 적용될 수 있는 것이어야 하며, 그런 의미에서 규모의 경제가 필요하다. 상업적 가르치기는 몇몇 영업 사원에게 맡겨 둘 수 있는 것이 결코 아니다.

상업적 가르치기를 잘 수행하려면 고객 분류customer segmentation에 대해서 새롭게 접근해야 한다. 전통적인 분류법인 지역, 제품군, 수직적 산업 분류 등으로 영업 사원을 배치하는 것도 중요하다. 그러나 상업적 가르치기를 잘 수행한 회사들은 고객의 요구 사항이나 행동에 따라 고객을 분류하는 법을 알고 있다. 어떤 산업에 종사하고 있거나 어떤 물건을 파는 회사 이든지 상관없이, 공통된 요구 사항을 가진 고객은 비슷한 방식으로 반응할 가능성이 크다.

예를 들어, 상업적 가르치기가 고객의 현금 유동성을 높이거나, 직원의 이직을 줄이거나, 작업장의 안전을 높이는 등의 공통된 요구 사항과 연결되었을 때 아주 효과적으로 작동한다는 것이 관찰되었다. 모든 사례가 각각 다르겠지만, 공통된 것은 고객의 생각을 재구성하고, 그대로 실행하지 않을 경우의 잠식 비용을 설득력 있게 제시하고, 그리고 믿을 만한 다음 행동들을 알려줌으로써 고객이 자신의 요구 사항을 완전히 새로운 방식으로 생각하도록 도움을 준다는 점이다. 그리고 제안하는 다음 행동들은 자연스럽게 공급사 고유의 솔루션과 연관될 것이다. 공급사는 각각 아주 많은 수의 고객사를 대상으로 이러한 상업적 가르치기를 실행하지만, 전통적인 분류법에 따랐다면 이 고객들은 적어도 외면상으로는 아무런 공통점이 없는 것처럼 보였을 것이다. 즉, 상업적 가르치기를 통해 제공되는 통찰의 공통 분모는 전통적인 지역, 크기, 산업 분류에 따른 것이 아니라, 고객의 공통된 요구 사항이 무엇이냐에 따라 결정된다.

지난 3년 동안 Marketing Leadership Council에서는 회원사가 고객의 요구 사항을 기반으로 고객을 분류하는 기술을 개발하고 실행하는 데 도움을 줄 수 있는 많은 작업을 해왔다. 이 기술은 각 산업계에서 주도적인 역할을 하는 B2B 회사에서 개발한 우수한 사례를 바탕으로 구성한 것이다. 이 프로그램에 참여한 모든 회사가 공통으로 느낀 교훈이 있다. 요구 사항의 분석은 회사의 몇몇 직원 차원에서 이루어져서는 안 된다는 것이다. 고객을 만날 때 영업 사원의 주요 목적이 고객의 요구 사항을 '발견'하는 것이라면 이미 전쟁을 하기 전에 진 것과 마찬가지다. 왜냐하면, 이 전에 말했다시피 고객은 그런 대화를 원하지 않기 때문이다.

반대로, 상업적 가르치기를 통해 고객이 진정 필요한 것을 가르칠 수 있다. 고객이 자신의 사업에 대해서 가지는 생각에 근본적인 것부터 도전하고, 이전에는 전혀 생각하지 못했던 방식으로 문제를 해결하는 방법을 가르쳐 준다면 고객은 만족할 것이다. 그렇다면, 이런 접근법이나 방식이 효과를 발휘하는데 필요한 전제가 있다. 상업적 가르치기는 공급사의 고유한 강점으로 연결되어야 하며, 고객의 전제에 도전해야 하며, 행동을 촉발해야 하고, 여러 고객으로 확대되어야 한다. 이 전제들이 잘 갖춰지면 상업적 가르치기는 놀라울 정도로 효과적으로 작동한다. 그 이유는 지금까지 본 것처럼 고객은 무엇보다도 영업 사원이 자신의 생각에 도전하고 몰랐던 것을 가르쳐 주기를 원하기 때문이다.

이제, 효과적인 상업적 가르치기를 위한 기초가 마련되었다면 영업 사원은 직접 나가서 고객에게 이야기해야 한다. 영업 사원이 현장에서 고객에게 도전하는데 필요한 기술을 갖추지 못했다면 어떤 강력한 통찰을 가졌더라도 소용이 없다. 가르치기 대화teaching conversation는 어떤 것일까? 다른 방식의 영업적인 대화와 다른가? 단순히 챌린저형 영업 사원이 고객에게 가르친다고 해서 그 대화가 달라지는 것이 아니다. 중요한 차이는 어떤 방식으로 가르치느냐는 것이다. 세계적인 수준의 가르치기 대화는 아주 구체적인 방식을 따르고 있다는 것이 사례를 통해 드러났다. 이 대화는 전통적인 영업 대화를 포함하면서도 거기에서 더 나가 완전히 새로운 방식을 접목시켰다. 다음 장에서는 여기에 대해서 알아보자.

놀라운 사실은 챌린저형 영업 사원이 평범한 얼굴 아래에서 오랫동안 이 모든 것을 감추고 있었다는 사실이다. 이 책은 챌린저 세일(Challenger Sale)이라는 강력한 접근법이 가진 우수한 요소들을 배우기 쉽고 체계화된 기술로 풀어서 설명해 준다. 이 기술을 이용한다면 이미 우수한 영업팀이라도 성과를 크게 높일 수 있다.
Dan James, Du Pont의 최고 영업 책임자

| 5장 |

차별화하도록 가르치기(2부): 어떻게 통찰을 바탕으로 대화를 이끌 것인가?

경쟁사와 차별화할 수 있는 고유한 강점에 대해서 내부적인 공감대를 만들고, 여기에 더해 고객이 효과적으로 경쟁할 수 있는 설득력 있는 통찰을 발견했다면, 이제 어떻게 이것들을 통합할 수 있을까? 높은 수준의 가르치기 대화나 프레젠테이션을 준비하다 보면 대화는 여섯 개의 단계를 거치고 각 단계는 다음 단계와 밀접하게 연관되어 있다는 사실을 알 수 있다.

각 단계에 대해서 설명하기 이전에, 잘 구성된 가르치기 대화는 감정적인 요소들도 많이 포함한다는 점을 밝히고 싶다. 솔직하게 말하자면, 가르치기 대화는 공식적인 프레젠테이션을 성공적으로 마칠 수 있느냐와 관련된 것이라기보다는 어떻게 설득력 있는 이야기를 전달할 수 있느냐와 관련되어 있다. 이 이야기는 실감나는 드라마, 어느 정도의 서스펜션, 그리고 한두 번 정도의 깜짝 쇼가 있어야 한다. 궁극적인 목표는 고객을 롤러 코스

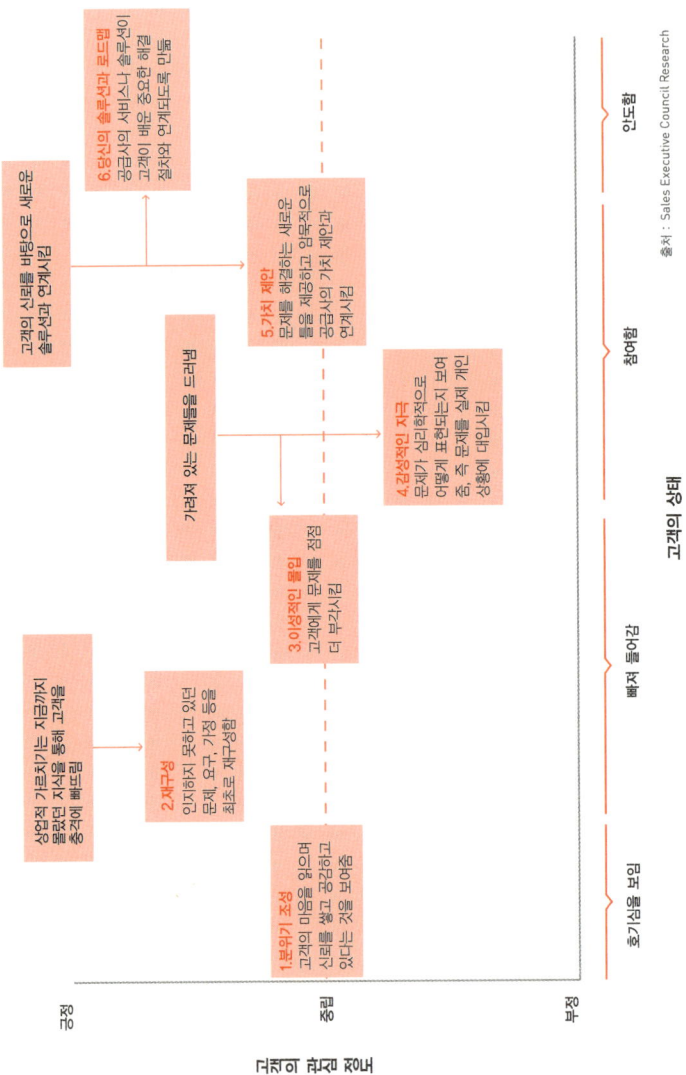

그림 5.1 상업적 가르치기 대화의 세부 절차

터에 태워서, 터널 끝의 밝은 불빛을 보여주기 위해 어두운 터널을 경험하도록 하는 것이다. 밝은 불빛은 물론 당신의 솔루션이어야 한다.

목적에 따라 구성된 세부 진행 절차

고객의 생각을 바꾸고 행동을 촉발하게 하려면 단순히 자료, 차트, 그래프 등을 이용해 비즈니스 사례를 보여주는 것만으로는 충분하지 않다. 표나 자료만 가지고 제품을 팔 수는 없다. 가르치기 대화가 잘 이루어지면 낭비하는 돈, 놓쳐버린 매출, 잠재된 위험 등을 깨닫게 되어 고객은 불편함을 느낀다. 뇌의 논리적인 부분과 감성적인 부분을 동시에 자극하지 않으면 고객은 어떠한 결정도 내리지 않을 가능성이 크다. 파격적인 결정은 이성을 따르는 것만큼이나 본능을 따른다.

이것을 염두에 두고 세계 최고 수준의 가르치기 대화를 구성하는 여섯 가지 단계에 대해서 알아보자.

1단계: 분위기 조성

초기의 형식적인 대화, 예를 들면 소개, 미팅 시간, 어젠다^{agenda} 등을 확인하고 나서 잘 구성된 가르치기 대화는 고객의 어려움을 파악하는 것부터 시작한다. "여러분을 잠 못 들게 하는 문제는 뭡니까?"라고 묻기보다는 고객과 비슷한 다른 회사에서 일반적으로 발견되거나 들었던 어려움에 대해서 그냥 이야기해 본다. 만약, 참고할 수 있는 자료가 있다면 더 할 나위 없이 좋다. 이렇게 하면 적어도 지금 고객에게 문제일수 있는 어려움에 대한 다른 회사의 교훈을 공유하는 것이다. 이 과정에서 고객은 다른 고객의 경험을 통해 자신의 어려움에 대해서 확증하게 된다. 고객이 처한 어려움은 혼자서만 겪는 것이 아니라는 것을 보여주는 효과를 과소평가해서는 안 된다. 이렇게 다른 회사의 경험을 공유한 후 고객의 반응을 물어보면서 자신의 말을 끝맺으면 된다. 이 과정을 종합해서 표현하자면 다음과 같다. "이 회사와 비슷한 다른 여러 회사와 일해 보았습니다. 그 과정에서 세 가지 어려움이 고객들을 힘들게 하는 문제로 부각되는 것을 발견했습니다. 이 문제들이 여러분이 경험하는 문제와 비슷합니까? 아니면 다른 문제가 더 중요하다고 생각하십니까?"

첫 번째 단계를 통해 얻고자 하는 것은 물론 신뢰감을 형성하는 것이다. 여기에서 고객에게 진정으로 말하고자 하는 것은 "저는 여러분의 세계를 이해하고 있습니다. 제가 여기 있는 것은 여러분의 시간을 허비하면서 저에게 여러분의 비즈니스를 가르쳐 달라고 요청하기 위해서가 아닙니다."이다. 이 접근법은 가정 기반 영업 hypotheses-based selling이라고 불린다. 고객의 요구 사항에 대한 자유 해답식의 질문으로 대화를 이끌기보다는 자신의 경험과 연구에서 드러난 고객의 있을 법한 필요 사항에 대한 가정 hypotheses을 바탕으로 이끌어야 한다. 솔루션 피로 때문에 고통받는 고객은 이런 접근법을 아주 좋아한다. 왜냐하면, 단순히 진행 과정이 더 빨라지고 쉬워지기 때문만이 아니라, 뭔가를 준다 give는 느낌보다는 받는다 get는 느낌을 받기 때문이다.

고객은 영업 사원이 혼자서 알아낼 수도 있는 정보를 가지고 오히려 자신이 영업 사원을 교육시키고 있다는 느낌이 아니라, 영업 사원을 통해 새로운 관점을 배울 수 있다고 느끼는 것이다. 상업적 가르치기는 바로 핵심을 찌르며, 그래서 효율적이라는 느낌을 준다. 상업적 가르치기는 고객의 시간을 낭비하지 않도록 하며, 영업 사원이 준비해서 고객을 방문했다는 느낌을 준다. 다른 말로 하자면 영업 사원은 고객이 이야기를 할 가치가 있는 사람이라는 것을 보여주는 것이다. 아주 무관심한 고객과 만났을 경우에도 이 방법을 이용하면 적어도 고객과 이야기할 수 있는 5분을 확보할 수 있다.

그 다음은 무엇인가? 고객이 당신에게 호감을 느꼈다면 이제 무엇을 해야 할까? 솔루션을 제안할까? 가치 제안value proposition에 대해 좀 자세히 설명할 것인가? 절대로 지금 그렇게 해서는 안 된다! 물론, 고객은 영업 사원이 이제 이런 것들에 대해서 말하리라고 예상하기는 하지만, 이런 것들은 평범한 영업 사원이나 다음 단계에서 하는 것들이다. 그리고 의심할 여지 없이 경쟁사의 영업 사원도 한 시간 전에 바로 이 사무실에서 고객에게 똑같이 말했을 것이다.

고객의 비즈니스를 주제로 이야기하면서 좋은 인상을 고객에게 심어 놓았다. 그런데 이제 와서 당신의 비즈니스에 관해 주절주절 이야기하면서 좋은 인상을 망쳐 놓으려고 하는가? 아직 고객은 당신의 비즈니스에 대해 관심을 보일 이유가 없다. 대신, 고객이 아직 가보지 못한 곳으로 이끌어야 한다. 바로 재구성reframe의 영역이다.

2단계: 재구성

상업적 가르치기의 핵심은 바로 재구성이다. 고객과의 대화는 재구성을 중심축으로 진행되기 때문이다.

1단계에서 고객이 인정한 어려움을 바탕으로 이제 새로운 관점을 고객에게 제시하게 된다. 그러면 이 새로운 관점을 통해 고객은 지금까지 생각했던 것보다 더 큰 문제가 있거나 아니면 절호의 기회가 있다는 것을 깨닫게 될 것이다. 그런데 즉각적으로 새로운 통찰을 제시할 필요는 없다는 것을 유념해야 한다. 이전에 설명한 여러 이유로 인해 즉각 번뜩이는 예지를 보여주는 것은 실제로 힘들 뿐 아니라 좋은 생각이 아니다. 오히려 이것은 방문하기 전에 잘 준비해야 하는 것이다.

사실, 방문 전에 이것을 살짝 언급했기 때문에 고객을 방문할 수 있었을 것이다. 이 단계에서 영업 사원의 목표는 통찰이 무엇인지 그 의미가 무엇인지에 대해서 자세하게 설명하는 것이 아니다. 이런 설명을 할 수 있는 시간은 저절로 따라올 것이다. 재구성이란 통찰 그 자체이며 신문 기사로 치면 헤드라인이다. 눈길을 사로잡는 헤드라인이 항상 그렇듯이, 이 단계에서 영업 사원의 목표는 전혀 생각하지 못했던 관점으로 고객을 무너뜨리는 것이다. 고객을 놀라게 하고, 고객의 호기심을 유발하고, 고객이 더 듣고 싶게 하는 것이다.

이전에 말했듯이, 여기에서 영업 사원이 고객에게 들어야 하는 답변은 "맞아요, 전적으로 동감합니다! 그게 바로 지금 우리가 고민하는 것입니다!"가 아니라 "음, 전에는 이런 생각을 해본 적이 없어요."이다. 어떤 통찰을 이야기한 후 고객의 첫 번째 반응이 열정적인 동의라면, 고객은 배운 것이 아무것도 없다는 신호다. 이렇게 되면 위험한 상황이다. 물론, 고객이 여러분이 말할 때 "저도 동의합니다."라고 반응을 보여준다면 기분은 좋을 것이다. 그런데 단순히 고객이 이미 아는 문제를 명확하게 해준 것이라면 고객은 솔루션에 대해서도 이미 생각했을 가능성이 크다. 잘해 봤자 허공에다 대고 가르치는 격이다. 이렇게 하는 것은 좋은 접근법이 아니다. 이유는 다음 두 가지이다.

첫 번째로, 고유의 통찰을 제공하지 못하면 고유의 가치를 제공하지 못할 수 있다. 두 번째로, 고객이 이미 어떤 솔루션을 고려하기 시작했다면 고객을 당신의 솔루션으로 돌려 놓을 수 있는 기회를 잃어버리게 된다. 실제 상황으로 설명하자면 RFP제안 요청서보다 한발 앞서서 행동하는데 실패한 것이다. 고객의 요구를 정의하기보다는 고객의 요구에 반응하는 것이다. 상품화 경향이 가속화될수록 고객의 요구를 정의하는 것이 중요하다.

만약 고객의 비즈니스를 재구성하려고 한다면 확실하게 해야 한다. 절대로 주저해서는 안 된다. 고객을 놀라게 하고 고객이 더 많은 정보를 얻기 위해 호기심을 자극하는 능력에 전체 과정의 성패가 달렸다. 이제 5분 더 이야기할 수 있는 시간을 확보한 것이다. 그 다음은 무엇인가? 고객이 자신의 비즈니스에 대해 생각할 수 있는 다른 관점을 가르쳐 주었다면, 이제는 고객에게 왜 이 접근법이 중요한지를 보여주어야 한다.

3단계: 이성적인 몰입

이성적인 몰입은 재구성(2단계)에 고객이 시간과 주의를 기울일 가치가 있는지를 비즈니스 사례를 통해 설명하는 것이다.

어떤 문제로 인해 실제 발생하는 비용이지만 지금까지는 숨겨져 있었거나, 아니면 고객이 완전히 간과하고 있었던 기회를 자료, 그래프, 표, 차트를 통해 계량화해서 보여줄 시간이다. 이성적인 몰입은 숫자에 기반하며 왜 고객이 자신의 비즈니스에 대해서 다르게 생각해야만 하는지 근거를 마련해 주는 것이다. 그러나 이 근거를 제시할 때 고객이 마치 물에 빠진 것처럼 답답함과 당황함을 느끼도록 구성해야 한다. 마케팅 전문가들은 두려움fear, 불확실함uncertainty, 의심doubt의 앞 글자를 따서 FUD 요소라고 부른다. 만약 프레젠테이션이 잘 진행되었다면 3단계에서의 고객 반응은 "와, 우리가 이렇게 많은 돈을 낭비하고 있는지 알지 못했어요!" 또는 "이전에는 이것이 기회라고 생각하지 못했습니다. 이 기회를 잡지 못하면 아주 많은 것을 잃어버릴 거예요!"와 같이 나와야 한다.

ROI투자 수익률를 고객 앞에서 계산하려면 바로 이때가 적절하다. 그런데 여기에서 계산해야 하는 ROI가 어떤 ROI여야 하는지 생각해볼 필요가 있다. 세계적 수준의 가르치기 프레젠테이션teaching pitch을 하려면 지금 판매하려는 솔루션을 구매했을 때의 ROI를 계산해서는 안 되며 바로 전에 언급했던 고객의 문제를 해결했을 때의 ROI를 계산해야 한다. 공급사의 솔루션이 고객의 중요한 어려움을 경제적으로 해결할 수 있다는 것을 입증하기에 앞서, 그 어려움을 해결할 필요가 있다는 점을 고객에게 먼저 확신시켜야 한다.

2단계와 3단계를 한 문장으로 설명하자면, 영업 사원은 고객에게 새로운 것을 보여주고 나서 왜 그것이 중요한지 알려주어야 한다고 정리할 수 있다. 이것이 가르치기의 목표이다. 그러나 좀 더 나은 가르치기는 다른 것을 필요로 한다. 바로 감성적인 자극이다.

4단계: 감성적인 자극

감성적인 자극은 영업 사원이 들려주는 이야기에 고객이 자신을 확실하게 이입할 수 있도록 하는 것이다. 영업 사원이 설득력 있는 주장을 했는데 고객이 다 듣고 나서는 "맞아요, 무슨 말인지 알겠습니다. 그리고 많은 사람에게 설득력 있는 이야기입니다. 그런데 이게 우리한테 어떻게 적용될 수 있는지 모르겠습니다. 우리는 좀 다른 것 같습니다."라고 말하면 힘이 쭉 빠질 것이다. 즉, 고객이 진정 하고 싶은 말은 "당신이 제안하는 것에 아무 관심도 없습니다."일 것이다.

이제 어떻게 해야 하는가? "우리는 좀 다른 것 같습니다."라는 식으로 방어막을 칠 때 어떻게 다가가야 할까? 평범한 영업 사원이 어떻게 반응할지 쉽게 예상할 수 있다. 첫 번째 이용한 차트가 부족하다면 차트를 하나 더 꺼내 드는 것이다. 파워포인트 자료로 목적을 못 이루었다 싶으면 두꺼운 백서를 고객에게 보낼 것이다. 이런 유형의 반응이 일반적이다. 그런데 단순히 전달하고 싶은 것을 더 자세히 설명한다고 해서 "우리는 달라요."라는 반응을 극복할 수는 없다. 이런 식으로 접근하면 사실 엉뚱한 문제에 대한 해결책을 제시하고 있기 때문이다. 문제는 논리적인 프레젠테이션을 하는데 실패한 것에 있는 것이 아니라 감성적인 연결고리를 만들지 못한데 있다. 고객이 영업 사원이 전해준 이야기를 믿지 못하는 것이 아니라, 단지 고객 자신의 이야기라고 생각하지 않는 것이다. 당신이 이야기하는 것을 고객이 내면화하도록 추가적인 작업을 할 필요가 있다.

그러면 어떻게 내면화할 수 있을까? 당신이 하는 이야기를 고객 자신의 이야기로 만들어야 한다. 바로 이 지점이 챌린저의 스토리텔링 능력이

빛을 발하는 곳이다. 단어가 의미하듯이 감성적인 자극이란 숫자가 아니고 이야기여야 한다. 예를 들면 고객이 자신의 회사에서 벌어지는 것이라고 바로 알 수 있는 어떤 사례를 보여줌으로써 고객과 비슷한 회사가 어떻게 힘거운 과정을 겪었는지를 생생한 그림으로 그려주는 것이다.

그러므로 이야기는 이런 방식으로 전개될 수 있다. "네, 여러분이 좀 다르다는 것은 이해합니다. 그런데 다른 비슷한 회사에서 상황이 어떻게 전개되었는지 한번 보도록 하시죠." 이것이 잘 작동하려면, 그 다음에 무엇을 말하든지 간에 고객이 아주 익숙하다고 느낄 수 있어야 한다. 이것이 고객을 방문하기 전에 준비를 통해 고객에 대해 깊이 이해해야 하는 이유다.

현장에서 고객을 이해하려고 해서는 안 된다. 이때 고객이 후회하는 듯이 고개를 흔들거나, 찡그린 미소를 짓거나, 생각에 잠겨서 멀리 바라본다면 고객이 반응하고 있다는 것이다. 왜? 이런 반응을 보인다면 고객은 머릿속에서 지난주에 자신의 회사에서 실제로 일어난 것처럼 영업 사원이 말해준 것과 같은 시나리오를 재현하고 있기 때문이다. 영업 사원의 이야기에 "와, 마치 우리 회사에서 일하는 것 같아요. 우리는 항상 그걸 경험해요. 너무 힘들어요."라고 반응한다면 더할 나위 없다. 이것이 바로 "우리는 달라요."라고 방어막을 칠 때 돌파하는 방법이다. 즉, 영업 사원의 이야기에서 전달되는 고통과 고객이 회사에서 매일 경험하는 고통 사이에 감성적인 연결고리를 만드는 것이다. 이 단계를 거치고 나서도 고객이 여전히 자신은 다르다고 생각한다면, 고객을 잘못 선택했거나 적절하지 못한 이야기를 한 것이다.

그런데 당신이 하는 이야기가 성공적으로 전달되었다면 고객은 이제 자신의 비즈니스를 재구성할 수 있다. 고객은 어려움이나 기회를 자신의 것으로 생각하며 해결책을 찾기 시작한다.

5단계: 새로운 방법

5단계에 돌입하면서 영업 사원은 이제 고객에게 무엇이 문제인지 확신을 주었고, 이제 문제의 솔루션에 대해 확신시켜야 한다. 고객이 더 많은 수익을 내거나, 비용을 절감하거나, 당면한 위험을 상쇄시키는데 필요한 세부 역량을 갖추고 있는지 조목조목 검토하는 것이 이 단계에서 할 일이다. 영업 사원은 이 단계에서 자신이 어떻게 도움을 줄 수 있는지 설명하고 싶어 안달이 나겠지만, 5단계는 여전히 솔루션과 관련된 단계이지, 공급사와 관련된 단계가 아니다. 우리가 가진 솔루션으로 해결할 수 있는 문제에 대해 바로 앞의 고객이 구구절절 동의한다면 영업 사원은 해결 방안을 구체적으로 말하고 싶어 안달이 날 것이다. 많은 영업 사원이 이것을 당연히 말해야 할 것으로 생각한다. 그런데 5단계는 고객이 당신이 파는 물건을 구매하면 얼마나 도움을 받을 수 있는지 보여주는 것이 아니라, 고객이 다른 방식으로 행동하면 얼마나 긍정적인 효과가 있을지를 보여주는 단계이다. 즉, 다른 방식으로 행동하는 어떤 것이어야지 다른 방식으로 구매할 것을 여기에서 강조해서는 안 된다.

이 단계에서 서두르면 안 된다. 당신의 솔루션을 구매하기 전에 고객은 먼저 그 솔루션을 수용해야 한다. 만약 고객이 "맞습니다, 완전히 수긍이 되는 말입니다. 바로 이런 것을 우리가 해야 해요."라고 말하거나 "바로 그게 우리 회사가 지향하는 바입니다."라고 말하면 성공한 것이다. 이제 6단계로 이동할 준비가 되었고, 여기에서는 당신의 솔루션에 대해서 말할 수 있다.

6단계: 당신의 솔루션

5단계의 주안점이 고객이 다른 방식으로 행동하도록 만드는 것이라면, 6단계의 초점은 어떻게 우리의 솔루션이 고객이 다른 방식으로 행동하는데 도움을 줄 수 있는지를 보여주는 것이다. 여러 단계 중 이 마지막 단계가 가장 간단하다. 영업 사원이 입사하면서부터 배워온 것이 바로 이것이기 때문이다. 이제 5단계에서 고객이 필요하다고 동의한 솔루션을 어떻게 당신이 다른 누구보다 더 잘 제공할 수 있는지 구체적으로 설명하는 단계다. 이제 우리만 가지고 있는 고유의 역량을 찾기 위해 지금까지 투자한 노력이 빛을 발하는 순간이다. 왜냐하면, 고유한 역량이 이 단계에서는 대화의 중심적인 주제이기 때문이다. 그런데 노력 끝에 6단계까지 왔는데 쉽게 만족시킬 수 없는 RFP를 통해 거래가 진행된다면 극복할 수 없는 충격을 맛보게 될 것이다. 만약 경쟁사가 이 단계까지 활동하고 있다면 영업 사원은 자사의 고유한 역량을 발견하지 못한 것이거나, 영업 사원이 원하는 바대로 고객이 솔루션에 대해 확신하도록 하지 못했기 때문일 것이다.

그러나 만약 지금까지 단계에서 고객이 필요한 부분을 잘 충족시켰다면 그 단계들을 통해 상업적 가르치기^{commercial teaching}의 양 측면, 즉 상업적인 것과 가르치는 것을 한 번의 대화에서 잘 소화한 것이다. 즉, 고객에게 그들 자신의 비즈니스에 대해 새롭고 가치 있는 것을 가르쳤고(대화를 통해 고객이 얻고자 하는 것), 이것을 그냥 한 것이 아니라 고객이 우리의 능력이나 역량이 경쟁사보다 뛰어나다는 생각이 들도록 고객을 유도하면서 한 것이다(대화를 통해 영업 사원이 얻고자 하는 것).

이제 이전의 여섯 가지 단계 전체를 돌아보며 이 질문을 해보자. 공급사나 업체가 대화에서 처음 등장하는 부분은 어디인가? 6단계 이전에는 공급사에 대한 언급은 전혀 없었다. 영업 사원 대부분이 이해하지 못하는 점이기도 하다. 도대체 내 솔루션을 고객에게 판매하려면, 제일 먼저 내 솔루션에 대해서 이야기해야 할 것 아닌가? 그게 뭘 하는 것인지, 어떻게 다른지, 어떻게 도움을 줄 수 있는지 말이다. 맞는 말이 아닌가? 틀렸다! 이것은 제일 먼저 할 이야기가 아니라 제일 마지막에 할 이야기다. 이유는 간단하다. 고객은 내 솔루션에 전혀 관심이 없기 때문이다.

새로 디자인된 XZ-690 모델은 경쟁사 모델보다 15퍼센트 더 빨리 작동하고, 더 조용하고, 발열이 없고, 더 싸다는 것이 고객 대부분에게는 그다지 흥미로운 내용이 아니다. 고객이 이런 것에 관심을 보인다면 고객을 방문할 필요가 없다. 그냥 견적서를 보내고 전화로 주문받으면 된다. 한발 더 나가서, 그냥 인터넷에서 판매하고 영업팀을 없애 버리면 된다.

다른 한편으로, 고객을 직접 방문해서 고객의 소중한 60분을 사용한다면, 그 시간 동안 무엇을 하든지 고객이 가치 있는 시간이었다고 느끼도록 해야 한다. XZ-690 모델이 어떻게 시간과 비용을 절감할 수 있는지 검토하는 것을 고객이 가치 있다고 생각하지는 않을 것이다. 대신 고객의 비즈니스를 중심으로 생산성을 높이는데 도움을 줄 수 있는 방안에 대해서 이야기한다면 고객은 가치를 느낄 것이다.

상업적 가르치기의 모든 내용은 '고객의 눈에는 공급사의 존재 가치는 무엇을 파는 능력이 아니라 무언가를 가르치는 능력이다.'라는 전제에서 출발한다. 상업적 가르치기 관점에서 보자면 고객과의 미팅에서 대화의 중심은 공급사가 아니라 고객이어야 한다. 최고의 영업 사원은 자신의 차별적인 요소, 즉 제품, 서비스, 솔루션 등을 가지고 대화를 이끈다면 고객의 관심과 충성도를 이끌어낼 수 없다는 것을 알고 있다. 최고의 영업 미팅이란 고객에게 고객의 비즈니스에 대한 이야기를 설득력 있게 제시하고 그 후에 새로운 것을 가르치고 나서 자연스럽게 자신의 차별점으로 고객의 관심을 유도해야 한다.

신뢰를 바탕으로 진행된 가르치기 대화의 끝에서 우리의 고유한 강점을 보여줄 수 있다면, 고객이 우리의 제안에 대해 가지고 있는 관점을 완전히 바꾸어 놓을 수 있다. 하지만, 그 목적을 달성하려면 고객과의 대화가 자연스럽게 전개되도록 해야 한다. 마치 잘 짜인 각본과 같이 영업 사원이 제시하는 솔루션이 영업 사원이 진행하는 가르치기의 결과로 자연스럽게 도출되도록 해야 하며, 솔루션이 가르치기의 주제가 되어서는 안 된다. 이는 매우 큰 차이가 있다. 솔루션을 중심에 두고 대화를 진행해서는 안 되고, 솔루션으로 대화가 자연스럽게 연결되도록 해야 한다. 고객과 상호작용함으로써 나타나는 진정한 가치는 당신이 파는 제품이 아니라, 상호작용 속에서 고객에게 제공하는 통찰이다.

거울에 비춰 보기

가르치기 각본을 구성해 보면 영업 사원이 고객과의 대화를 구체적으로 되짚어 보고 개선할 수 있다. 당신의 대화는 이 과정을 잘 따르고 있는가? 솔루션을 중심에 두고 이야기하는가?, 아니면 솔루션으로 대화가 자연스럽게 연결되도록 하는가? 영업 사원들의 기존 방식과 지금 이야기한 방식을 비교할 수 있는 간단한 퀴즈가 있다. 고객을 만나러 갈 때 보통 준비해 가는 제품 소개서, 슬라이드, 성능 브로슈어를 한번 생각해 보자. 특히, 처음 4페이지나 5페이지 안에 담긴 내용을 살펴보자. 거기에 뭐가 쓰여 있는가? 대부분 다음과 같은 내용이 있을 것이다.

- 회사의 정체성(선호하는 표현으로는 '더 깨끗한 세상', '고객을 위한 서비스', '미래를 위한 혁신', '150년의 경험', '고객이 성과를 달성하도록 헌신하는 경험 많은 전문가 집단' 등이 있다.)
- 모든 기능에 대한 설명(솔루션의 기능을 구성하기 위해 시간과 돈을 투자하였다면, 고객에게 도움이 될 수 있는 모든 기능을 고객이 알아주기를 원하는 것은 당연하다. 고객을 위해 여러 가지 뛰어난 기능을 마련해 두었는데 고객이 관심을 주지 않는다면 몹시 화나는 일이다.)
- 유명한 협력 회사나 고객 목록, 특히 컬러로 된 회사 로고(당신의 회사를 신뢰해서 제품을 구매해 준 대기업의 목록을 거창하게 보여주는 것보다 신뢰감을 주는 것은 없다.)
- 전 세계에 흩어져 있는 각 사무실을 보여주는 지도(고객이 글로벌 비즈니스를 지향한다면, 어디를 가든지 도움을 줄 수 있다는 것을 보여준다.)

왠지 익숙하지 않은가? 영업 자료의 첫 번째 4페이지가 당신에 대한 것인가 아니면 고객에 대한 것인가? 아마 거의 100퍼센트가 당신 제품에 대한 것일 것이다. 대부분의 영업 사원이 고객을 솔루션으로 유도하기 보다는 솔루션에 대해서 이야기하듯이, 영업 자료나 툴도 비슷한 경향을 띠는 것이 일반적이다. 개인뿐만 아니라 조직에서도 마찬가지 현상을 발견할 수 있다.

만약 기존 영업 사원을 챌린저형 영업 사원으로 만들고 이들이 나가서 고객에게 가르치기를 원한다면, 회사에서 제일 먼저 해야 할 일은 영업 사원에게 제공하는 영업 자료를 처음부터 다시 검토하는 일이다.

잘 구성된 영업 각본 개발하기

어떻게 상업적 가르치기의 메시지를 구성할 수 있을까? 출발점은 마지막 단계인 6단계, 즉 자신의 솔루션이다. 이야기의 종착점을 알 수 없다면 설득력 있는 이야기를 구성할 수 없을 것이다. 먼저 우리 회사만 제공할 수 있는 고유한 강점에 대해서 조직 내에서 명확하게 인지하고 있어야 하며 모두가 동의하고 있어야 한다. 이러한 동의를 바탕으로, 그 강점들을 자세히 파악하면서 특히 고객들이 과소평가하고 있는 부분에 집중할 필요가 있다. 언뜻 보면 이것은 상식에 반하는 것처럼 들린다. 오히려 그 반대로 해야 하는 것 아닌가? 고객이 진정으로 가치를 인정해 주는 고유한 강점에 집중해야 하는 것이 아닌가? 이것이 마케팅의 기본이 아닌가? 물론 맞는 말이다.

고객이 이미 아는 것을 다시 확인시키는 것이 아니라 새로운 것을 가르치려 한다면, 단순히 촌철살인의 내용뿐만 아니라 고객을 깜짝 놀라게 해줄 수 있는 요소도 포함해야 한다. 새롭고 예상하지 못했던 방식으로 고객에게 놀라움을 줘야 한다. 반대로, 우리 회사가 경쟁사보다 앞서는 강점을 고객이 잘 알고 있고 여기에 가치를 부여하고 있다면, 고객에게 새로운 것을 가르칠 필요가 없을 것이다. 그냥 주문받아서 처리하기만 하면 된다. 그런데 우리 제안이 이미 알려진 가치에만 집중한다면 고객의 생각에 도전할 기회를 놓쳐 버리는 것이다.

그런데 고객은 이러한 기회를 영업 사원이 파는 어떤 제품보다도 가치 있다고 생각한다. 이미 알려진 가치만 강조하다 보면 단기적인 관점에서는 고객과 비즈니스를 할 기회를 얻을 수 있겠지만, 장기적으로는 놓쳐 버릴 가능성이 많다. 우리가 지향해야 하는 것은 고객이 자신의 비즈니스에 대해서 다른 방식으로 생각하는데 도움을 줌으로써, 결국 고객이 우리 회사에 대해서 다르게 생각하도록 하는 것이다.

먼저 6단계, 즉 당신의 솔루션이 명확해 졌다면 강력한 상업적 가르치기 대화를 구성하기 위해 다음으로 작업해야 하는 것은 2번째 단계, 즉 재구성reframe에 관련된 것이다. 가장 핵심적인 통찰, 즉 고객이 감탄할 수 있는 계기가 무엇일지 파악해야 한다. 고객이 "와, 내가 이런 방식으로 생각한 적이 없었어요."라고 고객이 말할 수 있게 하는 내용이 무엇일지 알아내야 한다.

이 핵심적인 통찰이 무엇이 될 수 있을지 알아내려면 먼저 6단계인 자신의 솔루션을 설명하기 위해 준비한 고유한 강점들에 대해서 먼저 한 번 검토해 보는 것부터 출발한다. '왜 고객들은 우리 강점들의 가치를 아직 인정하지 않을까?'라고 자신에게 물어볼 필요가 있다. 우리는 당연히 고객이 고마워할 것으로 생각하지만 실제로 고객이 그 강점들을 인정하지 않는 데는 뭔가 고객이 다른 관점을 가지고 있기 때문이 아닐까? 이 관점을 바꾸어 주어야 한다. 이를 바꾸려면 고객에게 다른 대안이 될 만한 관점을 제공할 필요가 있다(재구성). 그리고 나서 만약 고객이 그 관점을 따르면 비용을 절감하거나, 아니면 생각하는 것보다 많은 돈을 벌 수 있다고 확신을 주어야 한다. 이 작업을 하고 나면, 나머지는 2단계에서 6단계에 이르는 과정을 논리적으로 설득력 있게 만들기 위해 살을 붙이는 단순한 일들만 남아 있다.

이 과정을 한 문장으로 종합한다면 다음과 같다. '지금 고객이 생각하는 것보다 더 많은 비용을 발생시키지만 오직 우리만 해결할 수 있는 그것은 무엇일까?' 이 질문에 대한 답이 상업적 가르치기에서 핵심 중의 핵심이다.

통찰력 제조 기계 만들기

한 걸음 물러서서 지금까지 제안한 접근법이 포괄하는 범위를 보면, 이 방법론이 조직 전체와 밀접하게 연관되어 있다는 것을 알 수 있다. 물론, 챌린저형 영업 사원이 고객에게 가르치기를 수행하는 것은 맞지만, 그 대화 속에 들어 있는 내용 즉, 고유한 강점, 고객을 놀라게 하는 통찰, 잘 구성된 가르치기 각본 등을 준비하려면 조직 전체가 움직여야 한다.

많은 회사가 이 접근법을 세 가지의 요소로 단순화해서 영원사원에게 보급하고 있다. (1)고객의 생각을 완전히 뒤집는 통찰을 제공한다. (2)통찰이 줄 수 있는 효과를 구체화하고 고객 개인의 상황에 대입시킨다. (3)공급사가 통찰을 실제로 구현할 수 있는 최고의 방법을 제공할 수 있는 능력이 있다고 소개한다. 세 단계로 이루어진 이 접근법은 여섯 단계와 동일한 접근법이지만 전통적인 솔루션 영업에 익숙한 영업 사원에게 적용하기 쉽게 구성되어 있다.

이 부분에 독자는 의문을 가질 수 있다. '고유한 강점을 파악하고, 요구 사항에 따라 고객을 분류하고, 가르치기 방식의 제품 소개서를 만드는 등 개인의 영업 성과에 관련된 이야기를 하고 있는 이 책이 실제 영업 사원과 관련된 내용은 별로 다루고 있지 않은 것이 아닌가'라고 생각할 수 있다. 그러나 이 책은 개인 영업 사원과 관련된 내용을 다루는 책이 확실하며, 어떻게 영업 사원이 더 큰 성과를 낼 수 있는지를 가르쳐 주는 것이 맞다. 그런데 분명한 사실은 이런 것들을 개인 영업 사원의 손에 맡겨 두어서는 안 된다는 것이다. 이것들은 조직의 역량이지 개인의 능력은 아니다. 챌린저 영업 모델을 통해 배운 교훈 중 하나는 개인 영업 사원의 우수한 성과가 우연한 결과가 아니라 지속적인 것으로 만들기 위해서는 조직 전체가 참여하는 것이 매우 중요하다는 것이다. 우수한 영업 사원 몇 명을 제외하고는 가르치기 방식의 영업을 오래 지속적으로 할 수 없다.

영업 책임자들은 상업적 가르치기에 대해 처음 듣고 나서는 대부분이 이렇게 말한다. "영업 사원이 제품을 팔도록 만드는 데도 힘들어 죽겠는데, 이제 영업 사원이 고객을 가르치도록 하라고요? 말도 안 되는 소리 마세요!" 그런데 반드시 그런 것은 아니다. 적어도 가르치기 자체만 보면 영업 조직을 챌린저형 프로파일로 바꾸기 위해서 택해야 하는 가장 중요한 조치들은 개인 영업 사원과는 별로 연관이 없다. 반대로, 오히려 영업 사원을 지원하는 조직과 관련된 것이다. 사실, 상업적 가르치기는 지금 우리가 이러쿵저러쿵 말하는 것보다 실제로 영업 사원이 실행하기에 더 쉬울 수 있다. 상업적 가르치기가 성공하기 위해 필요한 것들을 영업 사원이 고객을 만나기 훨씬 이전에 회사에서 준비하기 때문이다.

왜 그런지 이해하기 위해서는 제품 기반 영업에서 솔루션 영업으로의 전환과 지난 5년에서 15년 사이에 대부분의 B2B 영업 조직이 솔루션 영업을 채택했다는 사실을 다시 곰곰이 생각해 보면 된다(33페이지의 그림 1.1 참고). 이 과정에서 영업 기술에 대한 요구 사항이 엄청나게 커졌다. 제품 기반 영업에서는 영업 사원의 대부분은 제품의 기능과 장점을 이용해서 영업을 했다. 솔루션 영업에서는 영업 사원이 고객을 만나자 마자 고객 개개인의 요구 사항을 다각도로 물어보고, 고객이 어떤 답변을 하더라도 아주 구체적으로 맞춤형 솔루션을 제안할 수 있어야 한다. 가장 순수한 형태의 솔루션 영업은 순간에 이루어지는 커스터마이징이다. 이것은 개인 영업 사원이 달성하기에는 아주 높은 수준이다. 전 세계의 많은 영업 조직에서 영업팀을 완전한 솔루션 영업 조직으로 전환하는 데 큰 어려움을 겪는 것은 어쩌면 당연하다.

상업적 가르치기에서는 개인 영업 사원의 커스터마이징 능력에 대한 기대 수준을 아주 낮추어도 좋다. 왜냐하면, 고객이 공급사를 만날 때 가장 중요시하는 것, 즉 공급사가 상업적인 통찰을 나누어 줄 수 있는가에 대해 공급사 조직 전체가 전적으로 이러한 통찰을 만들어 내는 것을 지원할 것이기 때문이다. 이럴 경우 영업 사원의 중요 임무가 고객의 요구 사항을 발견하는 것에서 벗어나 고객과의 대화를 진행하는 것으로 바뀔 수 있다. 조직은 영업 사원이 고객과 진행하는 대화의 틀을 먼저 정해 놓을 수 있다. 한 영업 책임자가 말했듯이 경기가 시작되기 전에 운동장에 선을 먼저 그려 놓는 것이다.

고객과의 대화가 전혀 기대하지 않은 방향으로 가거나 의도하지 않은 곳으로 떨어질 여러 가지 가능성은 여전하다. 그리고 우수 영업 사원은 시나리오에 따라 대화를 진행하는 능력이 다른 사람보다 뛰어나다는 점을 보면 개개인이 가진 기술이 여전히 매우 중요하다고 할 수 있다. 그러나 상업적 가르치기에서는 영업 사원이 고객과의 대화에서 실제로 도움을 받도록 충분한 안전판을 제공한다.

먼저, 고객의 요구 사항이 사전에 파악된다prescoped. 영업 사원은 완전한 백지 상태에서 시작하거나 고객의 요구 사항을 개별적으로 진단하지 않는다. 대부분 솔루션 공급사의 조직 내에서 고객을 정밀하게 분석하며, 그렇게 되면 영업 사원이 가장 어려워하는 작업에 대한 부담이 확실히 줄어든다.

두 번째로, 대화 내용이 처방된다prescripted. 영업 현장에서 고객과 실제로 대화하며 질문에 대답하고 예상하지 않았던 반대에 부딪히면 상황에 맞게 답변하는 것은 여전히 영업 사원이다. 그러나 고객을 처음 만났을 때 벌어질 다양한 상황을 대처할 방법이 준비되고, 각 단계에서 어떻게 진행해야 하는지를 알려줄 각본이 짜여 있다. 이를 바탕으로 영업 사원은 고객에게 제품을 설명하면서 같은 요점을 반복하기 때문에, 이 경험이 쌓이면 영업 사원은 실력이 좋아지게 되고, 시간이 지나면서 고객을 설득하는 능력이 늘어난다. 이런 관점에서 보면, 조직이 지원하는 상업적 가르치기는 영업 사원이 고객과의 자유 해답식 질문을 통해 수요 분석을 수행하는 것보다 훨씬 더 구체적이다. 영업 사원이 배우기 쉽고, 영업 매니저가 코칭하기도 쉽다.

마지막으로, 영업 사원이 고객에게 소개하는 솔루션은 먼저 규정된 다predefined. 그래서 영업 사원이 각 고객에게 적합한 솔루션을 결정해 주어야 하는 부담이 줄어들게 된다. 솔루션 공급사 내의 조직에서 먼저 자신의 강점을 파악하고 고객 분류 작업을 통해 고객이 어떤 솔루션이 필요할지 먼저 결정하기 때문이다. 챌린저 영업 모델을 도입한 어떤 회사에서는 미리 만들어진 이 솔루션을 맥도널드의 어린이 세트 메뉴에 빗대어 해피밀Happy Meal이라고 불렀다. 이 솔루션은 주문하자 마자 나오지만, 고객은 자신에 맞춰져 있다는 느낌을 받는다. 왜냐하면, 고객들의 공통된 요구 사항에 맞춰서 사전에 제작되어 있기 때문이다.

물론, 이 접근법은 제품 기반 영업처럼 간단하지는 않고 더 높은 수준의 능력이 필요하다. 그러나 영업 사원이 혼자서 고객에게 적합한 솔루션이 무엇인지 파악해야 하는 다른 전통적인 솔루션 영업이나 자문형 영업과 비교한다면 훨씬 쉽다는 것을 알 수 있다. 우수 영업 사원이라면 고객의 요구를 파악할 수 있겠지만 평범한 영업 사원이라면 고객이 필요한 솔루션이 무엇인지 파악하는데 어려움을 느낀다. 그러나 고객을 만나기 전에 조직 내에서 교육을 통해 가르치기를 전달할 준비를 충실히 했다면, 이 영업 사원은 고객과 대면했을 때 성공적으로 영업할 가능성이 커진다.

누가 이런 작업을 해야 하는가? 상업적 가르치기는 개인 스포츠 성격과 팀 스포츠 성격을 모두 가지고 있다. 개개인의 영업 사원을 챌린저형 프로파일에 맞추는 것이 성과를 내기 위해 중요한 것처럼, 상업적 가르치기의 각본에 암묵적으로 내포되어 있는 핵심 역량에 영업 및 마케팅 활동을 일치시킬 필요가 있다.

1. 자신의 회사가 제공할 수 있는 고유의 혜택을 파악하라.
2. 고객의 생각에 도전할 수 있는 상업적 통찰을 개발하라.
3. 상업적 통찰을 솔루션으로 '유도하는' 설득력 있는 메시지로 포장하라.
4. 고객에게 도전하도록 영업 사원을 준비시키라.

상업적 가르치기는 B2B 영업 및 마케팅 조직이라면 항상 품고 있었던 가장 어려운 문제 중 하나를 해결하는 구체적이고 실행 가능한 로드맵을 제공해 준다. 이 어려움이란 바로 기능적 조직이 협력하도록 하는 것이다.

대부분의 영업 책임자나 마케팅 책임자는 두 부서가 얼마나 협력이 안 되는지에 대해 많은 사례를 들려줄 수 있을 것이다. 관계가 좋다고 하더라도 대부분의 조직에서는 영업 부서와 마케팅 부서의 역할 구분 이면에는 보이지 않는 반감이 존재한다. 최악의 경우에는 이것이 노골적인 적대감으로 드러나기도 한다. 통계를 봐도 마찬가지다. 마케팅 부서가 영업 사원들이 이용하라고 만든 자료의 80퍼센트는 사용되지 않고 휴지통에 버려지며, 영업 활동의 30퍼센트는 방금 버린 마케팅 자료를 영업 사원들이 다시 만드는 데 소비되는 것이다.

대부분은 이런 불화의 근본적인 원인이 해결되지 않은 채로 유지된다. 많은 회사에서 두 부서가 우선 무엇을 같이 해야 하는지에 대한 일치된 틀을 정의하는데 실패한다. 부서가 잘 통합되지 못하고 있다는 사실을 한탄하는 중역들은 문제의 원인이 완전히 다른 곳에 있다는 것을 모르고 있다. 즉, "어떤 것을 같이 해서는 안 되는가?"라고 질문할 필요가 있다.

상업적 가르치기는 마케팅 부서와 영업 부서가 어떻게 협력할 수 있는지 로드맵을 제공한다. 이 접근법은 이상적인 회사의 운영 방안에 대한 아주 구체적인 틀을 정의해 준다. 이렇게 되면 구체적인 역할, 업무, 목표, 책임 등을 파악하는 것이 가능하다. 예를 들면 고객에게 도전하기 위해 필요한 통찰을 지속적으로 확대해 가면서 만들어낼 수 있는 툴과 전문성 그리고 시간을 갖고 있는 곳은 마케팅팀 뿐이다. 거대 통신사의 마케팅 최고 책임자가 말했듯이 마케팅팀은 통찰을 생산해 내는 기계insight generation machine의 역할을 하면서 고객을 설득할 수 있는 훌륭한 가르치기 자료를 영업 사원들에게 제공해야 한다. 한편, 영업팀에서는 영업 사원들이 지식과 기술을 배우고 코칭을 받아서, 이 통찰을 이용해 실제 영업 현장에서 설득력 있게 고객에게 도전하도록 해야 한다. 이런 식으로 마케팅팀과 영업팀이 공생 관계를 만드는 것이다.

회사가 제공하든 개인이 준비하든지 간에 영업 메시지, 홍보 자료, 영업 방식은 변하지 않는 것이 아니다. 고객의 비즈니스 환경 변화에 부합하고 갈수록 경쟁이 치열해지는 시장 환경에 적응하려면 이것들도 계속 변해야 한다. 이것은 보통 일이 아니다. 수백 개의 제품, 수십 개의 고객 범주, 다양한 영업 채널, 분기마다 변하는 고객 환경은 엄청난 도전이다. 그러므로 상업적 가르치기는 한 번의 시도에 그치는 것이 아니라 항상 준비되어 있는 역량이어야 한다. 영업 조직의 의견을 바탕으로, 회사는 자사의 마케터들이 차별점을 명확히 하고 지속적으로 새롭고 설득력 있는 가르치기 메시지를 개발할 수 있도록 이들을 교육하는 데 투자해야 한다.

팁 가르치기 메시지는 과감해야 한다

ⓘ 많은 회사가 정작 가르치기 메시지를 개발할 때 안전 모드를 선호하는 경향이 있다. 처음에는 통찰력 있고 도발적인 메시지에서 시작하지만, 조직 내부에서 많은 사람이 간섭하면서 그 메시지는 희석된다. 그래서 결국 도발이 라기보다는 제안으로 끝나 버리는 경우가 많다.

가르치기 메시지가 조직 내에서 여러 단계를 흘러가면서도 그 효력을 잃지 않으려면 닐 라컴$^{Neil\ Rackham}$과 KPMG가 개발한 안전-과감성 틀 $^{SAFE\text{-}BOLD\ Framework}$이 아주 효과적이다. 이 틀은 가르치기 메시지의 효과를 평가하기에 적합하다. 닐과 KPMG를 인용하자면, 성공적인 가르치기 메시지는 다음 네 가지 특징을 반드시 가지고 있어야 한다.

첫 번째로 아주 거대한 어떤 것이어야 한다^{big}. 만약 잘 전달된다면 고객에게는 일반적인 아이디어보다도 거대하고 포괄적으로 보일 것이다. 두 번째로 이 메시지는 혁신적이어야 한다^{innovative}. 새롭고 때로는 검증받지 않은 독특한 방법으로 한계를 넘어 밀어붙여야 한다. 세 번째로 이것은 위험한 것이어야 한다^{risky}. 대담한 아이디어를 제시한다는 것은 우리 회사나 고객이 새로운 아이디어를 수용하면서 큰 위험을 무릅쓰도록 요구한다는 의미다. 마지막으로, 어려운 것이어야 한다^{difficult}. 아이디어 자체는 실행하기에 어려운 것이어야 한다. 규모, 불확실성, 정치적인 요소 등으로 인해 실행하기 어려운 것이 아니라면, 왜 고객이 이 문제들을 해결하기 위해 당신이 제공하는 솔루션을 이용하려고 하겠는가?

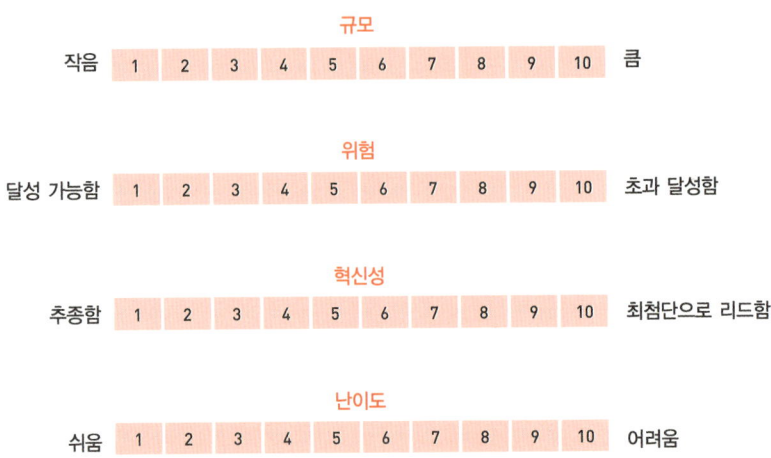

출처 : KPMG, Neil Rackham

그림 5.2 안전 과감성 틀

이 안전-과감성 틀은 앞의 네 가지 차원에서 가르치기 메시지를 평가할 수 있는 간단한 도구이다. 최고의 아이디어는 위 틀의 오른쪽으로 치우친 좋은 점수를 받을 것이다. 최고의 아이디어는 거대하고, 어렵지만 큰 보상이 따를 것 같고, 혁신성의 관점에서 보자면 최신의 것이고, 고객이 실행하기에는 어려운 것들이다. 이러한 과감성의 반대 쪽에는 안전을 중시하는 아이디어들이 있다. 이것들은 규모가 작고, 큰 보상은 없지만 쉽게 이룰 수 있을 것 같고, 미래지향적이고 혁신적이 라기보다는 다른 것들을 추종하는 것들이며, 쉽게 실행해 옮길 수 있는 것처럼 보인다.

닐과 KPMG가 이 틀을 이용한 방식은 다음과 같다. 먼저 KPMG에서 한 그룹의 고객 컨설턴트들이 고객에게 이용할 영업 메시지 하나를 이용해 브레인스토밍을 한 후, 내부 동료 앞에서 발표한다. 그리고 내부 동료가 그 영업 메시지를 안전-과감성 틀을 이용해서 평가하도록 했다. KPMG에 따르면 이러한 평가 방식은 이제 조직 내부에 잘 정착되어서 컨설턴트들이 동료가 메시지를 희석시키거나 고객에게 전달하는 메시지가 너무 안전 지향적이지 않도록 서로 주의를 주는 데 이용되고 있다.

관계중심형 사람들은 영업직뿐 아니라 모든 부서에 있을 수 있다. 예를 들어 마케팅이나 홍보를 담당하는 관계중심형 고위 임원은 고객과 불필요하게 마찰하는 것을 피하거나 고객이 불쾌하지 않도록 메시지를 좀 부드럽게 하려고 할 가능성이 크다.

이런 관계중심형 사람들이 괜찮은 영업 메시지를 망치는 전형적인 방법이 있는데, 회사를 소개하는 내용을 프레젠테이션 뒷부분에서 앞부분으로 옮기는 것이다. 관계중심형 사람들은 회사의 크기와 역사 아니면 들어서 알 만한 중요 고객들의 이름을 먼저 언급해서 고객에게 신뢰를 심어 줄 필요가 있다고 생각한다. 이들은 통찰을 통해 대화를 이끌고 통찰을 통해 신뢰를 쌓는 것이 왠지 불편하다.

다른 사람들이 잠시라도 한눈을 팔면, 관계중심형 사람들은 전기톱을 가지고 챌린저가 만들어 놓은 아주 날카로운 논리를 깎아 내서 아이디어를 뭉툭하게 만들어 놓는다. 그러면서 원래 무슨 의도였는지 알지 못할 정도로 아이디어를 희석시켜서 자신이 안전한 아이디어라고 판단한 후에야 안심할 것이다.

그러나 고객의 마음을 어느 정도 휘저어 놓는 것이 챌린저 영업 모델의 핵심이다. 도발적이고, 도전하고 그래서 고객이 뭔가 다르다고 느끼게 해야 한다. 그 날카로움이 없다면 다른 사람들과 차별화되지 않는다. 관계중심형 영업 사원은 긴장을 줄이거나 없애려고 노력하는 반면, 챌린저는 긴장을 건설적으로 이용할 줄 안다는 사실을 기억하자.

상업적 가르치기가 실제 상황에서는 어떤 형태로 나타날까? 지금까지 이 접근법에 대한 이론을 다루었다면 이제는 두 회사의 실제 사례를 한

번 살펴보도록 하자. 두 회사는 그레인저$^{W.\ W.\ Grainger}$사와 ADP 딜러 서비스$^{ADP\ Dealer\ Service}$이다.

상업적 가르치기 사례 연구 1:
그레인저사의 계획되지 않은 것을 계획하는 것의 힘

그레인저$^{W.\ W.\ Grainger}$사는 일리노이 주의 레이크 포레스트$^{Lake\ Forest}$에 본사를 두고 있으며 70억 달러의 소모성 자재 구매 대행업, 즉 MRO$^{Maintenance\ Repair\ Operation}$에 종사하고 있다. 이 회사는 미국과 캐나다에 걸쳐 약 200만여 고객사에 소모성 자재를 납품하고 있다. 그레인저사는 고객이 건물, 공장, 사무실을 안전하고 효율적으로 운용하는 데 필요한 다양한 기자재를 제공하는 원스톱숍이라고 생각하면 된다. 당연히 이 회사는 수십 만 개의 다양한 제품을 재고로 보유하고 있다가, 수많은 대리점, 온라인 쇼핑몰, 또는 그레인저 제품 카탈로그를 통해 고객에게 판매한다. 이 카탈로그에는 공구, 펌프, 안전 용구, 전자 기기, 청소 용구 등 다양한 종류의 제품들이 포함되어 있다. 매출의 많은 부분은 내근직과 외근직 영업 사원들이 고객과 직접 체결한 장기 계약을 통해 발생한다.

그레인저사의 제품 포트폴리오가 고객의 다양한 요구 사항을 충족시키는데 아주 강력한 효력을 발휘하는 반면에, 제품의 종류가 워낙 많다 보니 오히려 구매자들이 위압감을 느끼기도 한다. 선택의 종류가 많다 보니 구매자들은 과거의 구매 패턴이나 일회성 요구에 맞춰 수동적으로 구매하게 되었다. 즉, 대기업은 MRO 제품 구매 비용이 금방 수천만 달러가 될 수 있지만, 고객은 그레인저사와 미팅을 하면서 어떻게 하면 이 비용을 현명하게 관리할지에 대해서 진지하게 검토하지 않았다. 많은 고객의 눈에는 그냥 해머, 장갑, 전등, 펌프, 발전기였지 어떤 전략적인 구매의 대상이 아니었다. 고객은 '이런 것들에 대해서 걱정하면서 시간을 보내기 보다는 더 중요한 일들이 있어.'라고 생각한다. 그레인저사에게 이런 생각이 어떤 결과를 미치는가? 시간이 지나면서 많은 고객은 그레인저사를 전략적인 파트너라기보다는 그냥 단순 구매 파트너로 생각하게 되었다. 해머가 필요한가? 그러면 그레인저사에게 물어봐? 펌프가 필요해? 그레인저사에게 물어봐? 어떻게 효과적으로 경쟁할지 조언을 구하려면 누구한테 물어봐야 할까? 글쎄, 고객들은 좋은 제품을 좋은 가격에 구매하는 데 도움을 받을 수 있는 것 외에 그레인저사에게서 특별한 것을 기대하지 않았다. 그래서 고객들은 계약을 갱신할 때면 가격에 대해서만 이야기하려고 했다.

고객들이 좋은 제품을 좋은 가격에 제공하는 회사로 기억하는 것이 도대체 무슨 문제냐고 말할 수 있을 것이다. 그런데 비즈니스의 최종 목적이 고객에게 더 포괄적이고 더 전략적인 솔루션을 제공해서 고객과 깊은 관계를 맺는 것이라면 이 업종은 결코 쉬운 업종이 아니다. 고객들이 상대적으로 중요하지 않은 제품을 제공하는 그저 그런 회사라고 생각하면 이 회사는 자체 성장organic growth을 이끌어 내거나 고객과의 관계를 심화시키기가 어렵다. 결국, 고객사의 건물 관리팀과 주로 거래를 하거나, 더 나쁜 경우에는 구매 부서와 거래해야 한다. 구매 부서가 개입하게 되면 장기적인 가치 창출보다는 단기적인 가격을 가지고 옥신각신해야 하는 상황이 벌어진다.

그레인저사는 이런 문제를 안고 있었던 것이다. 그레인저사의 부사장이자 브랜드 총괄 매니저인 Deb Oler가 말한 것처럼, 어떤 회사가 고객에게 진정한 솔루션 제공자로 인식되려면 고객이 이 회사에 대해서 생각하는 관점을 바꾸어야 한다. 그레인저사는 단순히 더 많은 해머를 팔 수 있느냐가 아니라, 어떻게 비용을 절감함으로써 이익을 높일 수 있는지를 설득력 있게 제시해야 한다.

이 문제를 해결하기 위해서는 그레인저사는 이보다 더 큰 문제를 해결해야 했다. 더 큰 문제는 고객들이 그레인저사를 전략적인 대상으로 생각하지 않는 것이 아니라 MRO 제품의 구매 비용을 전략적인 대상으로 전혀 생각하지 않는 것이었다. 고객들이 이 회사를 그다지 중요하지 않은 소모품을 다루는 회사로 생각하는데, 어떻게 전략적인 파트너로 인식할 수 있을까?

그레인저사는 고객들이 그레인저사에 대한 고정 관념을 바꾸기 전에, 먼저 고객들이 고객 자신에 대해 가지고 있는 생각을 바꾸어야 했다. MRO 제품 구매에 매년 지불하는 수백만 달러가 큰 투자일 뿐 아니라 더 중요한 것은 잘 관리한다면 수백만 달러를 절약할 수 있다는 것을 보여 주어야 했다. 실제로, 그레인저사는 수년간 고객의 구매 패턴을 분석한 후, 대부분의 회사는 MRO 제품을 매주 비효율적으로 구매하고 있으며, 이로 인해 수백만 달러가 허비되고 있으며, 고객들은 이것을 어떻게 절약할 수 있을지에 대해서 전혀 생각이 없다는 점을 알아냈다. 다른 말로 하면, 그레인저사는 고객들에게 그들의 비즈니스에 대해서 새로운 것을 가르칠 수 있는 기회를 발견한 것이다. 즉, MRO 제품의 구매 비용에 대해서 다시 생각해 보면 해머보다 중요한 것에 쓸 수 있는 엄청난 현금을 확보할 수 있는 방법이 있다는 것을 알게 되었다. 이것은 상당히 중요한 통찰이다.

그러나 상업적 가르치기의 관점에서는 이 이야기만으로는 충분하지 않았다. 고객에게 MRO 제품의 구매에 대해서 생각을 바꿈으로써 어떻게 하면 수백만 달러를 절약할 수 있는지 가르치기 이전에, 그레인저사는 이 통찰을 통해 고객이 수많은 다른 MRO 공급사가 아니라 그레인저사를 자연스럽게 선택하도록 해야 했다. 그러기 위해서 Deb와 브랜드팀은 먼저 '왜 우리 고객이 다른 회사가 아니라 우리 회사에서 구매를 해야 하는가?'라는 단순하다고 생각했던 질문에 먼저 대답해야 했다. 그런데 이 질문은 생각했던 것처럼 쉽게 답할 수 있는 것이 아니었다. Deb에 따르면, 이때 한 직원이 그레인저사의 엄청나게 많은 제품군이 진정한 차별점일 것이라고 제안했다. Deb는 이 직원에게 "그렇다면 우리 경쟁사들은 우리 회사처럼 다양한 제품군을 가지고 있지 않은 가요?"라고 물었다.

이 직원의 대답은 "적어도 우리가 제품을 제공하는 몇몇 카테고리에서는 우리만큼 다양한 제품을 제공하는 회사가 있습니다."이었다.

"그러면 이건 차별점이 될 수 없어요. 다른 게 뭐가 있을까요?", "글쎄요. 우리는 전 지역에 걸쳐서 판매점을 보유하고 있습니다. 고객이 어디에 있든지 그레인저 지점을 찾을 수 있지요."

"그러면 다른 회사의 소매 할인점을 이용하면 고객이 필요한 MRO 제품을 쉽게 구매하지 못하나요?" Deb가 다시 물었다. "아니요, 지점을 가진 회사들도 있습니다."

"그러면 이것도 차별점이 될 수 없어요. 그러면 다른 뭐가 있을까요?" 이들은 그레인저사를 다른 회사들과 차별화할 수 있는 역량을 찾는데 생각을 모았다. 솔직히 말해서 이것을 찾는 것은 대부분의 팀원이 생각했던 것보다 훨씬 더 어려운 것으로 드러났다. Deb는 말했다. "잠깐 우리는 미궁에 빠졌다. 결국, 우리가 다른 회사들보다 나았던 것은 무엇인가? 우리가 진정 차별성이 있었던가?"

대부분의 회사에게 이것은 어려운 질문이다. 진정으로 경쟁사와 차별되는 우리만의 역량은 무엇이 있는지 곰곰 생각해 보자. 그런데 혁신적, 고객 중심, 솔루션 지향, 마켓 리더, 우수한 직원, 신뢰성, 긴 역사 등을 제외해 놓고 보면, 어떤 회사의 경영진이라도 그레인저사와 마찬가지로 미궁에 빠질 것이다. 이제 본격적으로 오직 우리 회사만 제공할 수 있는 진정한 역량들이 무엇인지 찾아보는 노력을 시작해야 한다. 그레인저사의 경우에는 고객 인터뷰, 시장 조사, 고객의 지출 경향에 대한 자세한 자료 분석, 회사의 여러 부서가 모여 시행한 브레인스토밍을 통해 고객이 그레인저사에 대해 어떤 인식을 가지고 있는지 가능한 완벽한 그림을 그리려고 노력했고, 결국 강점에 대한 아주 명확한 정의를 내릴 수 있었다.

이 모든 노력을 통해 그레인저사는 고객들의 MRO 구매에 대한 두 가지 결론을 내릴 수 있었다. 첫 번째로, 대부분의 회사가 매년 MRO 제품을 구매하는데 너무 많은 돈을 쓰고 있는데, 이것은 어떤 구매 패턴이 돈을 낭비하는지 알지 못하기 때문이었다. 두 번째로, 다른 MRO 공급사들도 다양한 제품과 쉽게 접근할 수 있는 소매점을 운영하고 있기는 하지만, 그레인저사만이 이 두 가지를 대규모로 제공할 수 있었다. 이것은, 그레인저사와 파트너십을 맺은 고객들은 불필요하거나 예비적인 MRO 제품의 구매를 제기함으로써 낭비를 줄일 수 있다는 것을 의미했다. 고객사가 무엇을 필요로 하든지, 어디서 필요로 하든지, 그리고 필요할 때마다 그레인저사가 제공할 수 있기 때문에 고객사는 만일의 경우를 대비해 MRO 제품을 미리 구매해 놓을 필요가 없다. 즉, 그레인저사만 차별적으로 제공할 수 있는 역량의 조합combination이 고객의 운영 자금을 놀라울 정도로 늘려 주는 데 도움을 줄 수 있다. 바로 이점이 고객이 그레인저사를 단순 구매 파트너에서 전략적 파트너로 인식을 전환할 수 있는 기회를 제공했다.

이러한 통찰을 바탕으로 '계획되지 않은 것을 계획하는 것의 효과'라는 대화 각본을 만들었고, 이것은 높은 수준의 상업적 가르치기가 어떠해야 하는지를 보여주는 좋은 사례다. 이런 대화 각본은 단지 우수한 챌린저형 영업 사원뿐 아니라 평범한 영업 사원도 상업적 가르치기를 잘 수행할 수 있도록 회사가 일선 영업 사원에게 제공하면 유용할 내용으로 구성되어 있다. 사실, 그레인저사의 영업 사원들은 '계획되지 않은 것을 계획하는 것의 효과'라는 자료를 고객을 방문할 때마다 가지고 갔다. 영업 사원들은 이 자료가 그레인저사를 차별화시키는 가치 제안의 핵심이라는 사실을 명확히 알고 있었기 때문이다.

그레인저사에서 대화의 목적은 고객이 그레인저사에 대해서 생각하는 관점을 바꾸는 것이다. 그러나 목적을 이루려면 영업 사원은 먼저 고객이 가지고 있는 자사의 MRO 비용 지출에 대한 관점을 바꾸어 줄 필요가 있다. 바로 이 목적에 맞추어 대화는 시작되어야 한다. 즉, 그레인저사의 역량에 대한 것이 아니라 고객의 MRO 비용 지출에 초점을 맞추어 대화가 시작되어야 한다.

이제 당연히 그레인저사의 영업 사원들은 MRO 비용 지출에 대한 다른 관점을 통해 고객이 어떻게 돈을 절약할 수 있는지에 대한 통찰을 공유하고 싶다고 말하면서 약속을 잡기 시작했다. 실제로 고객을 방문할 때 영업사원들이 준비했던 다음 어젠다를 한번 보자.

우리가 여러분과 공유하고자 하는 것은?

- MRO 제품 구매에 관한 시장 조사
- 계획되지 않은 구매가 만들어 내는 비즈니스적 어려움과 수익성에 미치는 영향
  - 재고
  - 생산성
  - 서비스 갭
- 이러한 어려움에 대한 그레인저사의 솔루션

GRAINGER

처음부터 모든 것은 고객에게 초점이 맞춰져 있다. 고객은 자신의 비즈니스에 대해서 이야기하고 싶어하지 당신의 솔루션에 대해서 이야기하고 싶어하지 않는다는 것을 기억하자. 바로 이것이 그레인저사가 미팅을 준비하는 방식이다. 무엇보다도 어젠다가 고객이 무엇을 얻을^{get} 수 있는가를 다룰 수 있도록 실정되어야 하며, 우리가 무엇을 줄^{give} 수 있는가를 설명하는데 초점을 맞추어서는 안 된다. 그레인저사는 고객에게 "여러분의 비

즈니스에 대해서 현명한 판단을 하는데 도움을 주기 위해서 여기에 왔습니다."라고 말하는 것이다. 이것이 기본 전제이다. 이 전제가 잘 설정되면, 출발할 준비가 된 것이다. 첫 번째 단계는 분위기 조성이다.

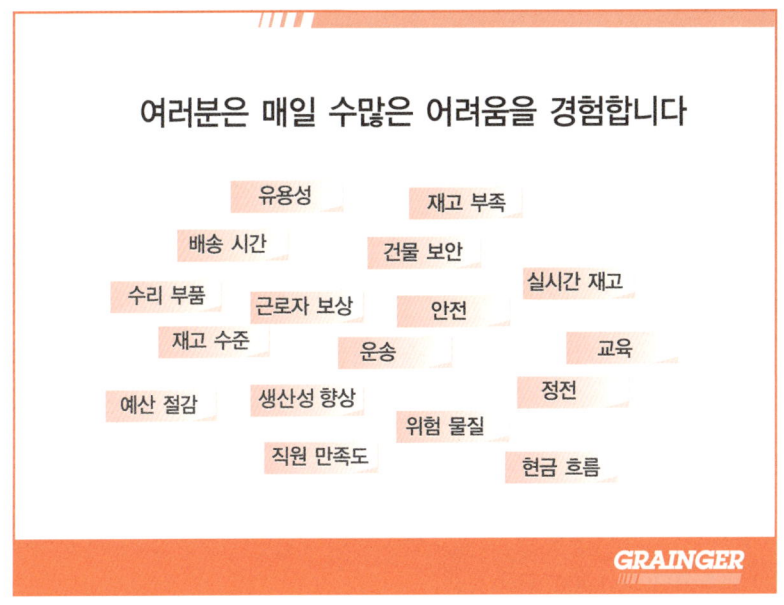

분위기 조성은 고객이 경험하는 어려움을 이야기하면서 시작한다. 아마도 이런 식으로 시작할 것이다. "저희는 여러분이 매일 많은 어려움에 직면하고 있다는 것을 알고 있습니다. 예를 들어, 생산 라인의 문제, 직원의 상여금, 관리 및 안전 문제, 특히 비즈니스에 큰 문제를 일으킬 수 있는 어려움들도 있습니다." 몇 가지 이슈를 검토하고 다른 회사의 몇 가지 일반적인 상황을 이야기한 후, 이제 영업 사원은 고객에게 특히 절박한 한두 개의

문제가 무엇인지 한번 선택해 보라고 이야기한다.

이렇게 함으로써 고객은 대화에 바로 몰입하게 되며, 그레인저사가 다른 회사들에서 관찰한 어려움을 바탕으로 고객 자신의 어려움에 대해서 이야기하게 된다. 그레인저사는 이 한 페이지의 대화 각본을 가지고 놀라울 정도로 충실하고 의미 있는 대화를 이끌 수 있다는 사실을 발견했다. 이것은 고객의 요구 사항을 발견하기 위한 자유 해답식 질문을 하는 것으로 대화를 진행하기보다는, 고객의 필요 사항에 대한 가정을 바탕으로 대화를 진행하기 때문이다.

만약 이런 식의 대화가 잘 전개된다면, 이런 미팅은 고객 앞에서의 영업 프레젠테이션이라기보다는 마치 동료끼리 같은 어려움을 고민하는 장면처럼 보일 것이다. 그렇다면 공통의 경험을 통해 하나의 연결 고리가 생겨난 것이며, 이제 본격적인 대화를 시작하기에 앞서 최상의 조건이 갖춰진 것이다. 그레인저사의 영업 사원은 이 지점에서 연결 고리를 만들기는 했지만, 고객에게 무언가를 가르치지는 않았다. 이 가르치기가 두 번째 단계인 재구성의 단계에서 일어난다.

MRO 비용 지출에 대한 고객의 관점을 바꾸기 위해서 그레인저사는 지출을 공구, 안전 장비, 전열 기구, 청소 도구 등의 몇 가지 큰 카테고리로 나누었다. 회사 규모에 따라 다르겠지만 대기업에서는 이 카테고리 하나에만 지출하는 비용이 수십만 달러 이상이 될 수 있다. 고객은 이런 상황에 아주 익숙하다.

그러나 고객은 이 상황을 새로운 관점에서 보는 데는 익숙하지 않았다. 상대적으로 단순한 그래프를 이용하여 영업 사원은 고객의 관심을 개별 제품 카테고리에서 전체 구매 전략으로 옮겼다. 즉, 무엇을 구매하는 가에서 어떻게 구매하는 가로 옮긴 것이다.

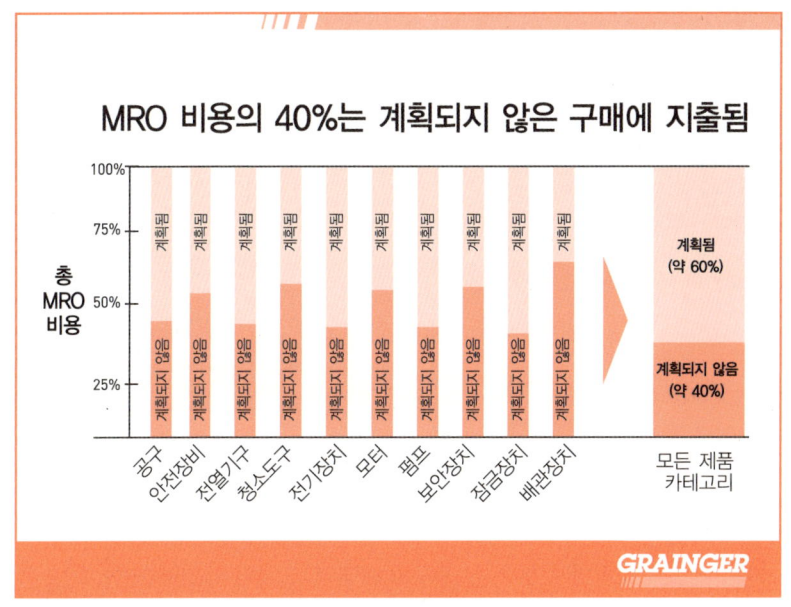

그레인저사의 영업 사원은 계획된planned 구매품과 계획되지 않은unplanned 구매품에 대한 아이디어를 소개하면서 고객의 관심을 전환할 수 있었다.

"계획된 구매품은 자주 구매하는 제품이나 부품을 말하며, 이런 제품들은 보통 주기적으로 구매하고 예산을 확보해 놓습니다. 반면, 계획되지 않은 구매품은 당장 필요할 때 구매하는 제품이나 수리 부품을 말합니다. 그리고 대부분은 예측하지 못한 수요나 문제로 인한 구매입니다." 이 구분이 중요한 이유는 계획되지 않은 MRO 비용 지출, 예를 들면 보기에는 일회성 구매인 것처럼 보이는 해머 하나를 더 구매하거나 펌프 하나를 교체하는 것이 모이면 한 해에 엄청난 비용이 될 수 있고 한 회사에 전략적으로 중요한 결과를 낳을 수 있다는 사실을 많은 회사가 인지하지 못하기 때문이다.

그레인저사의 연구에 의하면 일반적인 회사에서 MRO 비용 지출의 40퍼센트는 계획되지 않은 구매에 지출한 것이다. 그렇다면, 각 카테고리의 계획되지 않은 MRO 비용 지출을 모두 합한다면 어떤 개별 제품 카테고리에 대한 지출보다도 클 것이다. 즉, 회사가 수백만 달러를 당장 필요한 일회성 구매에 지출하고 있는 것이다.

아직 영업 사원은 왜 이 구분이 고객에게 중요한지에 대한 근거를 제시한 것은 아니다. 이것은 다음에 제공될 것이다. 그러나 영업 사원은 적어도 고객의 관심은 자극했다. 고객은 더 듣고 싶은 호기심을 느낄 것이다. 사실 영업 사원이 지금 고객에게 말한 것은 두 번째로 가장 큰 MRO 비용 지출 카테고리, 즉 계획되지 않은 구매품에 대해서 고객이 이전에는 한 번도 검토해 볼 생각을 하지 않았다는 사실이다.

이제 고객은 자신의 비즈니스에 어떤 의미가 있는지 알고 싶어 한다. 재구성이 잘 진행되었는지 확인할 수 있는 테스트로 고객이 "음, 이전에는 이렇게 생각해 본 적이 없어."라고 말하는가 그렇지 않은 가라는 것임을 상기해 보면 된다. 무엇을 살 것인가에서 어떻게 살 것인가로 고객의 관점이 바뀐다면 잘 진행된 재구성의 좋은 사례가 될 것이다.

이제 영업 사원은 이 구분이 자신의 비즈니스에 중요한지 설득력 있는 근거를 제시할 준비가 되었다. 이제 3단계인 이성적인 몰입$^{\text{rational drowning}}$ 차례다.

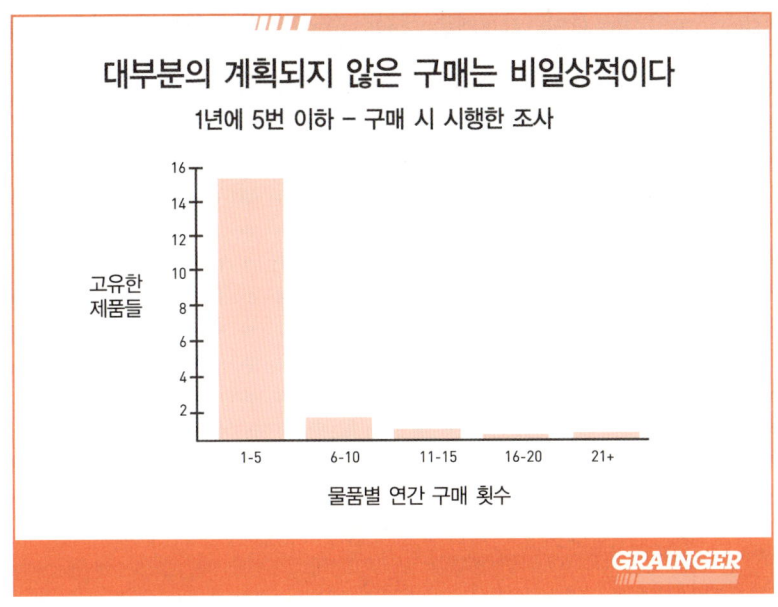

　수년에 걸친 고객 지출 자료를 분석한 자료를 이용해 그레인저사는 계획되지 않은 구매품에서 자주 간과되는 실제 비용에 대해 이야기하는데 대여섯 개의 슬라이드를 할애한다. "사실 여러분이 생각하는 것보다 더 나쁜 상황일수 있습니다. 여러분이 구매한 것 중 많은 것이 계획되지 않은 것일 뿐 아니라 드물게 구매하는 것입니다. 대부분 한번 구매하는 것입니다. 그런데 이렇게 한번씩 구매할 때마다 추가로 시간, 노력, 인력, 비용이 투여되는 것이지요."

　이것이 바로 그레인저사가 자사의 전문성을 이용해서 고객의 비즈니스에 대해 고객을 가르치는 방식이다. 고객에게 이것은 매우 중요한 통찰이다. 그레인저사에게 이것은 고객의 관심을 행동으로 옮길 수 있는 효과적인 도구이기도 하다. 이전에는 생각하지 못했던 문제에 대해서 고객이 불편함을 느끼게 만드는 이성적인rational 비즈니스 사례를 제시함으로써 행동을 유발할 수 있다. 어떤 고객과 오랫동안 관계를 유지했다면, 담당 영업사원이 고객사와 같이 과거 구매 이력을 검토해 보면 설득력 있는 주장을 펼칠 수 있을 것이다. 자기 회사의 자료를 직접 본다면 우리 회사는 상황이 다르다고 말하지 못할 것이다.

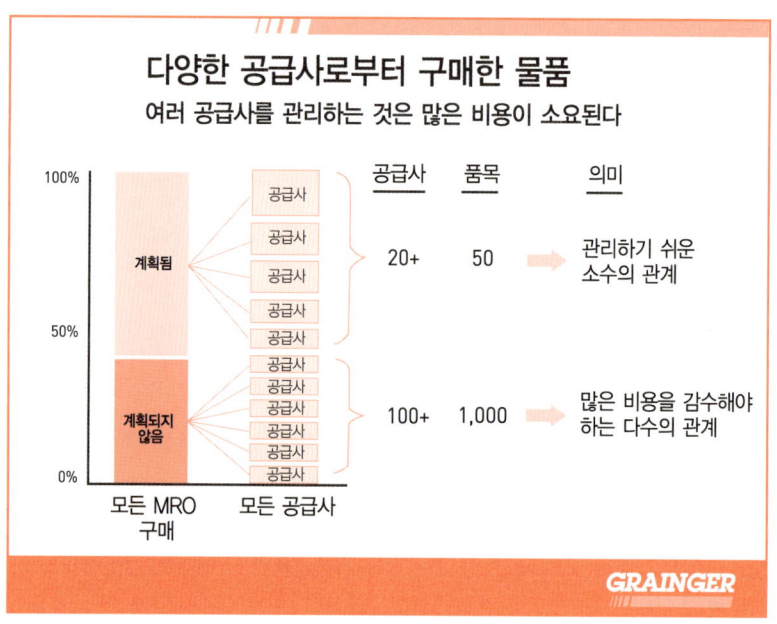

그렇다면 이런 계획되지 않은 구매는 어떤 영향을 미쳤을까? 그 결과는 엄청났다. 대부분의 회사가 소수의 공급사를 통해 계획된 구매를 하고 있지만, 계획되지 않은 구매에는 수백 개의 공급사와 거래하고 있었다. 이

것은 각각의 품목에 대해 지금 당장 배달해줄 수 있는 공급사면 가리지 않고 거래를 해왔기 때문이다. 40퍼센트의 MRO 비용 지출이 여러 공급사를 통해 진행되면 비용은 증가할 수밖에 없다. 이것은 비용을 절감할 특별한 방법이 없기 때문이다. 각각의 품목은 당장 필요하기 때문에 온전한 소매 가격을 다 주고 구매하게 된다.

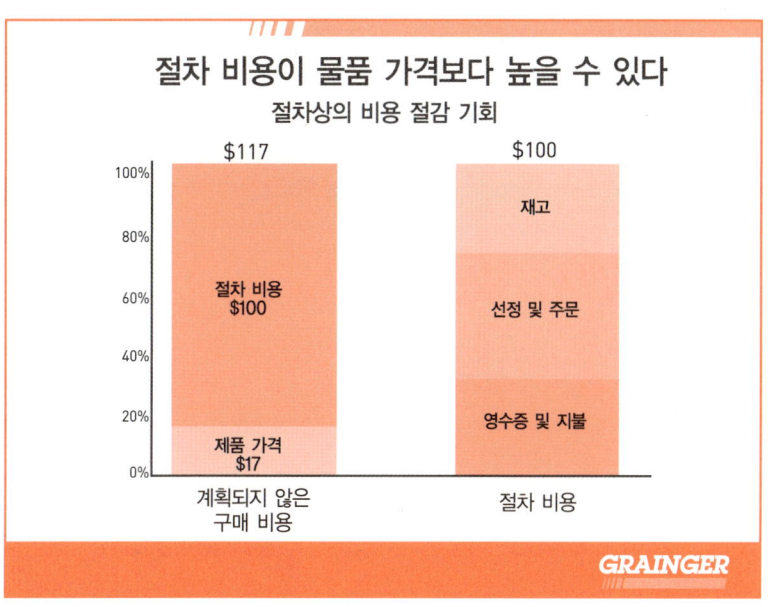

계획하지 않은 구매를 할 때 발생하는 진정한 비용은 계획하지 않은 어떤 제품을 구매할 때 발생하는 절차 비용으로 인한 것이다. 부품을 찾고, 송장을 만들고, 공급사에 전화를 하고, 주문을 진행하고, 재고를 정리하고, 문서를 작성하고, 구매에 대해 지불을 하려면 시간이 필요하다. 단 하나의 계

획되지 않은 구매를 하기 위해서는 회사 내의 5명에서 10명의 다른 직원들이 관여해야 한다. 또한, 단 하나의 구매 행위는 구매에 필요한 모든 시간, 노력, 문서, 인력을 합하면 엄청난 양의 보이지 않는 비용을 발생시켰다. 많은 경우 계획되지 않은 제품 하나를 구매하는 바로 그 행동 자체가 제품보다 훨씬 더 비싼 것으로 드러났다.

이쯤 되면 고객은 계획되지 않은 구매에 대해 어느 정도 불편한 감정을 느낄 가능성이 크다. 회사에서 매일 계획되지 않은 구매가 일어났지만, 고객은 이런 관점에서는 전혀 생각해 보지 않았다. 고객은 "대단하군. 저번 주에 17달러를 주고 산 해머가 실제로는 117달러였군. 여기에다 내가 관리하는 MRO 비용 지출의 40퍼센트를 곱하면 얼마나 될까? 그러고도 내가 아직 이 자리를 지키고 있다는 게 신기할 정도네!"라고 생각할 것이다. 이런 논증은 고객에게 충격을 줄 목적으로 만들어진다. 감정적인 반응을 일으키기 위해 고안된 이성적인 논증이다.

고객이 이 지점에서 여전히 자신의 문제에 대해서 회의적일 경우를 대비해서, 그레인저사는 하나를 더 준비했다. 이제 대화는 4단계인 감성적인 자극emotional impact의 단계로 이동한다. 영업 사원은 그 문제를 고객의 개인적인 문제로 만든다.

고객이 그레인저사가 전달하는 이야기가 진정 자신의 이야기라고 확실하게 느끼도록 하기 위해 그레인저사는 고통 체인pain chain이라고 부르는 슬라이드 하나를 사용한다. 이 슬라이드는 급하게 대체해야 하는 중요한 부품에 문제가 있으면 대부분의 회사가 어떻게 반응하는지 그림으로 보여준다.

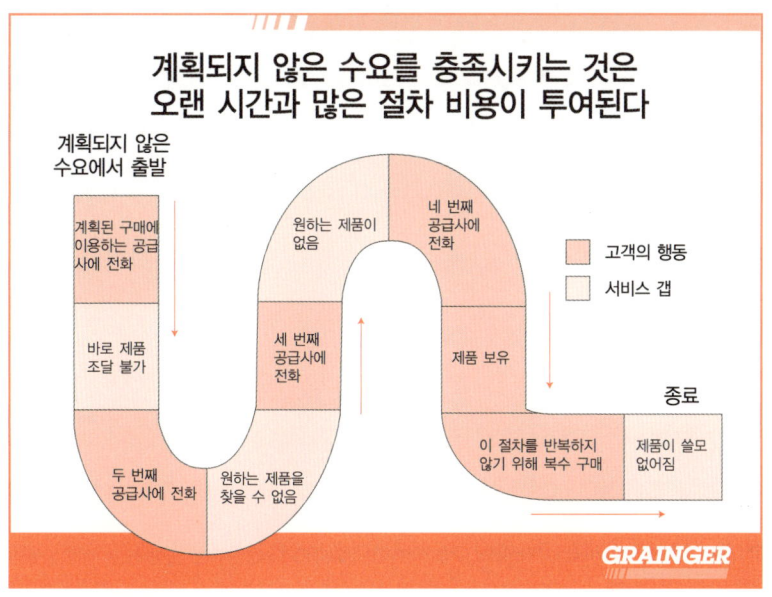

사장실에 있는 20년 된 에어컨에 사용되는 코일 하나가 아주 더운 여름날 부러졌는데, 이 부품이 매우 구하기가 어려운 것이라고 가정해 보자. 몹시 더운 날이고 사장실에 문제가 생겼다. 직원들은 빨리 에어컨을 고쳐야 한다. 무엇을 해야 할까?

아마 담당 직원이 제일 먼저 할 일은 계획된 구매를 할 때 이용하는 거래처에 당장 전화하는 것이다. 물론 그 회사는 도와주려고 할 것이다. 그런데 20분 동안 전화를 끊지 않고 기다리고 나서 듣는 답변은 부품이 방금 동나 버렸으며 적어도 2주는 지나야 부품을 제공해줄 수 있다는 내용이었다. 이제 이 직원은 과거에 한두 번 거래했던 거래처에 전화해 보지만, 이 업체들은 그 부품을 아예 가지고 있지 않다. 세 번째 거래처에 전화했더니, 역시

20분 동안 기다린 끝에 돌아온 답변은 원래 재고로 두 개를 가지고 있어야 하는데 창고에서 그 부품을 찾을 수 없다는 것이었다. 이제 이 직원은 답답해지기 시작한다. 두 시간 동안 전화기를 붙잡고 있었는데 결국 지금 땀을 뻘뻘 흘리면서 짜증내기 시작하는 사장에게 전해줄 답변은 나쁜 소식뿐이다.

절박해진 담당 직원은 이제 시 외곽에 있는 네 번째이자 마지막 거래처에 전화한다. 이 거래처는 도시 반대편에 있지만, 이제 거리는 문제가 아니다. 다행히도 이 회사가 부품을 가지고 있다. 생산 라인에서 두 명을 급히 빼서 급히 만든 서류를 손에 쥐어 주면서 러시아워로 차가 밀리는 도시를 가로질러 부품을 가지러 보낸다. 한 시간 반 후에 직원들이 거래처에 도착한 후 전화를 해서는 "여기에 그 부품이 세 개 있는데, 만일의 경우를 대비해서 두 개를 사야 하지 않을까요?"라고 말한다. 담당 직원은 당연히 이런 상황을 다시 경험하고 싶지 않다. 그래서 직원들에게 "세 개 모두 사고 가능한 한 빨리 돌아오세요!"라고 말한다.

부품 한 개를 이용해서 에어컨을 고치고, 나머지 두 개는 창고 뒤쪽의 보관함에 보관한다. 그런데 이런 보관함에 들어간 부품들은 그냥 먼지만 쌓이기 일쑤이기 때문에 그레인저사는 이런 보관함을 '부품 고아원'이라고 부른다. 아마 3년 동안 이 부품을 다시 찾을 일은 없을 것이다. 그리고 다음에 이 부품이 필요할 때쯤 되어서는 에어컨 시스템이 너무 오래되어서 부품을 바꾸기보다는 전체 시스템을 바꾸어야 할 것이다. 곰곰이 생각해 보면 예비로 보관한 부품들을 단순히 사용하지 않는 것이 문제가 아니라, 사실 부품을 사기 위해서 쓴 현금이 필요하지 않은 것에 묶여버린 것이 더 심각한 문제다. 이것은 단지 담당 직원이 이 힘든 과정을 다시 경험하고 싶지 않기 때문이다. 그런데 이 현금은 회사가 진정으로 필요한 일에 쓰일 수 있는 중요한 돈이다.

극적이지 않은가? 그렇다. 극적이지만 그레인저사의 이야기는 완전히 있을 법한 것이고 신뢰를 준다. 이것은 실제 고객의 사례에 비춰본 이야기이기 때문이다(수많은 고객 인터뷰의 가치가 발현되는 곳이 여기다). 그러나 더욱 중요한 부분은 이 이야기를 극적이게 만드는 근본 이유를 찾는 것이다. 이 이야기는 고객에게 감성적인 반응을 일으키려고 일부러 구성되었다. 당신이 그리는 그림 안에서 고객은 자신을 볼 수 있어야 한다. 당신이 이야기할 때 고객은 마치 자신이 그 이야기 속에서 어려움을 겪는 것처럼 느껴야 한다. '고통 체인'을 묘사한 그림을 봤을 때 한 고객은 이렇게 말했다. "와, 우리를 아주 잘 아는 것 같아요." 바로 이게 핵심이다. 고객이 이 이야기를 자신의 것으로 만들도록 하려면 계획되지 않은 구매가 바로 자신의 문제라는 점을 직시할 수 있도록 해야 한다.

이제 5단계로 이동한다. 이 단계에서 그레인저사는 새로운 방향을 제시하는 그림을 그릴 수 있다.

실제 솔루션을 제시하기 위해 그레인저사는 개인의 문제에서 조직의 문제로 관심을 전환했다. "지금 이야기한 것은 한 카테고리 안에서 하나의 계획되지 않은 구매에서 발생한 문제입니다. 숨겨진 함정은 이런 일이 매일 반복되고 모든 MRO 카테고리에서 발생한다는 점입니다. 그래서 하나의 카테고리 안에서 손을 써서 문제를 해결한다고 하더라도, 더 큰 문제는 여전히 해결되지 않은 채로 남아 있게 됩니다. 그리고 어떤 회사도 이런 지출을 전 카테고리에 걸쳐 효과적으로 관리하도록 조직적으로 준비되어 있지 않습니다.", "그런데 만약 지출을 효과적으로 관리할 수 있다고 상상해 보세요. 만약 문제를 개선할 수 있다면, 오히려 큰 기회가 될 수 있습니다. 계획되지 않은 구매는 상당한 금액의 계획되지 않은 지출과 예상하지 못한 재고 비용을 가져옵니다. 이 돈은 더 중요한 일에 쓰일 수 있을 겁니다. 그레인저사는 이 문제를 해결할 수 있는 고유한 솔루션을 제공할 수 있습니다. 문제 해결에 필요한 중요한 몇 가지 역량을 가지고 있기 때문이죠."

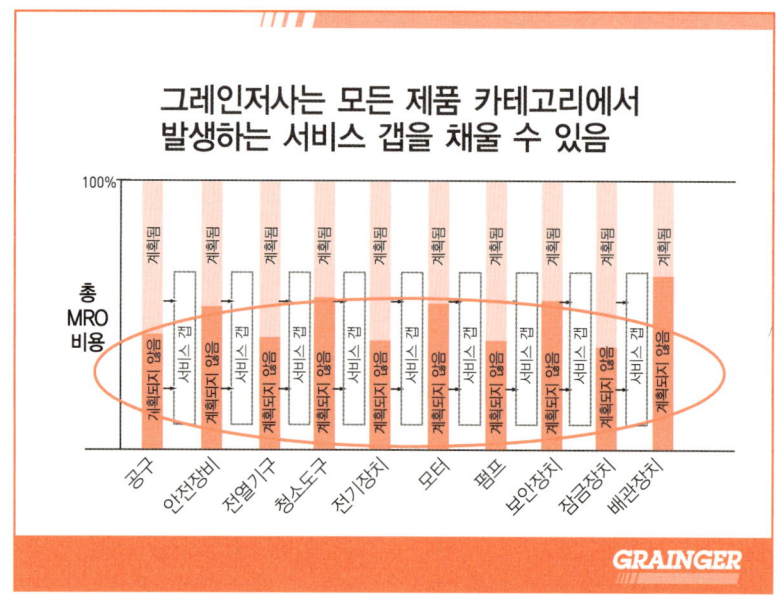

이 단계에서 대화는 그레인저사가 어떻게 도움을 줄 수 있는가로 전환된다. 이제야 비로소 그레인저사의 솔루션에 대해서 이야기를 시작할 준비가 된 것이다. 만약 기존의 고객이라면 그레인저사는 고객의 구매 자료를

이용해 계획을 세울 수 있을 것이다. 기존의 고객이 아니라면 대화를 통해서 계획되지 않은 구매가 어떤 문제를 일으키는지 제시해줄 수 있을 것이다. 어쨌거나 Deb와 브랜드팀이 그레인저사의 고유한 강점에 대해서 열심히 준비한 것이 여기서 펼쳐진다. 구체적으로 고객에게 계획되지 않은 구매가 일으키는 문제에 대해서 가르치고 나서 어떻게 그 문제를 해결하는 데 도움을 줄 수 있는지도 알려준다.

이것은 상업적 가르치기의 정수라고 할 수 있다. 이 대화의 핵심은 고객이 더 많은 수익을 내는데 도움을 줄 수 있도록 고안된 통찰에 관한 것이기 때문이다. 그렇다면 대화의 어디쯤에서 그레인저사와 이 회사의 역량이 처음 언급되는지 보았는가? 제일 마지막 단계에 이르러서야 회사에 대한 이야기가 나온다.

그레인저사의 역량, 지점, 웹사이트, 역사, 크기, 제품 카탈로그 등에 대한 이야기가 대화의 처음 2/3 동안에는 전혀 없다. 이야기의 주제가 그레인저사가 아니었기 때문이다. 이야기의 주제는 고객이었고, 고객이 지금까지는 낭비하고 있다는 사실을 모르고 있었던 돈을 어떻게 다시 운영 예산으로 돌릴 수 있는가에 관한 것이었다. 고객의 관점에서는 해당 문제에 그레인저사가 솔루션을 갖고 있다는 사실은 그냥 본인에게 도움이 되어서 좋은 우연일 뿐이다. 그러나, 고객에게 이 우연의 진정한 가치는 그레인저사가 제공해 주는 통찰의 정도이다.

미팅을 마치고 나면 고객은 MRO 비용 지출에 대해서 완전히 다른 생각을 가질 뿐 아니라, 그레인저사가 지출을 획기적으로 줄이는데 어떤 역할을 할 수 있을지에 대해서도 이전과 다른 생각을 하게 된다. 그레인저사는 이제 17달러짜리 해머를 제공하는 단순한 공급사가 아니라, 117달러짜리 해머를 사는 것을 방지하기 위해 같이 일해야 하는 파트너가 된다. 매우 신뢰감이 가는 가르치기 과정이 끝날 무렵 그레인저사의 고유한 강점을 이야기해 줌으로써 그레인저사는 자사의 제안에 대한 고객의 태도를 완전히 바꾸게 된다. 이 지점까지 성공적으로 도달하려면 전체 이야기의 흐름, 즉 구체적인 각본이 있어야 한다. 이것이 바로 상업적 가르치기가 주는 근본적인 전환이다. 즉, 고유한 강점을 이용해서 이야기를 이끄는 것이 아니라leading with, 주도 면밀하게 구성된 가르치기 대화를 통해 고객이 우리가 제공할 수 있는 고유한 강점으로 저절로 유도되는 방식leading to으로의 전환이다. 솔루션이 처음부터 가르치기의 주제가 아니라 가르치기의 결과로 자연적으로 발현되도록 하는 과정이다. 여기에서 다시 기억해야할 것은 고객의 관점에서는 이 상호작용의 진정한 가치는 당신이 파는 물건이 아니라, 영업 과정에서 일어나는 상호작용의 일부분으로 당신이 제공하는 통찰이라는 점이다.

상업적 가르치기 사례 연구 2:
ADP 딜러 서비스의 이익 관리 세미나

ADP^{Automatic Data Processing}사의 한 사업 부문인 ADP 딜러 서비스^{ADP Dealer Service}는 전 세계의 자동차, 트럭 등 자동차 딜러에게 기업형 소프트웨어를 제공하는 우수 업체다. 당시 ADP사의 최고 영업 책임자였던 케빈 헨

드릭Kevin Hendrick이 2008년 상업적 가르치기에 대해 처음 알게 되었을 당시에 그는 실제로 한 문제에 직면하고 있었다. 경제 상황은 상대적으로 괜찮았지만, ADP 딜러 서비스는 이미 자동차 산업의 미래가 암울할 것이라는 초기 징후를 파악하고 있었다. 지난 3년 동안 자동차 소매 영업이 지속적으로 감소했을 뿐 아니라, 더욱 우려스러운 것은 미국 자동차 산업 전반에 걸쳐 딜러의 수가 과도하게 많은 탓에 수요가 줄어들자 갑자기 많은 딜러가 문을 닫게 된 것이다. 결국, 2007년과 2010년 사이에 미국 내의 신규차 및 중고차 딜러의 수가 21,200개에서 18,460개로 줄어든 것이다. 자동차 딜러에게 소프트웨어를 제공하는 회사에게 이렇게 딜러 수가 줄어든다는 것은 무엇을 의미할까? ADP 딜러 서비스는 겨우 몇 년 사이에 잠재적인 고객의 수가 줄어듦에 따라 일부 중요한 세그먼트에서는 판매할 수 있는 고객의 수가 15퍼센트나 줄어든 상황에 직면하게 된다.

더 힘든 것은 ADP 딜러 서비스는 상장회사로서 당연히 같은 기간 동안 높은 성장을 기대하고 있었다는 점이다. 그런데 시장 자체가 어려움에 빠져 있는데 어떻게 회사를 성장시킬 수 있을까? 이것은 몹시 어려운 일이다. 실제로, 하나의 선택 사항이 있을 뿐이다. 고객이 떠나는 것을 방지하면서 공격적으로 시장 점유율을 높이는 것이다. 그리고 이런 상황에서 새로운 고객을 얻으려면 경쟁사로부터 빼앗아 와야 한다.

그런데 이것은 쉽지 않은 일이었다. 고객이 지금 거래하는 공급사를 바꾸는 것은 항상 쉽지 않은 일이며, 더불어 ADP사는 작은 규모의 경쟁사들이 점점 늘어나는 상황에 직면하고 있었다. 이러한 회사들은 ADP사의 다양한 제품군 중 한 영역씩 집중적으로 공격하고 있었다. ADP사는 업계 최고의 회사로 자동차 딜러들이 요구하는 여러 영역에서 포괄적으로 기술 솔루션을 제공하는 고유의 가치를 가지고 있었다. 디지털 마케팅, 자동차 영업, 서비스 영업, 부품 솔루션 등을 모두 포괄하고 있었다. 반면에, 작은 규모의 경쟁사들은 한 영역에만 집중해서 제품을 제공했다. 예를 들면 서비스 센터를 운영하는데 필요한 소프트웨어라든지 아니면 영업 지점에 필요한 소프트웨어 등 한 가지에 집중했다. 이 회사들은 고객에게 ADP사와는 아주 다른 메시지를 가지고 접근했다. 고객에게 가장 절실하게 필요한 소프트웨어만 구매함으로써 얼마나 비용을 절약할 수 있는지를 강조했다.

전체 상황을 종합하면 ADP 딜러 서비스는 아주 힘들어질 수 있는 한 해를 앞두고 있었다. 한쪽에서는 자동차 업계가 내부적으로 무너지면서 비용을 최대한 줄이려고 하는 고객들 때문에 이익이 줄어들고 있었다. 다른 한편에서는 고객의 두려움을 이용해 저렴한 가격에 단순한 단일 제품을 아주 공격적으로 판매하고 있는 새로운 경쟁자들에게 시장을 내주고 있었다. 그런데 진정한 아이러니는 ADP 딜러 서비스가 제공하는 가치의 핵심이 고객의 비용을 줄이는데 도움을 줄 수 있다는 것이었다. 이 메시지가 반향을 일으킬 시점이 있다면 바로 지금이어야 한다. 그런데 그런 일은 일어나지 않았다. 고객들은 ADP사가 제공하는 전체 솔루션 가격을 수용할 수 없었다. ADP사의 영업 사원들이 고객을 만나서 고객의 비용을 절약할 수 있는 고유한 솔루션에 대해서 이야기하면, 고객의 반응은 "아주 좋은 제안입니다. 그런데 다른 영업 사원이 우리가 지금 당장 필요한 부분을 훨씬 낮은 비용으로 진행할 수 있다고 히는 군요. 당신 회사와 거래를 하고 싶지만, 지금 우리가 필요 없는 부분을 다 제외하고 나머지 부분의 가격에서 30퍼센트 할인해 주면 그렇게 하겠습니다."라고 말한다. 힘든 순간이다.

케빈이 상업적 가르치기가 어떤 것인지를 처음 들었을 때 그의 눈이 활짝 떠진 것은 당연하다. 그는 문제의 많은 부분이 영업 사원들이 대화를 솔루션으로 이끄는 것leading to이 아니라 솔루션에 대해서leading with 이야기했기 때문에 발생한 것이라는 점을 깨달았다. ADP 딜러 서비스가 자사가 제공하는 포괄적인 솔루션에 대해서 고객이 다르게 생각하도록 하려면, 이 회사는 먼저 고객이 자신의 소프트웨어 선택과 관련된 비용에 대해서 다르게 생각하도록 만들어야 했다. 고객은 모르고 있었지만, ADP사는 고객이 개별 소프트웨어를 구매하는 선택을 할 때 어떤 결과가 나타나는지 알고 있었다. 고객이 비용을 절감하기 위해 그런 선택을 하지만, 전체 비즈니스의 개별 부분에 대한 일회성 소프트웨어 구매는 운용상 엄청난 비효율을 가져오며, 중복 투자로 인해 비용을 절감하는 것이 아니라 오히려 낭비 요소가 되었다.

이러한 통찰을 바탕으로 크게 두 가지를 목표로 포괄적인 상업적 가르치기를 개발하기 시작했다.

첫 번째는 더 좋은 대화 각본을 구성하는 것이었다. 이 회사는 자신의 솔루션을 차별화시키는 고유한 혜택과 강점에 대해서 명확히 이해하고 있었지만, 고객에게 전달하는 메시지가 이러한 강점에 대해서 바로 이야기하는 것이 아니라 이 강점으로 유도되도록 할 필요가 있었다. 그래서 이 회사의 영업 운영팀과 마케팅팀은 '전체 딜러 지출'이라는 강력한 대화 각본을 구성했으며, 이를 통해 놀랄 만큼 비싼 IT 시스템의 보이지 않는 비효율성이 각 딜러 업체의 전체 수익에 어떤 영향을 미치는가에 대한 분석 자료를 보여주었다. 이들이 발견한 것은 딜러 업체들은 평균적으로 12개의 다른 업체와 거래를 하며, 이로 인해 40퍼센트의 필요 없는 비용이 발생하고 있었다. 그런데 ADP 딜러 서비스는 여러 솔루션을 공급하는 단일 공급사로서 이 추가 비용을 제거할 수 있었다. 그레인저사의 사례와 마찬가지로, ADP사 접근법의 주요 목표가 이성적인 반응뿐 아니라 감성적 반응을 촉발시키는 것이라는 점은 놀랄 만한 것이 아니다. 딜러 업체들 자신들이 한 푼이라도 아쉬운 이 어려운 시기에 그렇게 많은 돈을 불필요하게 낭비하고 있다는 것을 알게 되자 놀랐고 때로는 아주 당황했다.

ADP사가 준비한 상업적 가르치기의 두 번째 목표는 이익 클리닉이라고 불리는 일련의 고객 세미나를 준비하는 것이다. 이 클리닉은 딜러들이 수익성을 기반으로 회사를 운영할 수 있도록 일대일로 통찰을 제공하도록 프로그램을 구성했다. 중복되는 IT 시스템으로 인해 발생하는 비효율적이고 중복되는 업무의 비용을 고객이 평가하도록 ADP 딜러 서비스가 제공하는 말 그대로 무료 세미나였다. 이 세미나는 전적으로 이러한 통찰을 제공하는 데 초점을 맞추고 있었다.

쉽게 예상할 수 있듯이, 이 세미나는 상업적 가르치기에 기반한 대화 각본을 따르도록 구성되었다. ADP 딜러 서비스가 세미나의 처음 2/3 동안 이야기하지 않은 하나가 있다면 그것은 ADP 딜러 서비스다. 공급사에 대한 세미나가 아니라, 고객에 관한 세미나다. 그레인저사와 마찬가지로 분위기 조성warmer 단계를 거친 후 재구성의 단계가 시작된다(즉, '당신이 비용을 절감하기 위해 결정하는 소프트웨어 구매 결정이 실제로는 더 많은 비용을 지출하게 만든다.'). 그 이후에 어떻게 서로 단절된 시스템이 그들이 알지 못했던 숨겨진 비용 hidden cost을 만들어 내는지를 설명하면서 이성적인 몰입과 감성적인 자극의 단계로 진행한다. 결국, 모든 대화는 세계적인 수준의 솔루션이 어떤 것인지에 대한 설명으로 이어지며 ADP 딜러 서비스가 어떻게 다른 회사들보다 더 우수한 솔루션을 제공할 수 있는 역량을 가지고 있는지 보여준다. 이것은 판매하고자 하는 솔루션으로 이끄는 대화 전개의 전형적인 사례다.

딜러들은 ADP사가 세미나에 관해 선전한 그대로를 세미나를 통해 얻을 수 있었기 때문에 아주 좋아했다. 즉, 세미나는 딜러들이 자기 조직에서 언제 돈이 낭비되고 있는지를 파악할 수 있는 몇 가지 구체적인 징후 등에 대한 정보와 함께 비용을 절약하기 위해 즉시 사용할 수 있는 가치 있는 통찰을 제공했던 것이다. 고객의 관점에서는 통찰을 통해 얻은 것을 실현하는데 도움을 주는 솔루션을 ADP 딜러 서비스가 가지고 있다는 사실은 그냥 기분 좋은 우연일 뿐이다. 이런 고객 지원 프로그램은 고객에게 큰 가치를 주며, 고객들도 아주 고마워한다. 고객들은 이 세미나를 기억하게 되고, 고객들은 ADP 딜러 서비스를 경쟁사들과 다른 관점에서 보게 된다.

상업적 가르치기를 통한 차별화는 엄청난 성과를 가능하게 했다. 미국에서 신규 자동차 판매가 40퍼센트 감소했던 해에 ADP 딜러 서비스의 매출은 단지 4퍼센트만 줄어든 것이다. 이 회사는 성장 목표를 달성했는가? 그 힘든 3년 동안 자동차 산업 전반에 어떤 일이 있었는지를 감안하면 그렇다고 할 수 있다. 더 중요한 것은 성장하는 유일한 방법이 점점 작아지는 파이에서 점유율을 높이는 것이었던 시기에 ADP 딜러 서비스는 이런 성과를 이루어 냈다.

이것만큼이나 중요한 것은 이 회사가 시장 점유율뿐만 아니라 업계에서 가장 뛰어난 통찰을 제공해줄 수 있는 회사로서의 입지를 확실히 다질 수 있었다는 점이다. 이것은 이 회사가 ADP 딜러 서비스의 제품에 대해서 이야기하지 않고 고객의 비즈니스에 대해 고객과 이야기했기 때문에 가능했다. 최근에 이 회사의 영업 운영 책임자는 "최근에 자동차 판매가 어느 정도 살아나고 있는 상황에서도, 우리가 세미나에서 제공한 정보들은 계속해서 반향을 일으키고 있습니다. 딜러들이 생존하는 것이 목표이거나 성장하는 것이 목표이거나 상관없이, 자신의 비즈니스를 더 잘 관리할 수 있는 흥미로운 방안들을 여전히 찾고 있습니다. 세미나가 바로 그런 것들을 제공합니다."라고 말했다.

이것은 상업적 가르치기가 무엇인지를 보여주는 환상적인 사례다. 비즈니스 성장을 창출해낼 수 있는 추가 기회는 제품이나 서비스에서 나오는 것이 아니라, 영업의 일부분으로 전달하는 통찰의 수준에 달렸다는 것이다.

영업 관련 일을 한다면 반드시 읽어야 할 책이다. 전쟁같은 영업 현장에서 살아 남을 수 있는 힘을 얻게 될 것이다.
이주섭, 카카오 | 동영상사업파트 부장

| 6장 |

반향을 일으키도록
맞추어 제안하기

설문 조사 결과에서 맞추어 제안하기^{tailoring}가 챌린저형 영업 사원의 중요한 특성으로 나타났을까? 이는 컨센서스 기반 구매가 증가하는 경향과 무관하지 않을 것이다. 컨센서스 기반 구매는 복잡한 솔루션을 고객에게 강요하는 것에 대한 반작용으로 발생한 것으로 구매 과정에서 조직의 많은 사람이 참여하도록 하는 것을 말한다. 설문 조사 결과가 이것이 사실이라는 것을 보여주고 있으며, 단지 영업 사원만 불평하듯이 말하는 것이 아니라 솔루션 영업의 피할 수 없는 현실이다. 물론, 최근의 금융 위기나 경제 불황이 고객의 위험 회피 경향을 더 강화시키기는 했지만 컨센서스가 필수적이라는 사실은 경제 불황 이전부터 이미 감지되었다.

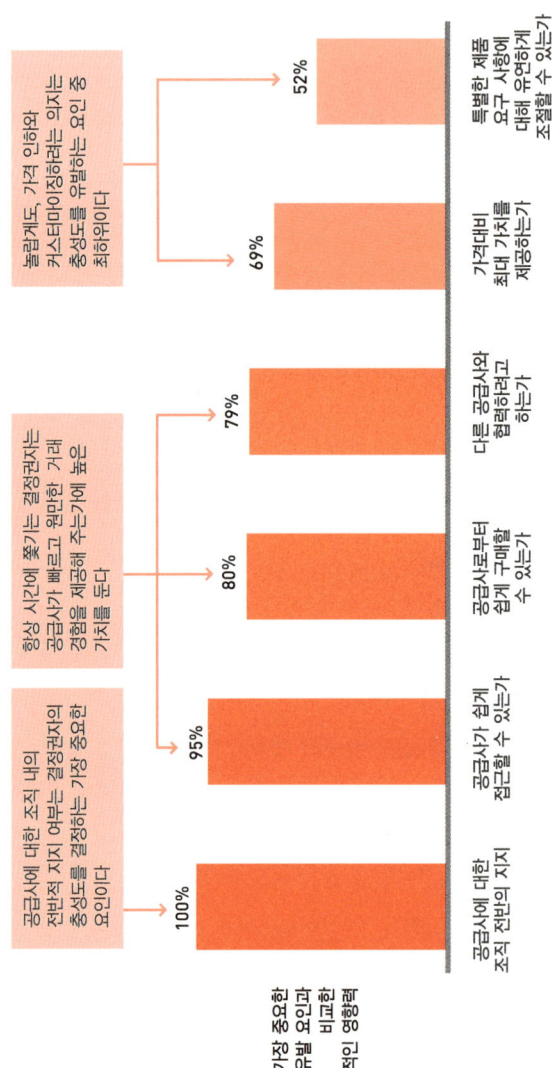

그림 6.1 결정권자에게 고객 충성도를 유발하는 거래 경험

176 챌린저 세일

결정권자가 진정 원하는 것

이전에 설명한 고객 충성도 조사에서 나타난 것처럼 B2B 고객 충성도의 53퍼센트는 어떻게 판매하느냐의 결과물이지 무엇을 파느냐의 결과물이 아니다. 이 설문 조사를 진행하면서 아주 잘 한 것 중 하나는 결정권자decision maker와 이와 다른 입장에 있는 구매 결정에 영향력이 있는 사람influencer과 최종 이용자end user로 구분함으로써 결정권자를 제외한 구매 결정에 영향력이 있는 사람과 최종 이용자가 공급사에 충성도를 보이는 이유가 무엇인지 이해할 수 있었다는 것이다.

먼저 결정권자를 한번 보자. 결정권자는 이 조사에서 실제로 계약서에 사인을 하는 사람으로 정의된다. 이들은 일반적으로 고위 임원이나 구매 부서 책임자 등의 카테고리에 속한다. 이들에게 진정 중요한 것은 무엇일까?

결정권자를 나머지 샘플과 구분하고, 전반적인 거래 경험이 미치는 영향과 영업 사원이 미치는 영향을 비교해 보았다. 결정권자에게는 공급사와 어떤 거래 경험을 했느냐가 개별 영업 사원의 특성보다 거의 두 배나 더 중요했다. 결정권자는 자신이 회사나 조직으로부터 구매한다고 생각하지 개인으로부터 구매한다고 생각하지 않는 것이다. 이러한 조사 결과가 영업 조직에 제시하는 메시지는 무엇일까?

그림 6.1에서 결정권자가 중요하다고 생각하는 것은 공급사에 대한 조직 전반의 지지이다. 쉽게 생각하면 결정권자는 중요한 구매 결정을 할 때 굳이 위험을 감수하면서 한 공급사를 지지하려고 하지 않는다고 해석할 수도 있다. 적어도 혼자만 그 위험을 무릅쓰고 싶지는 않을 것이다.

동시에 결정권자는 공급사로 인해 시간을 낭비하고 싶어하지 않는다는 것을 알 수 있었다. 결정권자는 공급사가 쉽게 접근할 수 있고, 쉽게 구매할 수 있고, 필요할 경우 다른 공급사와 기꺼이 협력하기를 원한다.

마지막으로, 가격 인하나 커스터마이징 요구에 쉽게 응하는지 등이 결정권자에게 가장 중요한 요인으로 생각되었지만 조사 결과는 달랐다. 조직 전반의 지지나 쉽게 비즈니스를 할 수 있는가 등이 가격 인하나 커스터마이징의 수용 보다 더 중요한 것으로 드러났기 때문이다.

이것은 매우 중요한 발견이다. 결정권자가 누구인지 알아내서 만나야 한다고 강조하는 대부분의 영업 교육에 반하는 것이다. 영업 사원은 많은 시간과 노력을 들여 결정권자에게 바로 접근하려고 한다. 영업 사원들은 '만약 문을 열고 들어가서라도 만날 수만 있다면 이 거래를 성사시키는 데 큰 도움이 될 거야.'라고 생각한다. 하지만, 결정권자에 접근하는 가장 빠른 통로는 직접 문을 열고 들어가는 것이 결코 아니다. 결정권자의 지원을 얻기 위해서 영업 사원은 간접적인 통로를 이용해야 하는 것으로 드러났다. 즉, 고객사의 조직 여러 곳에 있는 중요 담당자들을 파악하고, 관계를 만들고, 변화의 동기를 부여하면서 고객사의 팀 전체를 대상으로 기초를 단단히 다져야 한다.

결정해야 하는 시간이 되면 결정권자는 그가 팀원으로부터 강한 지지를 받고 있는지 알고 싶어 한다. 다른 말로 하면, 컨센서스는 영업 사원이 물리치기 위해서 투쟁해야 하는 대상이 아니라, 적극적으로 추구해야 하는 것이다. 그냥 결정권자를 만나고 다른 직원들을 배제할 수는 없다. 고객 충성도와 관련해서 결정권자가 가장 중요하게 생각하는 것은 팀원들의 의견이기 때문이다.

마지막으로 덧붙인다면, 고위 임원들만 분리한 후 이들을 구매 부서와 비교했을 때 두 그룹 사이에 아무런 차이가 없다는 점이 밝혀졌다. 당연하겠지만, 고위 임원들은 영업 사원이 어느 수준의 지식을 가지고 있는지에 더 가치를 두었고, 구매 부서 책임자는 영업 사원이 제품의 가치를 과장하지 않을 때 더 높은 점수를 주었다. 이것이 유일한 차이였다. 두 그룹 모두 다른 어떤 차이보다 조직 내에서의 전반적인 지지와 쉽게 거래할 수 있는지에 우선 순위를 두었다.

만약 고객사의 결정권자에게서 충성도를 끌어내는 것이 결국 팀에서 전반적인 지지를 끌어내는 것과 같다면, 이제 어떻게 이러한 지지를 끌어낼 수 있는지 이해해야 한다. 결정권자가 아니라 어떻게 팀에서 충성도를 끌어낼 수 있는지 알아야 한다.

전반적인 지지를 구축하는 열쇠

결정권자의 충성도를 유발하는 요인이 무엇인지 한번 검토했으니, 최종 이용자나 구매 결정에 영향력이 있는 사람으로부터 충성도를 유발하는 요인이 무엇인지 한번 보자. 이들은 구매 과정에서 핵심적인 역할을 하지만, 마지막으로 사인을 하는 사람은 아니다. 잘 관리될 경우, 이들은 당신의 편에 서서 강력하게 지지해 줄 수 있다.

먼저 구매 결정에 영향력이 있는 사람들과 최종 이용자들을 다른 샘플로부터 분리한 후, 전반적인 거래 경험과 영업 사원 개인이 충성도에 미치는 영향력을 비교했을 때 결정권자와 다른 결과가 나왔다. 이들은 영업 사원 개인에 훨씬 더 높은 우선 순위를 두었다. 최종 이용자들은 회사나 조직에서 무엇을 구매하는 것이 아니라 개인에게서 구매한다고 생각한다. 그렇다면 어떤 영업 사원이 고객들의 충성도를 유발할 가능성이 높은가?

그림 6.2에서 보이듯이 최종 이용자나 구매 결정에 영향력이 있는 사람들이 충성하는 가장 큰 요인은 영업 사원의 프로페셔널리즘이다. 아마도 이유는 아주 오랫동안 많은 영업 사원이 수많은 약속을 하고 그것을 다 지키지 못했기 때문일 것이다. 이 책 앞부분에서 이야기한 고객의 회의론을 다시 떠올리면 될 것이다. 바로 이 회의론 때문에 이런 조사 결과가 나온 것이다. 고객은 단순히 프로를 원하는 것이다. 즉, 고객이 믿고 의존할 수 있는 사람들을 원한다. 한 회원사의 고위 임원이 다음과 같은 말을 했다. "우리는 고객이 우리 영업 사원을 자기 조직의 일부분으로 생각하기를 원한다. 즉, 귀찮은 존재가 아니라 하나의 자원으로 보기를 원하는 것이다." 여기서 말하는 것은 바로 이런 의미의 프로페셔널리즘이다.

그러나 정작 더 의미 있는 통찰은 프로페셔널리즘 바로 다음에 나오는 일련의 충성도 유발 요인들을 보면 알 수 있다. '가치 있는 고유의 관점을 제공한다.'와 '문제점과 성과물에 대해서 자주 나에게 가르침을 준다.' 등이 그것이다. 즉, 비결정권자들non-decision makers이 이전에는 관심을 두지 않았거나 평가절하했던 요구 사항을 재발견할 수 있도록 도움을 주는 영업 사원의 능력이 높은 점수를 받은 것이다.

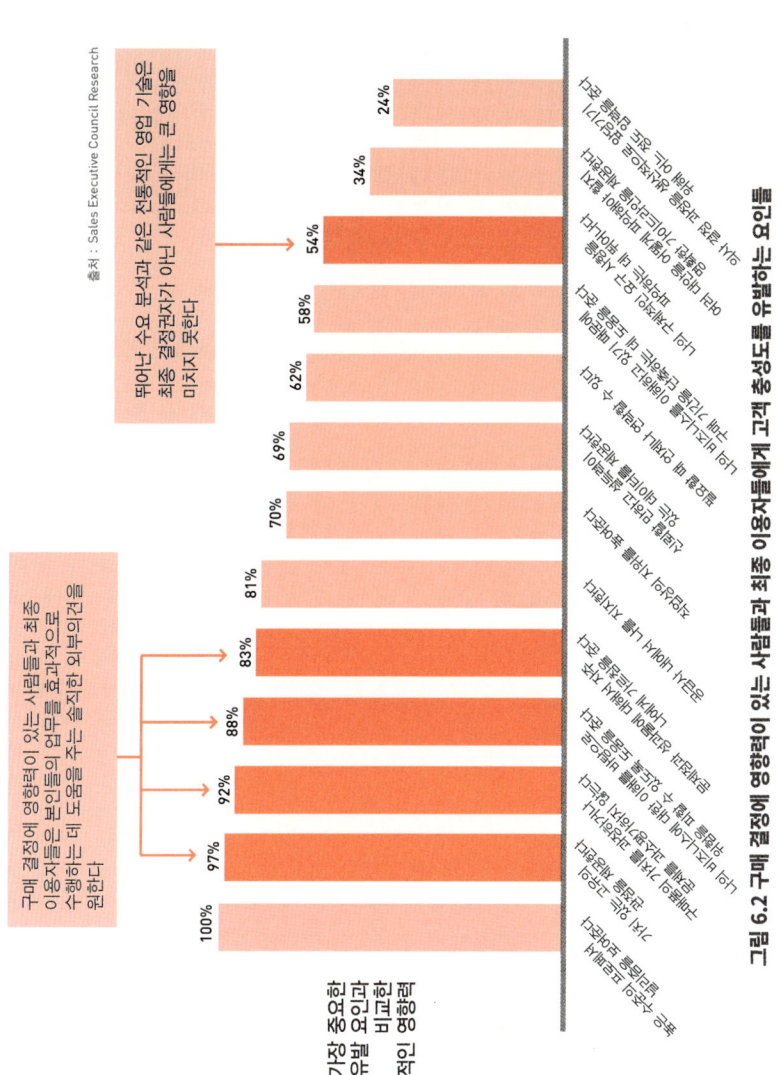

그림 6.2 구매 결정에 영향력이 있는 사람들과 최종 이용자들에게 고객 충성도를 유발하는 요인들

상식과는 반대로, 수요 분석과 같은 전통적인 영업 기술들은 낮은 점수를 받은 유발 요인이었다. 적어도, 최종 이용자나 구매 결정에 영향력이 있는 사람 등 비결정권자들의 충성도를 유발하는 데는 효력이 없었다. 영업 조직은 여전히 많은 시간과 돈을 들여 영업 사원이 더 적합하고 날카로운 질문을 할 수 있도록 도움을 주려고 하지만, 실제로 이런 능력들은 고객의 충성도에 생각보다 미미한 영향력을 미친다는 것을 알 수 있다. 고객들은 이미 자신들이 아는 문제를 영업 사원이 다시 추측하거나 찾아내는 것을 별로 반기지 않기 때문이다. 오히려, 고객은 돈을 절약하거나 더 벌 수 있는, 이전에는 가능하다는 사실을 몰랐던 기회들을 영업 사원이 가르쳐 주기를 원한다.

설문 조사 결과에 따르면 비결정권자들에게 고객 충성도는 그들이 이미 알고 있는 요구 사항을 찾아내는 것과는 연관성이 없고, 그들이 모르는 것을 가르쳐 주는 것과 관련되어 있다. 어떻게 더 효과적으로 경쟁할 수 있는가에 대한 새로운 관점 등이 이런 예가 될 수 있다. 영업 사원이 고객이 요구하는 것을 단순히 판매하는 것이 아니라, 고객에게 가치 있는 것들을 가르쳐 주면 고객은 높은 충성도로 보답할 것이다. 즉, 판매하는 제품이나 서비스가 아니라, 영업 과정의 상호작용으로 전달하는 통찰이 핵심이라는 사실을 기억하자.

한번 생각해 보면, 이러한 사실을 통해 구매 결정에 영향력이 있는 사람들과 최종 이용자들을 어떻게 우리 회사의 지지자로 바꿀 수 있는지에 대해 명확한 방안을 마련할 수 있다. 결정권자가 원하는 전반적인 시지를 구축할 수 있는 방법이 바로 여기에 있는 것이다. 즉, 최종 이용자들에게 가치 있는 것을 가르쳐 주어야 한다.

가르치기 방식은 고객사의 구매 담당자들을 전략적으로 관리할 수 있는 과거와는 완전히 다른 새로운 기회를 제공한다. 그러나, 실상 공급사의 거의 3분의 2는 고객사 담당자들과의 관계를 통찰을 제공하기 위한 것이 아니라 통찰을 끄집어 내는 기회로 이용하고 있는 것이 현실이다. 대부분의 영업 사원은 최종 결정을 내리지는 못하지만 결정에 영향을 미치는 고객과 만나면서 결정 과정과 우선 순위 등에 대해 더 많은 정보를 뽑아내려고 하지만, 잠재적으로 영향력을 미칠 수 있는 고객들이 자신의 조직에서 활용할 수 있는 의미 있는 통찰을 제공하는 데는 관심이 없다.

이런 질문을 한번 해보자. 우리 영업 조직은 현재 어떻게 구매 담당자들과 영향력이 있는 고객을 관리하는가? 고객들이 우리 영업 사원들과의 상호작용을 가치 있고 기억할 만한 것으로 간주할 가능성은 어느 정도인가? 고객들이 우리 영업팀과의 대화를 '흥미롭다.', '새롭다.', '생각을 자극한다.', '완전히 새로운 관점이다.' 등으로 표현할까? 우리 영업 사원들은 고객과의 상호작용 속에서 가치를 전달하는가? 우리 영업 조직이 대부분의 영업 조직과 비슷한 수준이라면 답은 '아니다'일 것이다.

구매 결정에 영향력이 있지만 결정권이 없는 담당자들만 통찰을 중요하게 생각하는 것이 아니라 이런 전략이 결정권을 가진 고위 임원들에게도 유효하다는 사실을 명확히 밝히고 싶다.

고위 임원급의 구매자들이 전반적인 지지를 가장 중요하게 생각하는 것은 사실이지만, 비즈니스 리더로서 이들도 팀원과 마찬가지로 돈을 절약하거나 벌 수 있는 새로운 아이디어에 관심을 가지고 있다. 그림 6.3은 고객 충성도를 유발하는 요인 중 결정권자와 최종 이용자 사이에 중복되는 것들이 무엇인지 보여준다. 이것을 보면 가르치기 방식이 영업 사원이 어떤 수준의 고객을 만나든지 상관없이 영업 조직에 큰 도움을 준다는 것이 드러났다.

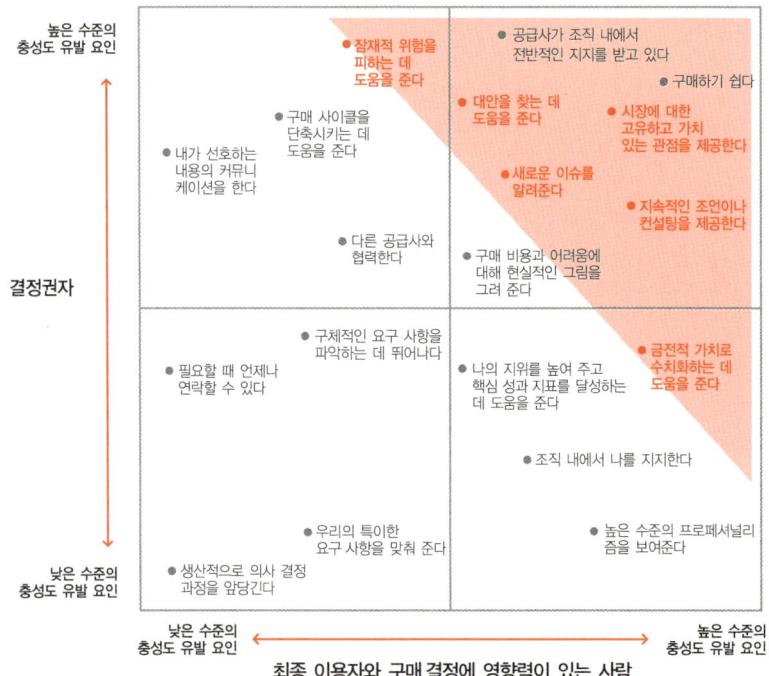

그림 6.3 거래 경험을 통한 고객 충성도 유발 요인

통계를 보면 고위 임원들과 구매 책임자들은 거래 경험을 거의 동일한 조건으로 평가한다

결정권자는 자신의 시간을 낭비하려고 하지 않을뿐더러, 공급사의 영업 사원들이 자기 조직 구성원들의 시간을 낭비하는 것도 원하지 않는다.

결정권자는 구매를 최종적으로 결정하기 전에 조직 구성원들의 전반적인 지지를 원하지만, 동시에 영업 사원들이 자사에 도움이 될 만한 정보도 없이 무작정 조직 구성원들의 지지를 구하도록 허락하지도 않을 것이다. 고객 조직 구성도에서 주로 하단에 분포된 최종 이용자들과 시작하게 되는 초기 영업 과정에서도 마찬가지다. 자신의 결정권자가 영업 사원과 마주 앉았을 때 가치 있는 정보를 얻을 수 있을 것이라는 확신이 없다면 영업 사원이 결정권자를 만나는 것을 웬만해서는 허락하지 않을 것이다.

새로운 영업 법칙

이런 조사 결과를 모두 조합하면 효과적인 영업을 위한 아주 포괄적인 결론을 얻을 수 있다. 고객의 충성을 끌어내는 전통적인 영업 전략 중 하나는 결정권자와 만나는 것이었다. 그러나 공급사와 비즈니스를 할 때 결정권자가 고려하는 것 중에서 가장 중요한 것은 공급사가 조직 전체에서 전반적인 지지를 받고 있는 가이다.

이 발견이 어떤 의미가 있는지 그림 6.4에서 아주 잘 표현되어 있다. 전통적인 접근법에 따르면 영업 사원들은 결정권자에게 맞는 제안을 하기 위해 고객사의 여러 구매 담당자로부터 정보를 뽑아낸다. 영업 사원들이 결정권자와 직접 설정할 수 있는 관계에 비해서 구매 담당자와 결정권자의 상호 관계는 상대적으로 약한 것으로 간주되었다. 그래서 정보는 대부분 고객사의 담당자, 영업 사원, 결정권자 순으로 시계방향으로 흘러가게 된다.

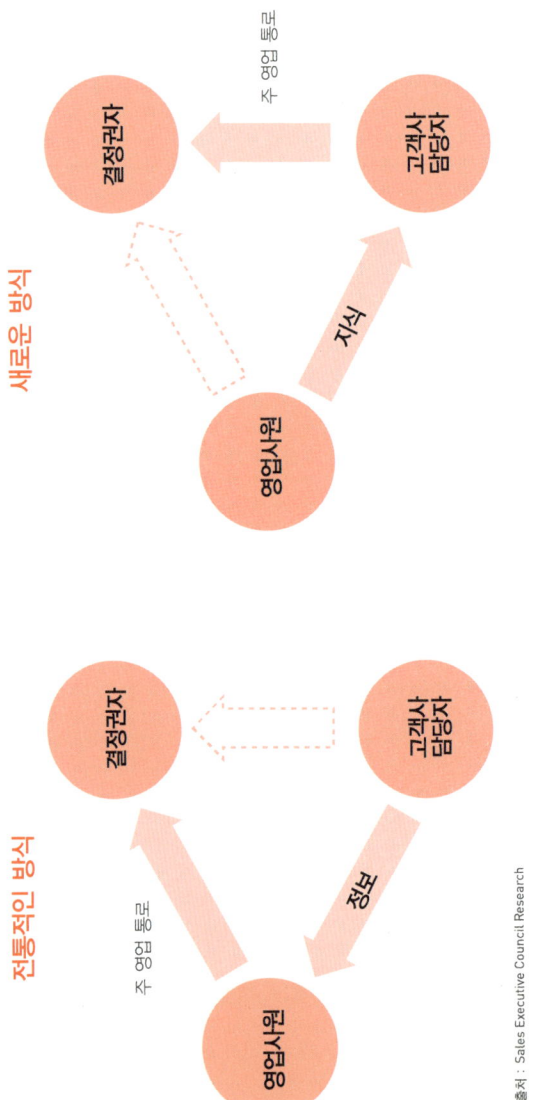

그림 6.4 새로운 영업

출처 : Sales Executive Council Research

그러나 새로운 모델에서는 정보는 반대 방향으로 흐른다. 장기적으로 더 많은 물건을 파는 방법은 최종 결정을 내리는 결정권자에게 바로 접근하는 것이 아니라, 제안하는 솔루션에 대해서 전반적인 지지를 해줄 수 있는 담당자들을 통해서 결정권자에게 간접적으로 접근하는 것이다. 구매 담당자와 결정권자의 관계는 생각보다 상당히 강한 반면, 영업 사원과 결정권자의 관계는 상당히 약하다. 영업 사원이 고위 임원에게 영향력을 미치는 능력은 고객사의 구매 담당자가 영향력을 미치는 능력과 비교하면 아주 미미하다.

그러나 정보가 흐르는 방향이 중요한 것과 마찬가지로 그렇게 흘러가는 실제 정보의 본질이 무엇인지도 중요하다. 전통적인 방식에 따르면 이 정보는 고객이 만들어 내고 공급사에 중요한 정보들이다. 그러나 새로운 방식에서는 공급사가 만들어 내고 고객에게 가치 있는 통찰이어야 한다. 그것은 영업에 관한 새로운 법칙과 같다. 이런 변화는 아주 중요한 질문을 던진다. 지난 5~6년간 고객사의 고위 임원에 접근하기 위해 시간, 노력, 돈을 투자하는 것과 비교할 때, 영향력이 있는 구매 담당자들을 파악하고 그들이 우리를 지지하도록 하는데 비슷한 노력을 해왔는가? 그렇게 못했다면 대부분의 영업 조직에서는 아주 중요한 기회를 놓쳐 버린 것이다. 그렇다고 해서, 결정권자에게 전화하는 것을 중단하라는 말은 아니다. 이런 노력만큼 주요 담당자들이 장기적으로 비즈니스를 창출하는 데 줄 수 있는 영향력이 크다는 것을 인지하는 것이 중요하다. 이것이 바로 우수 영업 사원, 즉 챌린저형 영업 사원이 자연스럽게 해오던 일이다.

메시지를 맞추어 제안하기

이 모든 것이 의미하는 것은 사실 영업 사원들이 성공적으로 영업하기 위해서는 더 많은 사람과 이야기해야 한다는 의미다. 우리가 파악한 바로는 컨센서스 기반의 구매 환경에서 평범한 영업 사원이 가장 힘들어하는 점은 영업 메시지가 최고의 반향을 일으키도록 하기 위해서 각기 다른 담당자들에게 영업 메시지를 어떻게 맞추어서 제안할 것인가이다.

개별 고객에 따라 맞추어 제안하기는 각각 다른 형태로 나타난다. 메시지를 맞추어 제안하는 좋은 방법은 가능한 넓은 범위, 예를 들면 고객이 속해 있는 업종에서 시작해서 회사, 개인의 역할, 그리고 개인 자신으로 범위를 줄여 가는 것이다. 그림 6.5는 실제로 SEC 솔루션 그룹이 챌린저 개발 프로그램에서 사용하고 있는 것으로 메시지 맞추어 제안하기의 층별 단계를 보여준다.

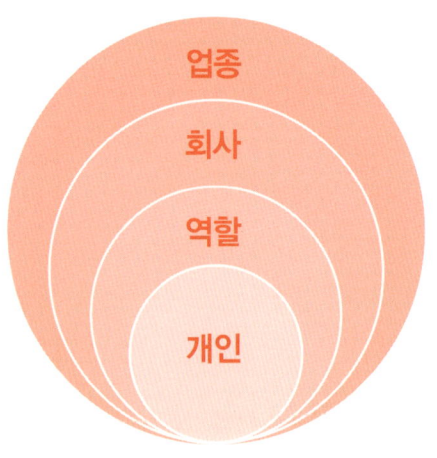

출처 : Sales Executive Council Research

그림 6.5 맞추어 제안하기의 층별 단계

이 다이어그램을 보면서, 현재 영업 방식으로 영업 사원들이 만나는 다양한 구매 담당자들이 속한 여러 층별 단계에서 반향이 일어나는지 한번 생각해 보자. 사실 시장에서 실제 사용되고 있는 대부분의 영업 메시지는 하나의 특정 단계에 맞추어서 구성된 것이 아니다. 그렇다면, 각 구매 담당자들 개인이 속한 여러 단계에 맞춰져 있지 않은 것은 두말할 나위도 없다. 일반적으로 영업 메시지는 공급사와 공급사의 제품 및 서비스에 대한 것이 대부분이다.

메시지를 맞추어 제안하는 출발점으로 마케팅팀이 고객의 업종이나 고객의 회사 단계까지 만이라도 메시지를 맞추어 제안하도록 도움을 준다면 엄청난 가치를 만들어낼 수 있다. 영업 사원이 고객에게 제품을 제안할 때 적어도 고객이 속한 업종이나 회사와 관련된 것을 언급하기 위해서 이용할 수 있는 정보에는 무료 정보를 포함해서 수많은 정보 소스가 있다. 업계의 트랜드나 중요한 사건들은 어떤 것이 있는가? 어떤 경쟁사가 최근에 힘들어 하는가? 아니면 어떤 의미 있는 합병이 있었는가? 고객이 아주 빠르게 시장 점유율을 높이거나 잃어가고 있지는 않은가? 기업 규제에 변화가 있었는가? 회사의 최근 언론 보도나 수익 발표를 통해서 파악할 수 있는 전략적 우선 순위는 무엇인가?

영업 사원이 단순히 제안을 하는 것이 아니라 고객사나 고객사가 속한 업종에서 어떤 일이 일어나고 있는지를 파악하고 있다면 초기 단계의 메시지 맞추어 제안하기는 이미 갖춰진 것이다. 다이어그램 바깥쪽에 자리 잡고 있는 이 두 층은 모든 사람이 동의하지는 않을 수 있지만, 메시지를 맞추어 제안하기 쉬운 영역이며 실제 많은 맞추어 제안하기가 이 두 층에서 이루어진다. 그러나 고객사의 구매 담당자들의 역할에 맞춰진 메시지 제안하기는 아주 드물다. 더 드문 경우는 고객 개인의 개인적인 목표나 목적에 맞춰진 메시지이다.

일관된 메시지 전달하기

많은 영업 책임자는 고객사의 개별 담당자에 맞춰 메시지를 제안하는 것은 최고의 영업 사원만 가지는 초인적인 능력이라고 생각한다. 그리고 나머지 평범한 영업 사원들이 그렇게 하지 못하는 것은 공감력, 민감도, 이해력 등이 천성적으로 부족하기 때문이라고 생각한다. 그러나 이것은 사실이 아니다. 효과적으로 맞추어 제안하는데 가장 큰 장애물은 영업 사원들이 수많은 것을 알고 있어야 한다는 생각이다. 고객사의 새로운 담당자에게 전화를 걸어 이 개인에게 최대한 맞춰진 제안을 한다고 할 때, 무엇에 집중해야 할까? 성격, 역할, 출신, 개인적인 관심거리 등 변수는 수없이 많아 보인다. 이 많은 것들 중에서 어떻게 몇 개를 추릴 수 있다는 말인가? 어떻게 뜬구름 같은 것에서 반향을 일으킬 수 있는 메시지를 끌어 낼 수 있을까?

2장에서 말한 것처럼, 챌린저형 영업 사원은 자신이 만나는 고객 관계자의 가치 유발 요인^{value driver}과 비즈니스의 경제적인 유발 요인^{economic driver}이 무엇인지 이해하고 나서 여기에 어울리는 메시지를 맞추어 제안한다. 챌린저형 영업 사원은 고객을 방문하기 전에 이미 고객사의 각 담당자들이 어떤 일을 하는지 파악하고 있다. 그들의 역할이 무엇인지, 그리고 무엇을 걱정하고 있는지 이미 알고 있다. 여기에 더해서, 각 담당자들이 달성하려는 구체적인 성과물에 대해서도 이미 준비를 마친 상태이다. 챌린저형 영업 사원은 자신이 판매하려는 것에 집중하기보다는 지금 이야기를 나누고 있는 고객이 달성하려는 것에 초점을 맞춘다. 대부분의 영업 사원은 고객사의 고위 임원과 이야기를 나누거나 초급 담당자와 이야기를 나누거나 상관없이 같은 메시지를 전달하는 경향이 있다. 대부분의 메시지는 고객의 어려운 상황이 아니라 자신의 제품에 관한 것이다.

어떻게 전체 영업 팀원들이 자신이 만나는 고객사 담당자의 가장 시급한 요구에 맞추어 메시지를 제안하도록 할 수 있을까? 영업 사원이 고객의 요구와 원하는 성과물에 맞추어 적절하게 메시지를 전달하도록 돕는 몇 가지 방법들을 한번 보자.

고객 성과물$_{customer\ outcomes}$은 고객사에 속한 개별 구성원들이 달성하려고 노력하는 것, 즉 성공적인 업무라고 정의할 때 기준이 되는 것이다.

이 성과물은 무언가를 개선하기 위해 수행하는 실제 행동이나 과업, 업무를 평가하기 위해 사용하는 기준, 달성하려는 변화의 방향이나 정도 등을 모두 포괄하는 의미다. 성과 기술문$_{outcome\ statement}$의 예로는 이런 것들이 적당할 것이다. '고성능 제품 라인의 불량률을 5퍼센트 낮춘다.', '우리 회사 홈페이지에서 고객이 답변을 찾아가는 단계를 줄인다.' 이런 방법으로 고객의 요구 사항에서부터 접근하는 것은 여러모로 중요하다. 먼저 고객의 역할을 기준으로 봤을 때 고객이 달성하고자 하는 성과물을 예측할 수 있다. 다섯 개의 다른 회사에서 CIO가 관심 있어 하는 것이 무엇인지 파악할 수 있다면, 이 정보를 이용해서 유사한 또 다른 회사들의 CIO들이 무엇을 원하는지 예측할 수 있다. 두 번째로, 일반적으로 이런 성과물은 시간이나 사람에 상관없이 거의 변화가 없다는 장점이 있다. 만약 한 CIO가 승진해서 떠나면 후임자도 아마 비슷한 성과 목표를 세울 것이다. 세 번째로, 특정 역할에 대해 무한정 많은 성과 목표가 있는 것이 아니다. 즉, 누구나 쉽게 고객이 달성하기를 원하는 성과 목표에 대한 간단한 목록을 만들 수 있고, 고객이 가장 관심이 있는 몇 개로 집중할 수 있다. 마지막으로, 이 접근법은 확장이 가능하다. 한 성과 목표를 파악한 후에는 회사의 전 조직을 대상으로 같은 개념을 반복해서 적용할 수 있다.

고객 성과물에 대해 이해하고 구체화하는 것에서 시작하는 접근법의 최대의 장점은 개별 영업 사원이 스스로 이 모든 것을 파악하기를 기대할 필요가 없다는 점이다. 이것들은 중앙에서 한꺼번에 결정되어서 영업 툴 형태로 개별 영업 사원에게 전달될 수 있다. 예를 들면, 마케팅팀이나 영업 운영팀에서 이런 역할을 대신할 수 있다.

콩을 원료로 하는 식료품 제조 기업인 솔레^{Solae}사의 사례가 이것을 잘 보여준다. 이 회사는 영업 사원이 고객사의 담당자와 이야기할 때 가장 큰 반향을 일으킬 수 있는 자사의 구체적인 역량에 메시지의 초점을 맞출 수 있는 방법을 알게 되었다.

메시지 맞추어 제안하기 사례:
솔레사의 고객 역할에 맞추어 메시지 제안하기 전략

최근 솔레^{Solae}사는 고객들이 자사의 제품을 새로운 방식으로 활용하도록 하려면 더 크고 더 복잡한 솔루션을 판매해야 한다는 공격적인 전략을 발표했다. 제품을 판매하는 것에서 솔루션을 판매하는 것으로 전략을 변경한 회사가 대부분 경험했듯이, 이 새로운 전략은 과거보다 훨씬 더 많은 고객사 담당자들이 솔레사의 솔루션 구매에 참여한다는 것을 의미했다. 이제 영업팀은 CMO$^{최고\ 마케팅\ 경영자}$, 생산 담당 부사장, 구매 담당 임원 등 고객사에서 솔루션에 영향을 받는 모든 사람과 이야기를 해야 했던 것이다.

솔레사의 영업 사원들에게 이것은 아주 큰 변화였다. 그런데 문제는 이런 변화와 상관없이 영업 사원들이 고객과 대화할 때 과거 기술 담당자들과 만날 때와 마찬가지로 제안할 제품과 기술적인 세부 사항들에 대해 이야기를 한다는 점이었다. 그런데 대부분의 경우 새로운 형태의 관계자들은 솔레 영업 사원들이 이야기하는 것을 전혀 이해하지 못했다. 마치 영업 사원이 외국어로 이야기하는 것처럼 들렸던 것이다. 기술적인 내용을 전혀 이해하지 못하는 관계자들은 영업 사원의 제안을 듣고 나서 머리를 긁적이며 "그래서 도대체 어떻다는 거지."라고 말했다. 이 관계자들은 솔레사 제품의 기술적인 세부 사항들이 왜 자신들에게 중요한지 연관성을 찾을 수 없었다. 결국, 이런 접근법이 솔레사의 솔루션 전략에 큰 장애가 되었다는 것은 누구나 알 수 있을 것이다.

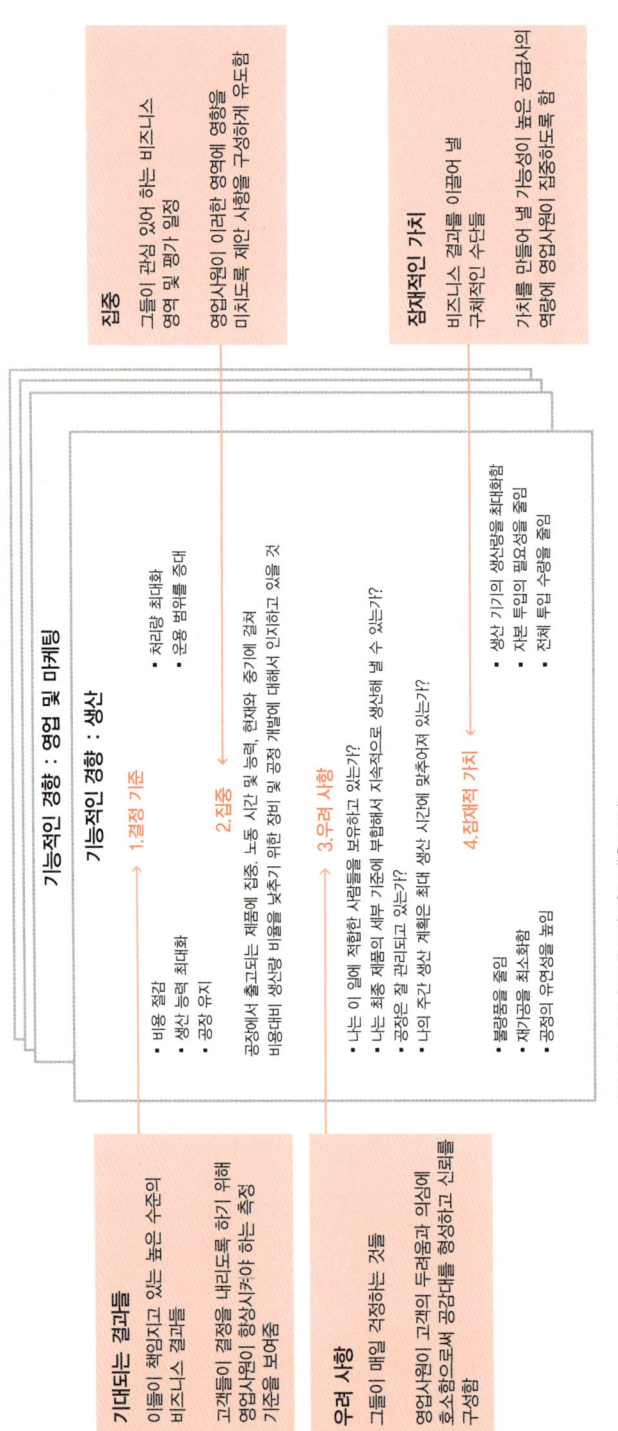

그림 6.6 기능별 경향성 가드를 구성하는 툴

출처: Solae LLC; Sales Executive Council Research

고객의 개인적인 이득의 틀을 만들어 보기

영업 사원들이 고객을 만날 때 내용을 이해하기 쉽게 전달하는 능력을 키워 주기 위해, 솔레사는 고객사의 담당자들이 도대체 무엇에 관심을 두는지 유형별로 기록했다. 일반적으로 그렇듯이 인구 통계학적인 정보를 이용하는 것이 아니라 각 담당자가 비즈니스 리더로 무엇을 성취하고 싶어하는지 설명하는 한 묶음의 카드를 영업 사원들에게 주었다. 각 카드는 특정 유형의 담당자가 가지는 기능 경향성functional bias에 대한 설명을 담고 있다. 즉, 담당자들의 개인적인 가치 유발 요인personal value driver과 경제적인 유발 요인economic driver에 대해서 설명하는 것이다.

그림 6.6의 기능별 경향성 카드는 제조 담당 임원에 관한 것이다. 이 기능별 경향성 카드에는 고객사에서 특정 역할을 담당하는 사람이 가장 관심을 가지는 높은 단계의 결정 기준(또는 비즈니스 성과물)에 대한 설명 등이 포함되어 있다. 또한, 카드의 첫 번째 섹션에서 영업 사원은 담당자가 집중하는 것이 무엇인지 알 수 있고 높은 단계의 성과물을 내기 위해 자주 확인하는 것이 무엇인지도 알 수 있다. 여기에 더해 고객사 담당자의 우려 사항들에 대해서도 기술되어 있다. 즉, 담당자들이 자신의 과업을 수행하기 위해 매일매일 질문하는 것들, 즉 그들이 가장 걱정하는 것들이 무엇인지 기술한다. 고객과 공감대를 형성하고 신뢰를 주는데 잘 활용할 수 있는 아주 중요한 정보다. 마지막으로, 이 카드에는 고객사 담당자들이 원하는 잠재적인 가치들이 기술되어 있다. 성과를 높이기 위해 필요하다면 고객사 담당자들이 이용할 수단과 같은 것이다. 영업 사원이 담당자가 원하는 성과물에 맞춰 자신의 솔루션을 맞추어 제안해야 한다면, 담당자들이 원하는 잠재적 가

치에 도움을 주는 솔루션 제안이어야 한다. 특정 담당자에게 솔루션을 판매할 때 바로 이런 것들을 이야기해야 한다.

지금까지 본 것처럼 기능별 경향성 카드에 적어 놓은 내용은 고객에 대한 통찰을 영업 사원이 실제로 맞추어 제안하는데 어떻게 활용할 수 있는가에 대한 방법이다. 이러한 정보를 이용한다면 고객에게 "요즘 무엇 때문에 잠을 설치십니까?"라는 무서운 질문을 할 필요가 없다. 왜냐하면, 영업 사원은 이미 그 답을 알고 있기 때문이다. 이 카드에 이미 적혀 있다. 이 방식은 주요 담당자들의 상황과 성과물에 맞추어 명확하고 쉽게 이용할 수 있도록 만들어진 강력한 툴이며, 이용자의 편의를 고려하여 내용이 잘 나열되어 있다.

'그래서 어떻단 말인가(So What)'라는 상황을 극복하기

고객의 기능별 경향성 카드에 더해, 솔레사는 자사의 주요 솔루션, 즉 여러 제품 번들을 고객사의 여러 담당자들에게 포지셔닝하는 방법에 대해 구체적인 가이드를 제공한다.

이 단계에서 솔레사는 맞추어 제안하기를 구체적으로 보여준다. 여기서 영업 사원들은 챌린저형 영업 사원의 특성을 배우는 데 큰 도움을 받게 된다. 그림 6.7에서 보는 것은 솔레사에서 제공하는 솔루션 A를 맞추어 제안하는데 이용한 가상의 툴이다(여기서 몇몇 정보는 회사의 기밀이므로 변경하였다). 솔레사는 이 툴을 이용하여 영업 사원들에게 솔루션 A와 관련될 수 있는 담당자들이 어떤 사람들일지 보여주며, 각각의 담당자들에게 가장 중요한 성과물이 무엇인지도 보여준다. 또한, 이 툴은 판매량 증가, 시장 점유율 증가, 브랜드 이미지 만들기 등의 성과물을 달성하기 위해 담당자들이 이용하는 방법들을 보여준다. 마지막으로, 실제로 사용된 툴에서 솔레사는 솔루션 A를 고객 개개인이 달성하려는 것과 연결시키기 위해 영업 사원이 이용할 수 있는 대본scripting을 제공한다. 이 대본은 실제 대화에서 그대로 이용하려고 만든 것은 아니지만, 영업 사원이 고객과의 대화를 이끄는데 도움을 줄 수 있는 일종의 대화 가이드라인 역할을 하는 것이다.

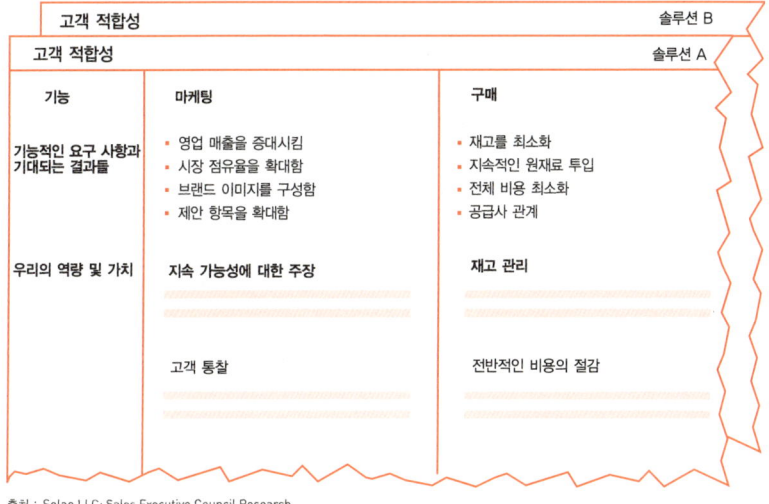

그림 6.7 기능적인 역할에 맵핑된 기대되는 결과와 공급사의 역량

이것은 최상의 메시지 맞추어 제안하기다. 이것을 이용해서 영업 사원은 고객 앞에서 고객의 현재 상황에 맞추어 고객이 가장 관심이 있는 성과물을 어떻게 달성할 수 있는지 고객의 언어로 이야기할 것이다. 챌린저형

영업 사원은 이것을 본능적으로 할 수 있을지 몰라도 대부분의 영업 사원은 어려워하는 부분이다. 바로 이 툴이 엄청난 역할을 할 수 있는 것이 바로 여기다. 평범한 영업 사원들도 마치 챌린저형 영업 사원처럼 잘 할 수 있도록 도움을 주는 맞춤 제안용 커닝 페이퍼인 셈이다. 이것은 간단하고, 구체적이며, 상황과 성과물에 바탕을 두고 있다. 여기에 더해, 이 툴은 영업 매니저들이 맞추어 제안하기를 영업 조직 내에서 어떻게 확대할지 그 방법을 가르쳐 준다.

맞추어 제안하기 실습

여기에 더해, 맞춤 메시지가 전체 영업 과정에서 고객사 각 담당자들과 대화의 중심에 놓이도록 하기 위해, 솔레사는 가이드라인을 제공하는 것에서 한 단계 더 나갔다. 영업이 어느 정도 진행되고 고객사를 담당하는 담당 팀이 프로젝트 제안서를 준비하면, 이제 영업 사원들은 그림 6.8과 비슷한 형태의 템플릿을 이용해서 고객이 프로젝트의 어떤 부분을 좋아할지 파악하고 기록하게 된다.

이 템플릿은 높은 단계의 합의된 프로젝트별 목표를 기술한다. 이 목표들은 고객이 이 프로젝트를 통해 무엇을 얻을 수 있는지, 그리고 솔레사가 컨센서스를 만들 필요가 있는 주요 담당자들이 무엇을 얻을 수 있는지를 고려하여 기술된다. 그리고 나서, 제안된 솔루션이 담당자 개개인에게 어떤 구체적인 성과물을 가져다줄 수 있는지 기록한다. 예를 들면, 마케팅 담당자의 목표는 '비용을 절감하면서도 제품의 품질과 맛을 유지하고 개선하기'로 기록한다. 다음 단계로, 고객 담당자들의 역할에 대해 이들의 가장 큰 걱정이나 반대하는 것들, 그리고 반대하는 것들을 극복할 수 있도록 솔레사가 운용할 수 있는 구체적인 역량과 해야 할 행동을 기록한다.

3단계 : 고객사 담당팀이 프로젝트를 개발함

		고객명 : Kent & Company			
		영업/마케팅	생산	기술/R&D	구매
필요한 문화들	전반적인 프로젝트 목표	관계 확대를 정당화할 정도의 비용 절감을 통해 고객의 이익폭을 개선함 • 고객이 얻는 것 : 최종 제품의 수명을 연장 • 고객이 얻는 것 : 생산 강도의 완화			
	프로젝트 목표에 해당하는 기능적인 요구 사항	비용 절감 중에도 최종 제품의 질을 유지하거나 향상시키기	생산 에너지 강도와 공장의 손상을 줄임	우리의 구성 요소들이 규정을 준수하는지 확인	총 재료 구입 비용을 유지하거나 절감하기
	프로젝트를 실패하게 만들 수 있는 중요한 제약 사항	고객들이 우리의 제안을 아주 부정적인 방식으로 해석하여 제품을 파악함			
	제약 사항을 극복하거나 목표를 지원할 우리의 능력들	고객 통찰 • 명확하게 전달되었는지 테스트 • 공동 마케팅			
	고객사 측정 방식	• 순고객 추천 지수 • 가입자 해지율			

4단계 : 공급사가 프로젝트 수행에 자원을 투입할 것을 분명히 함

출처 : Solae LLC; Sales Executive Council Research

그림 6.8 프로젝트 가치를 계획하는 툴

이 접근법이 인상적인 것은 모든 내용이 고객과 함께 맵핑되어 있다는 것이다. 필요한 정보는 이 툴을 이용해서 고객과 대화하면서 결정되고 파악된다. 필수적이지는 않지만 솔레사의 우수 영업 사원들은 실제로 고객사의 담당자들이 그 계획에 동의했다는 것을 표시하기 위해 이들이 각 항목에 사인해줄 수 있는지 요청했다. 이런 방식으로 담당자들은 공급사가 그들 개개인을 위해 창출할 가치와 그 가치들이 전체 거래 과정에서 어떻게 측정될지에 대해 먼저 동의하게 된다. 그 결과, 담당자들이 그 거래를 지지할지 그렇지 않을지 결정할 시점이 올 때, 이들은 단지 '회사를 위해 좋은가?'라는 아주 모호한 기준을 바탕으로 결정하지 않게 된다. 대신 이 카드를 보고 거래가 자신의 구체적인 목표에 어떻게 맞추어 제안되어 있는지 확인할 수 있다. 그리고 영업 사원이 마지막 단계에서 결정권자와 마주 앉았을 때 이 카드를 테이블 위에 올려놓으면 어떤 반응이 있을지 한 번 상상해 보자. 결정권자가 원하는 컨센서스가 이미 종이 한 장에 잘 기록되어 있는 것이다.

사실, 이 툴을 고객과 대면할 때가 아니라 내부적인 목적으로만 사용하더라도, 고객 관리 프로그램에서 대부분 빠져 있는 핵심적인 내용을 보완해줄 수 있다. 고객들의 전반적인 기대를 충족시킬 뿐 아니라, 개별 고객의 기대를 충족시키는 솔루션을 어떻게 제공할 것인지를 구체적이고 간략하게 요약하는 효과를 거둘 수 있다. 결국, 솔레사의 접근법은 챌린저형 영업 사원이 매일 하는 것을 간단하면서도 우아하게 종이에 옮겨 적은 것과 같다. 챌린저형 영업 사원은 고객사의 담당자들을 단순히 담당자^{stakeholder}가 아니라 고객^{customer}인 것처럼 대한다. 오늘과 같은 컨센서스 기반의 영업 환경에서는 담당자와 최종 고객과의 구분은 이미 없어진 것이나 마찬가지다.

| 7장 |

영업 주도권 확보하기

    지금까지 챌린저가 가진 세 가지의 중요한 특성 중 가르치기와 맞추어 제안하기를 확인해 보았다. 이제 챌린저의 세 번째 특성에 대해서 알아보자. 이 특성은 영업의 주도권을 확보하는 능력이다.

    이 연구에 따르면 주도권을 확보하는 능력은 다음 두 가지에 기인한다. 첫 번째는 챌린저는 본능적으로 돈에 대해서 편안하게 이야기할 수 있다는 것이고, 두 번째는 고객을 압박할 수 있다는 것이다. 이 둘은 다른 말로 하면 공급사가 제공하는 가치를 보여주고 굳건히 고수할 수 있는 능력과 영업 과정에서 여세를 몰아 진행할 수 있는 능력이다. 챌린저가 돈에 대해서 편안하게 이야기할 수 있는 것은 자신이 제공하는 것의 가치에 대해 확신이 있기 때문이다. 우리가 공급하는 제품이나 서비스가 우수한 가치를 가지고 있다고 확신한다면 모두 자신감이 넘칠 수밖에 없다.

그런데 이 부분에서 챌린저는 강력한 확신을 가지고 있다는 점에서 평범한 영업 사원들과 차이가 있다. 이것이 의미하는 바는 챌린저는 고객이 할인을 요구하거나, 좀 더 완화된 조건을 요구하거나, 가격 인상도 없이 계약의 범위를 넓혀 달라 거나 할 때(즉, 공짜로 끼워 달라고 할 때) 정중하게 아니라고 말할 수 있다.

챌린저가 제공하는 가치는 제품의 가치가 아니라 상업적 가르치기를 통한 가치라는 것을 기억하자. 우리 회사의 제품이나 서비스가 시장에서 최고라는 것을 알기 때문에 느끼는 확신과는 다르다. 여기서 말하는 확신은 이전에 고객이 의식하지 못했던 문제를 가르쳐 주었다는 것을 알고 나서 느끼는 확신이다. 챌린저가 만들어낸 급박한 문제가 있고, 이제 정해진 수순에 따라 문제에 대한 유일한 솔루션을 판매하게 될 것이다. 시장에서 최고가 되는 것은 중요하다. 그러나 불행하게도 이것이 고객이 진정으로 관심을 두는 것은 아니다.

더불어 챌린저는 영업이 일단 시작되면 가속을 붙인다. 대부분의 평범한 영업 사원처럼 그렇게 자주 영업 건들이 무결정의 늪$^{no-decision\ land}$에 빠지도록 놓아두지 않는다. 이유는 챌린저는 항상 다음 단계를 생각하며 압박을 가하기 때문이다. 관계중심형 영업 사원은 미팅이 끝날 때 고객을 다음 단계로 압박하지 못한다. 아주 긍정적인 분위기 속에서 진행된 미팅을 망치고 싶지 않기 때문이다. 그러나 챌린저는 거래를 성사시키는 것이 목적이지 그냥 좋은 미팅을 하는 것이 목적이 아니라는 것을 알고 있다. 챌린저는 영업을 다음 단계로 진행시키는데 집중한다. 이것은 상업적 가르치기와도 긴밀하게 연관되어 있다. 이전에는 몰랐거나 평가절하되었던 기회나 문제점을 보여주며 상황의 긴박함을 고객에게 알려주었기 때문에 거래에 가속도를 붙이는 것이다. 이제 압박할 시간이다. 아주 명확하지 않은가?

경험 많은 영업 책임자는 알겠지만, 돈에 대해서 편안하게 이야기하고 고객에게 압박을 가하는 것은 평범한 영업 사원에게 쉽지 않은 일이다. 챌린저를 쉽게 찾을 수 없는 이유가 여기에 있다. 우리는 본능적으로 다음으로 미루기보다는 단번에 끝내 버리고 싶고, 긴장감을 높이기 보다는 낮추기를 원하는 경향이 있다. 영업 사원에게는 이것이 고객이 불쾌할 수도 있는 다른 관점을 보여주기보다는 고객의 의견에 동의하는 경향으로 나타난다. 그러나 챌린저형 영업 사원은 고객에게 다른 관점을 보여주어야 한다는 것을 알고 있다.

인간의 본성이 이와 같다면, 어떻게 주도권을 잡고 싶어하는 영업 사원의 의지와 능력을 높여 줄 수 있을까? 특히, 긴장감을 줄이고 싶어하는 관계중심형 영업 사원이 어떻게 영업의 주도권을 잡을 수 있을까? 이 장에서 영업 사원이 주도권을 잡는 데 도움이 되는 몇 가지 실용적인 접근법을 다룰 것이다. 이에 앞서 주도권을 잡는다는 것이 어떤 의미인지 깊이 파악해 보자.

주도권을 잡는 것에 대한 세 가지 오해

이 책의 전반부에서 챌린저 영업 모델의 개념에 대한 오해를 바로잡는 데 많은 시간을 할애했다. 그러나 주도권 잡기 개념만큼 혼란스러운 것도 없을 것이다. 이와 관련해서 일반적으로 세 가지 오해가 있다.

1. 주도권을 잡는 것은 협상과 같은 의미다.
2. 영업 사원은 돈과 관련해서만 주도권을 잡는다.
3. 우리가 영업 사원에게 주도권을 잡으라고 말하면 이들은 공격적으로 접근한다.

하나씩 살펴보자. 먼저 주도권을 잡는 것이 협상과 동일한 의미이며 주도권을 잡는 행동이 대부분 영업 마지막 단계에서 일어난다고 생각하는 경향이 있다. 이것은 챌린저는 돈에 대해 편하게 이야기할 수 있다는 자료를 잘못 해석한 것이다. 이것은 사실이 아니다.

첫 번째 오해: 주도권을 잡는 것은 협상과 같은 의미다

주도권을 잡는 것과 관련하여 가장 큰 오해 중 하나는 이것이 협상 능력과 관련된 것으로 생각하는 것이다. SEC의 연구 결과에 따르면 챌린저는 영업 과정 전체에서 주도권을 잡고 있다. 마지막 단계에서만 주도권을 잡는 것이 아니다. 사실, 주도권을 잡을 수 있는 최상의 기회는 영업 초기 단계이다.

챌린저는 처음에는 쉽게 판매할 수 있는 것처럼 보이는 영업 기회들이 알고 보면 고객의 숨겨진 검증 작업$^{verification\ efforts}$때문에 나타난 착시 효과에 지나지 않는다는 것을 알고 있다. 다른 말로 하자면, 고객은 이미 공급사를 결정했지만 좀 더 확인할 필요가 있다고 느꼈고, 그래서 결정을 바꿀 생각은 전혀 없지만 다른 공급사들과 한번 이야기해 보고 싶은 것이다. 이때 고객은 최고의 조건인지 확인하고 싶은 것이다. 연구에 따르면 약 20퍼센트의 영업 기회가 이 범주에 속했다. 이런 경우 고객사의 결정권자는 낮은 직급의 담당자에게 RFP를 돌리고 다른 공급사를 만나도록 지시할 것이다. 그런데 사실 고객은 다른 공급사에게 구매할 의사가 전혀 없기 때문에, 영업 사원은 고객사의 결정권자를 만날 기회가 전혀 없다.

평범한 영업 사원에게 이러한 상황은 문제가 아니다. 사실, 영업 사원 대부분은 이런 기회를 사랑한다. 사랑하지 않을 이유가 뭔가? 고객이 전화를 걸어 주지 않았는가?

이 경우 영업 사원 대부분은 계속해서 낮은 직급의 담당자에게 시간을 투자하면서 자신을 지지해 주기를 바란다. 필사적으로 한번 헤쳐가 보려는 것이다. 이런 영업 사원들은 주로 "RFP가 나왔다는 것은 고객이 돈을 쓰겠다는 말입니다. 우리가 참여하지 않으면 멍청한 결정입니다. 적어도 기회는 있어요!"라고 한다.

그러나 이런 초기 단계에서도 챌린저는 상황을 분명히 파악한다. 챌린저는 이런 장막을 아예 무시하고 낮은 직급의 담당자를 압박해서 지속적인 대화를 조건으로 결정권자를 만나려고 시도할 것이다. 챌린저는 담당자가 이 거래를 성사시키는데 핵심적인 역할을 하는 사람을 만나도록 허락하지 않을 경우 추가 영업을 하지 않고 다른 영업 기회로 이동할 것이다. 평범한 영업 사원에게 이것은 상식에 반하는 것처럼 보인다. 고객이 우리 솔루션으로 도전해 볼만한 RFP를 준비했고, 이것은 고객이 구매할 돈이 있다는 것이다. 여기에 더해, 고객은 영업 사원을 만나는데 동의했고, 요즘 같은 때는 고객을 만나기가 하늘의 별 따기만큼 어렵다. 그런데 왜 이런 상황에서 포기한다는 말인가? 그런데 이것이 바로 챌린저가 하는 행동이다. 챌린저는 더 중요한 곳에 시간을 투자해야 한다는 것을 알고 있다.

SEC 회원사인 한 글로벌 비즈니스 서비스 제공사는 챌린저 행동 방식을 제도화하여 전 영업 조직에 적용했다. 이 회사는 영업 사원이 영업 초기 단계부터 고위 담당자들에게 접근하도록 압박할 것을 주문한다. 대부분의 비즈니스가 RFP를 통해 진행되기 때문에 영업은 항상 고객사의 하급 담당자에서 시작된다. 그리고 대부분 구매 부서의 담당자일 것이다. 이 회사는 고객사가 우리를 파트너로 진지하게 생각하고 있는지 초기에 판단하는 기준은 영업 사원이 중요한 고위 담당자에게 접근하도록 허락해 주느냐에 달렸다고 영업 사원들에게 가르친다. 그런데 이 방법은 고객의 진정한 의도를 파악하는 아주 정확한 척도로 검증되었고, 이 회사의 영업 사원들이 시간을 낭비하지 않도록 많은 도움을 주었다.

이 회사에서는 첫 번째 미팅이 끝날 때 영업 사원들이 다음과 같이 말하도록 가르쳤다. "일반적으로 우리 회사에서는 이런 종류의 솔루션을 제공할 때는 구매 결정에 고객사의 고위 임원이 참여하기를 원합니다. 이번 구매 건에 그렇게 하실 건지요?" 고객이 그렇다고 하면 영업 사원은 언제 고위 임원을 만날 수 있는지 묻는다. 그리고 담당자가 미적거리거나 명확한 답변을 주지 않으면, 영업 사원은 압박을 가하면서 주요 책임자들과 만나지 못하면 우리가 제안한 솔루션의 가치에 고객사가 일관된 입장을 취하는지 확인할 방법이 없으며 계속해서 협상할 필요가 없다고 설명한다.

닐 라컴도 같은 이야기를 해 주었다. "영업 사원을 불러서 문제를 분석하고 창의적인 솔루션을 만들어 내도록 하는 고객이 사실은 문제를 일으킵니다. 많은 영업 조직은 영업 기회를 끝까지 진행시키는데 수억 원을 쓰기도 합니다. 그런데 고객은 최고의 솔루션이 명확해질 때까지 이런 식의 무료 컨설팅을 요청하고, 마침내는 가장 싼 가격을 제시하는 업체를 선택하지요."

닐 라컴에 따르면 여기에서 관계중심형 영업 사원과 챌린저의 차이가 극명하게 드러난다. "저의 연구에 따르면, 영업 사원들이 영업 마지막 단계에서 저가의 공급사에 고객을 빼앗겨 버리는 경우가 많습니다. 이것은 이들이 처음부터 주도권을 잡는데 실패했기 때문입니다. 이들은 어려운 비즈니스 대화를 하는 것을 회피합니다. 이런 대화로 관계가 손상되는 것이 두렵기 때문입니다. 그러나 처음부터 고객과 정면으로 맞서는 다른 유형의 영업 사원들도 있습니다. 그 문제에 대해 최선의 솔루션을 준비하는데 2억 원의 비용이 듭니다. 우리 회사는 솔루션을 준비할 것입니다. 하지만, 우리가 투자하면 고객 여러분도 우리에게 투자할 것이라는 확신이 필요합니다. 이런 영업 사원들은 마지막 단계에서 경쟁사한테 고객을 빼앗기는 경우가 드뭅니다."

이런 전술은 최고의 영업 사원이 가지고 있는 특성처럼 보인다. 최근의 SEC 연구에 따르면 모든 영업 사원은 고객사의 담당자들을 찾아내면서 영업을 시작하며, 평범한 영업 사원들은 다음 단계로 고객의 요구 사항을 이해하고 이 사항에 맞추어 솔루션을 찾아내는 아주 논리적인 것처럼 보이는 일을 한다. 그러나 최고의 영업 사원은 두 번째 단계에서 다른 일을 한다. 개별 담당자의 비즈니스적 목표와 개인적인 목표를 찾아내고, 개개인의 다양한 목표와 경향을 탐구하는데 시간을 보내는 것이다. 맞추어 제안하기에 관한 장에서 보았듯이, 챌린저는 누가 중요한 담당자인지 파악할 뿐 아니라, 담당자가 무엇에 관심이 있는지 왜 이런 것에 관심이 있는지 알아낸다. 이런 과정을 통해서 챌린저는 처음부터 주도권을 잡을 수 있는 좋은 위치를 점하게 된다.

챌린저는 영업 과정에서 주도권을 잡을 수 있는 다른 많은 기회를 포착한다. 다시 말하지만, 협상 테이블에 앉기 훨씬 이전에 이렇게 한다. 어떤 영업 사원이 영업 초기 단계에서 고객의 진정한 의도를 성공적으로 파악할 수 있다고 하더라도 많은 거래가 중간에 난항에 빠지게 된다. 챌린저는 고객사 내에서 일이 신속히 진행되게 할 수 있다는 점에서 다르다. 평범한 영업 사원이 담당할 때 보다 더 빨리 고객이 결정을 내리도록 고객사 내부의 결정 과정에 가속도를 붙인다.

챌린저형 영업 사원들과 이야기해 보면 고객이 거래처에서 구매하는 것이 얼마나 어려운지 평범한 영업 사원들보다는 확실히 더 잘 이해하고 있다. 구매 과정에서 공급사가 여러 절차적인 요구를 해서 고객이 결정을 내리는 것을 방해하기 때문에 그런 것이 아니다(물론, 이것이 많은 공급사의 문제인 것은 맞다). 많은 경우에 문제는 고객들이 어떻게 구매를 해야 할지 모른다는 사실에서 기인한다. 물론, 고객들은 공급사에서 복잡한 솔루션을 구입하는데 필요한 기본적인 노하우를 가지고 있다. 그러나 모든 솔루션 자체가 각자 고유하고 조직의 다양한 부서와 관련되어 있다는 사실로 인해 표준 구매 절차나 프로토콜은 무용지물이 되고 만다.

평범한 영업 사원들도 이러한 복잡함을 알고 있다. 그러나 영업 사원들 특히 관계중심형 영업 사원들의 경우 알아내고 나서 대처하기 learn and react 식의 접근법을 취한다. 이들은 고객이 주도하도록 한다(다시 말하지만, 고객은 솔루션을 구매하는 복잡함으로 인해 이미 혼란스러워하고 있을 것이다). 이들은 고객이 타고 있는 배를 뒤흔들어 생각을 바꾸어 놓기 보다는 고객의 의견에 따른다. 이런 영업 사원들은 누가 연관되어 있고 어떤 과정을 거쳐야 하는지 고객에게 물어본다. 하지만, 고객도 영업 사원만큼이나 갈피를 잡지 못하고 있는 상황이다.

챌린저는 반대로 주도하고 단순화하기^{lead and simplify}접근법을 취한다. 챌린저는 고객이 복잡한 솔루션을 어떻게 구매해야 하는지 알고 있다는 잘못된 가정을 하기보다는, 고객이 솔루션을 어떻게 구매해야 할지 가르친다. 과거의 성공했던 영업에서 현재 상황에서 무엇이 최선인지 추론해 내고, 이 경험을 통해 고객이 구매를 진행할 수 있도록 도움을 준다. "누가 참여해야 할까요?"라고 묻기보다는 챌린저는 누가 참여해야 하는지를 고객에게 알려준다.

익숙하지 않은가? 상업적 가르치기가 "무엇 때문에 밤에 잠 못 드시죠?"라는 질문에서 벗어나 고객을 잠 못 들게 하는 것에 대한 고유의 통찰을 제공하는 것이었다면, 여기에서도 마찬가지다.

주도권을 잡는 행동이 협상 테이블에 마주 앉는 영업의 마지막 단계에서는 일어나지 않는다고 말하고자 하는 것이 아니다. 물론, 거기에서도 주도권을 잡으려는 노력이 일어난다. 연구 결과에 따르면 챌린저는 협상에서도 우수한 능력을 발휘한다. 사실 이 부분에 대해서는 이 장의 후반부에서 듀폰^{DuPont}사의 협상 교육 사례를 다룰 때 자세히 설명한다. 하지만, 주도권을 잡는 것과 협상을 동일하게 여기는 것은 잘못됐다. 협상을 주도권을 잡는 것의 일부분으로 생각하는 것이 훨씬 더 정확하다.

여기에 더해, 챌린저는 평범한 영업 사원들이 영업 마지막 단계인 협상 단계에서야 주도권을 잡으려 노력한다는 것을 알고 있다. 그래서 챌린저는 처음부터 주도권을 잡으면서 차별화한다. 고객에게 이것은 중요한 의미가 있다. 그렇게 되면 고객이 챌린저를 확신에 찬 파트너로 인식하고, 안절부절 못하면서 거래를 성사시키는 데만 관심이 있는 영업 사원으로 보지 않기 때문이다.

두 번째 오해: 돈과 관련된 문제에서만 주도권을 잡는다

연구 결과에 따르면 챌린저는 고객을 압박할 수 있다. 물론, 챌린저가 금전적인 조건, 영업, 구매 절차 등에 압박을 가할 수 있지만, 고객의 관점이나 어려움, 그리고 이 어려움에 대한 솔루션이 무엇이 되어야 하는지에 대해 압박할 수 있다는 점이 더 중요하다. 이것은 이전에 설명했듯이 상업적 가르치기의 핵심적인 부분(고객의 관점을 재구성할 수 있는 능력)이다.

왜 이렇게 아이디어를 주고받는 상황에서 주도권을 잡는 것이 중요한가? 그것은 고객, 특히 경험 많은 고위 담당자가 챌린저가 전달하는 새로운 관점을 의심 없이 무작정 받아들이는 경우가 거의 없기 때문이다. 오히려, 고객은 영업 사원에게 압박을 가할 것이다. 고객은 질문할 것이고 근거 자료를 달라고 요구할 것이며, 자신의 회사는 경우가 다르다고 말할 것이다. 이런 질문들에 관계중심형 영업 사원은 쉽게 허물어진다. 상호간의 긴장을 해소하고자 하는 관계중심형 영업 사원은 그냥 고객에 못 이기는 척 동조해 주고 만다. 고객과의 논쟁으로 인해 대화를 마치지 못할까 봐 걱정하는 것이다. 결국, 미팅은 제품 세부 사항과 제품을 얼마 동안 사용할 수 있을지 등에 관한 가격 중심의 낮은 수준의 대화로 격하되고 만다. 그렇게 되면 솔루션은 더 크고 가치 있는 의미를 가질 기회를 놓쳐 버리는 것이다.

그러나 이런 대화에서 챌린저는 진가를 발휘한다. 챌린저는 건설적인 긴장을 자신에게 유리한 방향으로 이용할 것이다. 자신의 주장에 고객이 동조하지 않는 징후가 보일 때 포기하는 것이 아니라 오히려 압박한다. "맞습니다. 이 회사는 확실히 다르죠. 하지만, 우리 회사와 같이 일했던 다른 고객사들도 마찬가지로 고유한 특성을 가지고 있었습니다. 제가 확실히 말씀드릴 수 있는 것은 이 통찰이 이 회사를 운영하는 방식에 대해 다시 생각하게 만들었다는 점입니다. 동의해 주신다면 이 아이디어를 더 깊이 검토해 보고 다시 만나서 제가 여러분의 우려를 불식시켰는지 한번 확인해 보도록 하지요."

상업적 가르치기를 통해 챌린저는 고객이 생각하지 못했던 새로운 아이디어를 제시하면서 주도권을 잡을 수 있게 된다. 그러나 고객은 이런 상황에 정통해 있고, 만약 쉽게 바뀔 수 있었다면 고객은 이미 오래 전에 생각을 바꾸었을 것이다. 챌린저가 설득력 있는 통찰과 근거가 있는 자료로 무장을 하고 있다고 할지라도 여전히 고객의 저항이 있을 것이다. 이런 저항을 만날 때 챌린저의 반응은 논쟁의 주도권을 잡는 것이다.

아이디어에 대한 토론을 통해 주도권을 잡는 것은 단지 영업 사원이 만만한 사람이 아니라는 것을 보여주기 때문에 중요한 것은 아니다. 챌린저가 제안하는 아이디어, 즉 고객에게 가르쳐준 새롭게 발견한 문제나 기회가 공급사가 고객에게 제안할 솔루션과 직접 연관되어 있기 때문에 중요하다.

만약 영업 사원이 고객의 문제가 심각하다는 것을 확신시킬 의지가 없다면, 이 영업 사원은 문제를 해결할 가치가 있다는 것을 고객에게 확신시킬 수 없는 것은 당연하다.

세 번째 오해:
"주도권을 잡아라."라고 하면 영업 사원은 공격적으로 변할 것이다

많은 사람이 주도권을 잡는 것, 즉 챌린저가 영업 과정에서 단호함을 보이는 경향과 공격성을 구분하지 못한다. 그러나 두 개는 별개다. 이것이 우리가 해결해야 할 가장 중요한 오해일 것이다.

영업 사원의 행동을 그림 7.1과 같이 배치해볼 수 있을 것이다. 즉, 한 쪽 끝에는 수동적인 행동이 있고 다른 한쪽에는 공격적인 행동이 있다.

물론, 수동적인 행동은 설명할 필요가 없이 분명하다. 다른 사람의 요구를 수용하며, 남의 편의를 봐주는 말을 하고, 다른 사람이 자신의 개인적인 영역에 침범하도록 놓아둔다. 친숙하지 않은가? 이것은 관계중심형 영업 사원의 전형적인 특성이다. 수동적인 영업 사원의 최종 목표는 고객을 기쁘게 해 주는 것이다. 이 욕구가 매우 강하다 보니 관계중심형 영업 사원은 자신이나 회사에 도움이 되지 않는 일도 서슴없이 할 것이다. 예를 든다면 고객이 요구하지 않았지만 알아서 할인을 제안하는 일 등이다. 수동적인 행동에 대해서 영업 책임자들은 별로 혼란스러워하지 않는다. 실제로 이들이 혼란스러워하는 것은 단호한 것과 공격적인 것의 차이다.

둘 간의 가장 큰 차이는 마음가짐에서 온다. 공격적인 사람은 다른 사람을 공격하고 적대적인 언어를 사용하는 반면, 단호한 사람은 공격적인 사람보다 건설적이다. 단호한 사람은 강한 어조를 사용하기는 하지만 불쾌하게 하거나 무례하지 않다. 그래서 단호한 영업 사원은 고객을 압박하지만, 고객을 존중하며 고객이 어떻게 반응하는지를 민감하게 파악하면서 압박한다. 이런 영업 사원은 무작정 자신이 하고 싶은 말만을 하려고 하지 않으며, 과감하게 움직이며, 항상 고객의 반응을 살피고 여기에 대응한다.

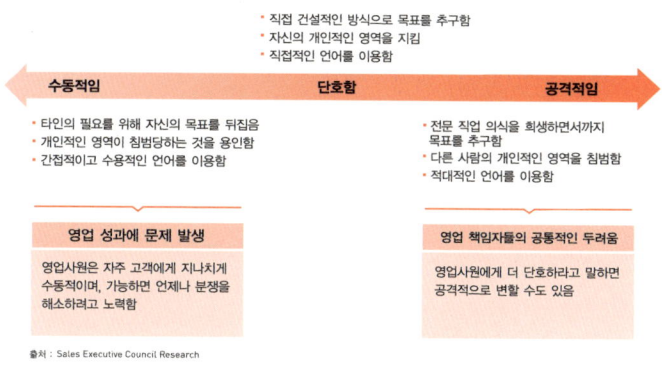

그림 7.1 영업 사원 행동 방식의 스펙트럼

SEC의 한 회원사가 이야기해준 사례를 보자. 회사의 영업 사원 한 명은 2009년 초 대단히 큰 생산 설비를 가지고 있는 회사에 페인트를 판매하고 있었다. 회사는 치열한 경쟁과 원재료 가격 상승으로 낮은 이윤을 남기고 있었다. 영업 사원은 고객사의 구매 부서에 가격 인상과 관련된 공문을 보낸 후, 가격 인상 이유에 대해 설명하고 다음 분기 시작과 함께 가격을 올리는데 고객의 동의를 구하려고 방문했다. 그러나 고객사의 구매 매니저는 아주 단호히 현재 비즈니스 환경이 좋지 않아서 가격 인상을 수용할 수 없다고 말했다(이것은 사실이었다). 그러나 챌린저형 영업 사원은 자신의 가격 제안을 뒤집지 않았다. 첫 번째 방문과 추가로 두 번의 방문을 하는 동안 자신의 태도를 견지하면서, 페인트를 도색하는 공장에서 생산성이 급격하게 향상된 것은 공급사가 설치해준 페인팅 관련 장비와 관련 전담 직원 때문이라고 언급했다. 구매 매니저가 가격 인상으로 인해 어떤 심각한 사태가 초래될 수 있는지 이야기하면서 위협했지만(고위 임원의 개입이나 장기 계약의 종료) 챌린저는 포기하지 않았다.

영업 사원은 고객사의 여러 공장 중 가격 인상으로 영향을 받는 공장들을 총괄하는 매니저와 약속을 잡았다. 이 공장들은 페인트의 주요 사용자이자 서비스의 수혜자이기도 했다. 영업 사원은 무엇이 문제인지 왜 가격을 인상해야 하는지 설명했다. 그리고 공급사가 생산성을 높이기 위해 고객사의 여러 공장에서 수행한 프로젝트들을 같이 검토했다. 총괄 매니저는 자신이 보고하는 고위 임원에게 전화해서 영업 사원이 주장하는 것이 사실임을 확인해 주었고, 경영진은 영업 사원이 주장한 가치를 인정해 주었다. 그 후 영업 사원은 총괄 매니저에게 구매 매니저와 함께 하는 미팅을 주선하고 가격 인상을 지지해 주도록 요청했다. 총괄 매니저는 실제로 그렇게 했고 가격 인상은 결국 받아들여졌다.

이 사례에서 영업 사원은 자신의 입장을 끝까지 견지했으며, 아주 단호했지만, 공격적이지는 않았다. 구매 부서와 거의 끝장까지 갔지만, 공급사가 제공하는 가치를 보여주고 이를 견지했다.

그림 7.1을 통해 알 수 있는 흥미로운 사실은 영업 책임자들이 영업 사원들이 너무 공격적인 경향을 보일까 봐 걱정한다는 점이다. 이들이 일반

적으로 두려워하는 것은 만약 영업 사원들에게 더 공격적인 자세를 취해서 주도권을 잡으라고 말하면 영업 사원들이 중간 과정을 거치지 않고 바로 공격적으로 변하는 상황이다.

그러나 실제로 이런 일들은 거의 일어나지 않는다. 대부분의 영업 사원들은 공격적인 자세를 취하기보다는 여전히 수동적인 입장을 견지한다. 이들은 고객과의 긴장을 유지하기보다는 해소하기 위해 고군분투하면서 상황을 진전시키지 못한다.

왜 이런 상황이 벌어지는가? 영업 사원과 고객의 관계에서는 힘의 불균형이 발생하기 때문이다. 영업 사원은 고객이 훨씬 더 큰 힘을 가지고 있다고 생각한다. 그러므로 영업 사원은 고객이 더 좋은 조건을 요구하면 다른 선택의 여지가 없다고 간주하고 요구를 수용하게 된다. 영업 사원들은 고객이 왜 이런 요청을 하는지 완전히 이해하지도 못한 상태에서도 그냥 요구를 수용한다. 평범한 영업 사원에게는 그냥 고객의 요청을 수용하거나 아니면 거래를 성사시키지 못하거나 둘 중 하나를 선택할 수밖에 없다. 이런 인식이 사실일지라도, 현실은 이와 완전히 다르다.

베이그룹 인터내셔널BayGroup International사가 최근 영업 사원들과 구매 담당자들을 대상으로 한 설문 조사에 따르면 75퍼센트의 영업 사원들은 고객사의 구매 부서가 더 큰 힘을 가지고 있다고 생각하고, 반면 75퍼센트의 구매 담당자들은 영업 사원들이 더 큰 힘을 가지고 있다고 생각하는 것으로 드러났다. 적어도 이 자료는 영업 사원이 고객이 큰 힘을 가지고 있다고 믿기 때문에 요청을 그냥 수용한다는 것은 완전히 틀렸다는 것을 일깨워준다. 그런데 챌린저형 영업 사원은 본능적으로 이 사실을 아는 것처럼 보인다.

챌린저형 영업 사원들은 영업하면서 그냥 항복하지 않는다. 평범한 영업 사원들과는 다르게 언제나 이 상황에서 협상의 여지가 더 많이 있다는 사실을 알기 때문이다. 챌린저들은 어떻게 적절한 방식으로 조절할지 그냥 알고 있다.

많은 영업 전문가는 자신이 고객에게 얼마나 많은 도움을 주고 있는지 평가절하한다. 자기 회사가 제공하는 자원의 엄청난 가치, 즉 기술적인 전문성뿐 아니라 프로젝트 수행과 관리의 노하우 등은 하찮게 여기고 고객이 제기하는 모든 반론의 가치를 과대평가한다. 챌린저 교육을 하다가 이 부분을 언급하면 많은 사람이 "아하!"라고 말한다. 교육 중에 영업 사원들에게 고객의 이익을 위해 어떤 것을 제공할 수 있는지 한번 생각해 보라고 말한다. SEC 솔루션의 한 교육담당자 말을 인용하면 "한번 생각해 보세요. 여러분은 고객이 이전에 몰랐던 것을 가르쳐 줍니다. 몇 천 개는 아니겠지만 수백 개의 수행 사례를 통한 실제적인 경험입니다. 그런데 고객은 이것과 동일한 프로젝트는 처음 수행할 것입니다. 주도권을 잡는다는 것은 여러분이 이런 자원의 가치를 알고 있고, 결정에 진지하지 않은 고객에게 이런 자원을 그냥 다짜고짜 보여주지 않는다는 것을 의미합니다. 만약 고객이 사례를 보내 달라거나, 참고할 수 있는 다른 고객을 알려 달라고 하면 관계중심형 영업 사원은 "네, 그렇게 하시죠."라고 할 것이다. 그러나 챌린저는 "네 그렇게 하시죠, 그런데 이것이 이제 파트너로 일하거나 계약서에 서명하기 이전의 최종적으로 확인하려고 하시는 사항인지 묻고 싶습니다."라고 말할 것입니다. 왜 그럴까요? 챌린저는 그와 회사가 고객에게 제공하는 가치에 대해 확신이 있기 때문입니다."

대부분의 영업 사원이 수동적인 자세를 취하는 다른 이유는 공급사와 고객의 관계에서 주도권을 잃고 있다는 일반적인 인식 때문이다. 이것은 어려운 경제 환경 때문에 발생한 일시적인 현상이다. 어려운 경제 환경에서 영업 사원은 어떤 비즈니스라도 할 수 있으면 행복해할 것이다. 거래가 최종 단계까지 갔을 때 영업 사원이 가장 하기 싫어하는 것은 가격에 대해 뒷걸음을 치는 것이다. 영업 사원은 고객이 마음을 바꾸기 전에 얼른 거래를 끝내고 싶어 한다. 어려운 경제 환경에서는 단호한 영업 사원조차도 수동적으로 행동하기 마련이다. 평소 수동적인 영업 사원은 아주 무너져 버린다. 영업 사원이 알아서 고객에게 유리한 협상 조건을 만들고 이로 인해 고객 쪽으로 힘이 실리게 되므로 전반적으로 구매자에게 유리한 시장이 된다.

영업 사원들이 고객 앞에서 수동적으로 행동하는 두 번째 이유는 우리가 이런 식으로 행동하라고 말해 왔기 때문이다. 아마 이것이 더 마음에 와 닿는 이유일 것이다. 경영 전략 때문에 수동적으로 변하고 더 악화된 것이다. 경영진이나 영업 책임자가 고객에게 서비스하고 고객의 요구에 공감하는데 집중하라고 말한다면, 즉 "고객의 편에 서라."고 말하면, 이 메시지를 전해 들은 영업 사원은 "고객이 원하는 것을 주라."는 의미로 해석한다.

요즘은 과거 어느 때보다도 더 자주 영업 책임자가 영업팀에게 '고객을 제일 먼저 생각하라.'라고 주문하는 것을 보게 된다. '고객 중심주의'라는 말이 드라마틱하게 재림한 것이다. 여기에는 회사가 어려움에서 벗어나려면 영업 책임자가 하는 모든 것이 고객에게 최고의 가치를 제공하도록 해야 한다는 전제가 깔렸다. 그러나 문제는 회사가 고객 중심주의를 강조했지만, 영업 조직이 실제로 어떻게 수행해야 하는지에 대해서는 아주 모호한 입장을 취했다는 것이다. 고객 중심주의가 비즈니스에 나쁜 영향을 끼칠 수 있는 대여섯 가지 경우가 있다. 두 가지 예로 가격 할인(또는 장기적인 이익을 위해 수익성을 갉아먹는 조건들)을 해 주거나, 고객의 주문을 그대로 따르는 오더 테이커order-taker를 취하는 것이다. 이 두 가지는 회사를 아주 힘들게 하는 것이다. 하지만, 많은 회사에서 이 두 가지가 회사에 이익이 될 것이라는 잘못된 생각을 영업 사원이 갖지 못하도록 영업 조직을 효과적으로 설득하지는 못하고 있다.

영업의 주도권을 잡을 수 있는 챌린저형 영업 사원을 키우기 위해서는 수동적인 자세를 취하도록 만드는 요소들을 극복해야 한다. 우리가 관심을 가져야 할 진정한 문제는 영업 사원이 너무 단호해지는 것을 어떻게 막느냐가 아니라 어떻게 단호하게 만드느냐의 문제다.

영업 사원이 주도권을 잡도록 준비시키기

어떻게 영업 사원이 수동적인 태도에서 벗어나도록 할 수 있을까? 평범한 영업 사원들이 효과적으로 주도권을 잡는데 방해가 되는 걸림돌을 해결할 때 가능하다. 걸림돌은 바로 영업을 종결 지우려는 강한 욕구이다.

영업 사원들은 본능적으로 오더를 받아서 영업을 종결하려고 한다. 다른 사람들과 마찬가지로 영업 사원들도 애매모호한 상황에 불편해한다. 특히, 애매모호함은 일반적으로 보너스와 연관되어 있기 때문이기도 하다. 영업 사원들이 극복해야 하는 인간의 타고난 성향이 있는데 불편한 상황에서는 뭔가 끝내고 싶어 한다는 것이다. 이런 성향에 굴복하는 것이 평범한 영업 사원들을 나락에 빠뜨린다.

챌린저는 반대로 애매모호한 상황에서 뛰어난 실력을 보여준다. 이런 상황에서 어떻게 행동을 해야 하는지, 그리고 상황을 어떻게 자신에게 도움이 되도록 이용해야 하는지 알고 있다. 고객과의 미팅 중에 대화가 중단되고 적막한 상황에서도 평정심을 유지하며, 협상 포인트와 고객의 반론을 오랫동안 미 종결 상태로 놓아둔다. 챌린저가 긴장을 좋아한다고 하면 좀 과장이겠지만 완전히 틀린 말은 아니다.

긴장과 애매모호함을 좋아하지 않는 영업 사원이 갑자기 이것들을 좋아하기를 기대하는 것은 비현실적이다. 이런 반응들은 대부분 사람의 머리에 이미 입력되어 있다. 이런 것들에 편안해지거나 그렇지 않거나 둘 중 하나이다. 우리가 이런 것들에 편안해지지 못한다면 이것들을 피할 변명을 찾을 것이다. 현실적으로 이러한 본능적인 성향을 쉽게 바꿀 수는 없다. 그러나 영업 사원이 이러한 자연스러운 성향을 자각하고 가치에 대한 심각한 논쟁이 있을 때 먼저 포기하지 않도록 하는 현실적인 도구를 제공해줄 수는 있다. 듀폰사의 사례가 바로 이것을 말해 주고 있다. 듀폰사는 영업 사원들이 너무 서둘러 영업을 종결짓 지 않도록 하는데 도움을 주는 훌륭한 협상 교육 과정과 툴을 개발했다

주도권 잡기 사례:

듀폰사의 통제된 협상 가이드

듀폰DuPont사의 사례를 자세히 검토하기에 앞서 먼저 염두에 두어야 할 것은 이 사례는 협상 상황에서 주도권을 잡는 것을 집중적으로 다루고 있다는 점이다. 앞에서 말한 것처럼 챌린저는 협상 단계뿐 아니라 영업 과정 전반에서 주도권을 잡는다. 하지만, 협상 테이블은 어떻게 주도권을 잡는지에 대해 알아볼 수 있는 좋은 장소다. 듀폰사의 사례는 영업 사원이 고객을 단호하지만, 공격적이지 않은 방식으로 압박하도록 어떻게 준비시킬 수 있는지를 보여준다.

주도권을 잡는 것은 건설적인 긴장감을 조성하는 것, 고객의 관점을 바꾸는 것, 힘든 협상에서 건설적으로 압박하는 것 등이다. 듀폰사는 영업 사원이 너무 일찍 고객의 요구를 수용하려는 본능을 극복하는데 도움을 주는 아주 강력한 툴을 도입했다. 듀폰사는 협상 교육 기관인 베이그룹 인터내셔널BayGroup International사와 함께 이 툴을 연구했다. 참고로, 이 회사 이외에도 훌륭한 협상 교육 프로그램을 제공하는 여러 회사가 있다는 점을 밝혀 둔다.

듀폰사의 사례에서 목표는 아주 명확했다. 챌린저를 구성하는 세 번째 요소인 주도권 잡기와 관련되어 있고, 다른 영업 사원도 이런 과정을 따르면 충분히 개선할 수 있는 영역이기도 하다.

주도 면밀한 계획

듀폰사는 다양한 산업에서 혁신적인 제품과 서비스를 제공하는 회사다. 농업, 전자, 교통, 건축, 안전, 보안 등의 산업에서 다양한 고객이 있다. 협상 테이블에서 영업 사원이 주도권을 잡도록 준비시키는데 듀폰 식 접근법의 핵심은 바로 다음과 같다. '준비된 계획이 있어야 한다. 고객에게 도전하지도 못하고 물러서지 않을 확신을 갖는 유일한 방법은 영업 사원이 고객을 방문하기 전에 고객에게 도전할 전략을 세웠는가에 달려 있다.'

듀폰사는 베이그룹 인터내셔널사의 상황별 영업 협상Situational Sales Negotiation, SSN방법론을 이용해 영업 사원이 협상의 전 계획을 짤 수 있는 간단한 템플릿을 영업 사원들에게 주었다. SSN 템플릿 자체는 아주 간단하다. 그러나 여기에 모인 정보의 범위와 가치를 보면 이 템플릿이 아주 특별한 것임을 알 수 있다. 이 템플릿의 정보가 모두 조합되면 영업 사원에게 아주 효과적인 관점을 제공하는데, 이를 통해 영업 사원이 협상에서 확실한 우위를 점할 수 있도록 해 준다.

이런 툴을 만든 목적은 고객이 양보해 달라고 요구할 때 수용하기보다는, 영업 사원이 효과적으로 협상할 수 있도록 도움을 주는 데 있다. SSN 템플릿은 영업 사원이 자신이 속한 공급사가 가지고 있는 상대적이지만 그래도 지배적 위치power position가 무엇인지 기록하도록 한다. 즉, 제품에서부터 브랜드, 가격, 서비스, 관계 등을 모두 망라해서 적어야 한다. 이 템플릿의 근본적인 아이디어는 우리가 고객에 대해 상대적인 우위를 보이는 영역과 상대적인 약점을 보이는 영역을 기록하는 것이다. 만약 잘 작성되면, 첫 번째 섹션에 있는 세부 항목들은 회사가 고객과의 협상 테이블에 가져갈 수

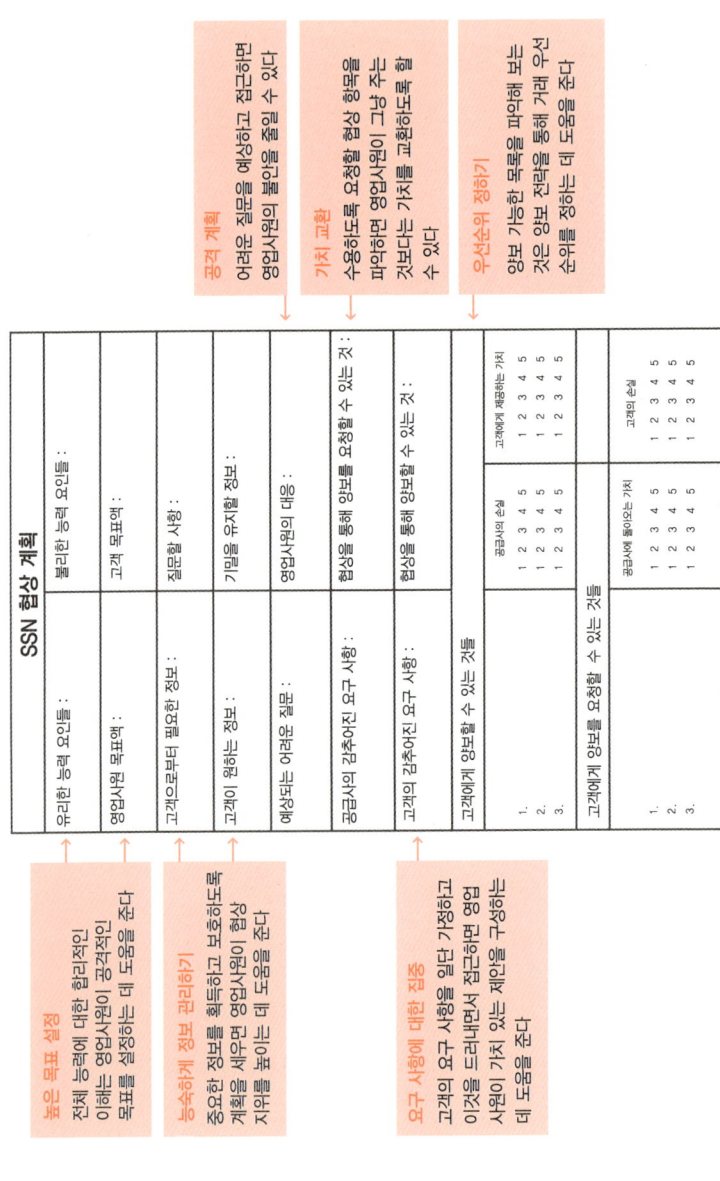

그림 7.2 협상 분석 및 행동 계획

있는 가치를 영업 사원이 정확히 파악할 수 있도록 해줄 것이다. 그러면 영업 사원은 가치만큼의 가격을 요구할 수 있다.

SSN 템플릿은 또한 듀폰 영업 사원들이 고객에게서 알아내야 하는 정보를 고객을 만나기 전에 먼저 생각해 보도록 한다. 동시에 이런 정보를 얻기 위해 물어보아야 할 구체적인 질문을 적도록 한다. 마찬가지로, 이 템플릿은 고객이 알고 싶어 하는 정보를 영업 사원이 자세히 기록하도록 한다. 그렇게 하면, 영업 사원은 실제 미팅에서 이런 정보를 제공할지, 아니면 보호할지 준비할 수 있다.

그 다음으로 파악해야 하는 것은 '어떤 어려운 질문과 반론을 고객으로부터 받을 것인가?' 그리고 '어떻게 답변을 하려고 준비하고 있는가?'이다. 언제나 답변을 준비하는 것이 좋다. 질문이 나오고 나서 즉답을 하려고 하면 항상 고객의 요구를 너무 일찍 수용하게 된다. 그 다음으로 면밀하게 검토해야 하는 것은 협상이 필요한 구체적 항목들, 고객의 요구 사항 밑에 깔린 여러 전제다.

마지막으로, SSN 템플릿은 고객에게서 수용할 항목과 고객에게 수용하도록 요청할 항목이 무엇일지 영업 사원이 분석하도록 한다. 예를 들어, 고객이 영업 사원에게 가격 인상을 포기하도록 요청하거나, 영업 사원은 고객이 몇 개의 커스터마이징 요구를 철회하도록 요청할 수도 있다. 이 템플릿을 이용해 영업 사원은 수용 항목들이 자기 회사나 고객에게 어느 정도 가치가 있는지 점수를 매길 수 있다. 예를 들면, 영업 사원은 고객의 가격 요구를 수용하는 것은 공급사에게는 비용 측면에서 5점을 줄 수 있다. 이는 회사의 마진율이 높지 않기 때문이다. 그런데 고객에게는 2점의 가치밖에

되지 않을 수 있다. 왜냐하면, 이 고객은 가격보다는 제품의 질과 운용성을 더 중요시하기 때문이다.

이 방법론을 고려하고 있다면, 지금 주위의 영업 사원들 중 몇 명이 협상 테이블로 가기 전에 실제로 이런 정보를 구성하기 위해 시간을 투자하는지 한번 물어보자. 특히, 가격이 핵심으로 거론될 협상 테이블에서는 이런 준비가 더 중요할 것이다. 대화에서 주도권을 잡는 것이 챌린저의 진정한 특성이라는 것을 기억하자. 챌린저의 머릿속에는 이러한 채점 카드가 담겨있다. 챌린저는 이런 방식으로 영업 세계를 보고, 그래서 결정적일 때 고객을 압박할 수 있다. 다른 말로 하면, SSN 템플릿이 챌린저가 본능적으로 수행하는 것을 대신 표현해 주는 것이라고 할 수 있다. 이 방식을 이용하면 챌린저가 고객을 방문하기 전에 계획을 짜는 비밀을 알게 되고, 이제 한 장의 종이에 옮길 수 있다.

영업 사원에게 이런 툴을 제공하면, 고객과의 대화가 힘들어질 때도 확신을 갖고 버틸 가능성이 커진다. 그리고 협상 중 벌어질 일을 예상할 수 있다. SEC 연구에 따르면 우수 영업 사원임을 알아내는 가장 좋은 방법은 영업 사원이 계획을 짜는데 얼마나 많은 시간을 투자하는지 보는 것이다. 우수한 체스 선수가 그러하듯이, 현재 어떻게 움직여야 할지에 집중하는 것이 아니다. 대여섯 수 앞에 어떤 일이 벌어질지 집중한다.

듀폰사는 영업 사원이 단호한 태도를 가지려면 연습과 계획이 필요하다는 것을 알게 되었고, 이 부분을 개선할 수 있는 조처를 취했다. 만약 다음 주에 열 명의 영업 사원에게 고객을 방문하기 바로 전에 이 템플릿을 준다면 이들이 채워 넣을 수 있을까? 만약 답변이 시원치 않다면 영업 사원들은 고객의 요구에 너무 일찍 동의하고 있을 것이다. 이들은 고객을 한 순간에 밀어붙일 준비가 되어 있지 않기 때문이다. 이들은 도전할 준비가 되어 있지 않다.

영업 사원들이 고객을 만나고 있고 고객이 현재 진행되는 구매 건에 대해 요구 사항을 늘어놓을 때 영업 사원들이 고객의 요구에 도전하도록 준비시키기 위해 다른 무엇을 할 수 있을까?

성공적인 협상을 구성하는 요소들

고객과의 힘든 대화를 헤쳐 나가는 것은 마술과 같다. 일부의 영업 사원은 믿을 수 없을 정도로 이것을 잘할 수 있는 것처럼 보인다. 그러나 어떻게 그렇게 할 수 있는지는 완전히 해명되지 않았다. 그러나 영업 사원이 대화의 주도권을 잡는데 도움을 주기 위해 어떤 절차를 밟아야 하는지 구체적으로 보여줄 수 있을 것이다.

듀폰사는 베이그룹 인터내셔널사의 방법론을 이용해서 명확한 네 단계로 구성된 틀을 만들었다. 그리고 이 틀을 이용해서 이틀 간의 워크숍을 통해 영업 사원이 너무 일찍 고객의 요구를 수용하려는 경향을 없애려 했다.

1. 인정하고 늦추기(Acknowledge and Defer)
2. 심화하고 확대하기(Deepen and Broaden)
3. 조사하고 비교하기(Explore and Compare)
4. 계획에 따라 양보하기(Concede According to the Plan)

이것들은 협상에서 건설적인 긴장을 유지하는 로드맵이라고 생각하면 된다. 챌린저는 이것들을 본능적으로 하고 있지만, 다른 유형의 영업 사원은 이와 같은 구체적인 가이드가 필요하다.

이 가이드가 어떻게 작동하는지 한번 보자. 인정하고 늦추기에서부터 시작해 보자. 고객이 자신의 요구, 예를 들면 가격 할인 등을 요구할 때 거래 자체가 무산되는 것을 피하면서 이런 요구들을 어떻게 뒤로 미룰 수 있을까? 이를 위해 듀폰사는 아주 현명하면서도 확실한 방법을 시도했다. 즉, 이런 상황에서 실제로 해야 할 말을 가르쳐 준 것이다.

반드시 배운 대로 해야 할 필요는 없지만, 영업 사원들은 이렇게 말하도록 교육을 받았다. "가격이 우리가 해결해야 할 문제인 것을 이해합니다. 그러나 먼저 제가 여러분이 원하는 것을 충분히 이해하는데 초점을 맞추고 싶습니다. 그렇게 해야만 이 거래를 통해 고객 여러분께 최고의 가치를 드릴 수 있기 때문입니다. 괜찮을까요?"

이것은 상대적으로 간단한 요구이지만 많은 의미를 내포하고 있다. 먼저 영업 사원은 언젠가는 이 거래를 성사시키겠다고 약속한 것이다. 사실 고객은 영업 사원만큼이나 거래가 성사되기를 원한다. 또한, 거래를 따낼 수 있다는 것을 가정하고 다음 단계로 진행할 허락을 얻어 냈다. 이 점이 중요하다. 고객의 허락을 통해서 고객의 요구를 수용하는 것을 연기했기 때문이다. 만약 이 허락을 받아 내지 못하면 고객은 다음에 영업 사원이 어떤 말을 하든지 듣지 않을 것이다. 이것은 챌린저가 아닌 영업 사원들이 항상 저지르는 실수. 이들은 연기하려는 시도를 아예 하지 않는다. 한다고 하더라도 고객의 동의없이 하게 된다. 그렇게 되면 거부 반응을 일으키거나,

더 나쁜 경우에는 공격적으로 보이게 되는 위험에 빠질 수 있다.

만약 계속 진행하는 것을 고객이 허락했다면 이제는 다음 두 단계로 진행하게 된다. 심화하고 확대하기 그리고 조사하고 비교하기이다. 이 두 단계에 대해 알아보자.

이 지점에서 영업 사원은 시간을 벌었지만 동시에 대화에서 어느 정도의 긴장을 조성했다. 이제 영업 사원은 긴장을 관리하는 방안을 가지고 있어야 하며, 지속적으로 추진할 확신을 가져야 한다. 듀폰사는 고객이 가격을 가지고 압박할 때 협상 상황을 유리한 상황으로 이끌 수 있는 한 가지 구체적인 기술을 가르친다. 이 기술을 자세히 들여다보면 그렇게 강력한 무기가 될 수 있는 이유가 있다. 간단명료하고 반복할 수 있는 기술이어서 챌린저가 아닌 영업 사원들도 똑같은 방법을 배울 수 있기 때문이다.

심화하고 확대하기와 관련해서 듀폰사는 영업 사원에게 고객의 숨겨진 요구 사항을 파악하는 데 필요한 전술을 제공했고, 조사하고 비교하기와 관련해서는 영업 사원이 대화 중에 파악된 추가 요구 사항을 비교하고 평가하는 전술에 대해 교육했다.

여기에서 핵심은 무엇이 고객에게 중요한지에 대해 고객의 관점을 확대시키는 것이다. 가격 이외에 중요한 것은 무엇인가? 보증, 서비스 계획, 빠른 배송이나 설치 등이 있을 수 있을 것이다. 모든 것을 협상 테이블에 늘어놓으면 고객은 협상해야 할 것이 가격만이 아니라는 것을 알게 될 것이다. 이런 심화하고 확대하는 과정에서 듀폰사의 영업 사원이 종종 첫 번째로 하는 일은 듀폰사의 제안에서 고객이 좋아하는 부분을 고객이 다시 말해 보도록 하는 것이다.

이렇게 영업 사원이 고객의 사고 폭을 가능한 넓게 확대시키고 나서, 다시 가격으로 돌아와서 축소할 수 있다. 그러나 아주 구체적인 방식으로 이렇게 해야 한다. 이 기술을 이용할 때 영업 사원은 그냥 "20퍼센트가 아닌 10퍼센트 할인을 해 줄 수 있습니다."라고 직접 말해서는 안된다. 반대로, 대화는 이런 식으로 시작해야 한다. "20퍼센트 가격 할인으로 무엇을 달성하시려고 하는지요?" 요구의 논리적 근거를 밝히는 것이 이 질문의 핵심이다. 이 근거를 알아야 적합한 답변을 할 수 있기 때문이다.

많은 경우 고객들이 이런 요구를 하는 근거가 되는 요소들은 종종 다른 방식으로 충족될 수 있다. 왜냐하면, 이런 요구는 경제적인 필요 때문이 아니라, 제조 비용 절감과 같은 고객의 구체적인 비즈니스 성과를 얻기 위해서인 경우가 많기 때문이다.

이제 우리가 무엇을 협상하게 되는지 한번 살펴보자. 단지 가격이 아니라, 공급사가 고객에게 가치를 창출하거나 고객의 중요한 어려움을 해결하는데 도움을 주는 여러 방식에 대해서 협상을 하는 것이다. 이런 과정에서 영업 사원은 협상의 옵션을 크게 확장시켰다. 그리고 영업 사원은 회사의 매출에 부정적인 영향을 미치지 않으면서 고객에게 양보하거나, 고객이 더 중요하게 생각할 수도 있는 옵션들을 제공할 수 있는 좋은 위치에 서게 된다. 그 다음에 영업 사원이 고객과 함께 서로 교환할 수 있는 조건들을 비교할 때, 이제 비로소 고객을 만나기 이전에 준비한 것들이 믿을 수 없을 만큼 중요한 역할을 하게 된다. 만약 고객을 만나기 전에 충분히 준비를 했다면 솔루션을 구성하는 요소들이 협상을 위해 양보를 해야 할 경우 회사의 수익성에 어떤 영향을 미치는지 그 영업 사원은 이미 알고 있다.

이제 다음으로 협상의 마지막 단계인 계획에 따라 양보하기로 이동한다. 이것은 단순한 말장난이 아니다. 영업 사원은 주도 면밀하게 계획된 협상 전략에 따라 진행하는 것이 얼마나 중요한지 배운다. 이 전략이란 가격 할인을 제공하기 전에 공급사에게는 가치가 그리 크지 않은 솔루션의 한 부분을 협상의 일환으로 고객에게 내어 주는 것이다. 다른 말로 하면, 우리가 무엇을 고객에게 양보할지가 중요하다. 그러나 자주 간과되는 것은 협상 과정에서 어떻게 그리고 언제 양보해야 하는 가이다. 고객에게 양보하는 여러 방법이 있으며, 각 방법이 궁극적으로 동일한 결과를 얻을지 라도 고객에게 매우 다른 메시지를 전달할 수 있다.

듀폰사는 영업 사원이 특정한 방식으로 양보하는 패턴은 피하도록 가르친다. 예를 들면, 처음에는 작은 것을 양보하고 협상이 진행되면서 큰 것을 양보하거나 또는 하거나 말거나 take it or leave it 식으로 제안하는 것이다. 왜냐하면, 이런 접근법은 자체로 위험할 뿐 아니라 고객이 속고 있다고 느낄 수 있기 때문이다. 대신 듀폰사는 협상 가능한 항목을 차례대로 그리고 양 당사자가 모두 이긴 협상이라고 간주할 수 있도록 하는 금액으로 양보하도록 가르친다. 예를 들면, 처음에 의미 있는 양보에서 시작해서 협상이 진행됨에 따라 점점 더 작은 양보를 하도록 가르친다.

이런 기술들은 듀폰사의 영업 사원이 건설적인 방식으로 긴장을 관리하도록 해준다. 챌린저가 아닌 영업 사원들은 이런 기술들을 모르고 있다. 여기에서 핵심은 영업 사원이 협상할 때 더 좋은 선택을 하는데 필요한 정보를 제공하고, 더불어 여러 전략 중 하나의 전략을 선택하는 것이 어떤 의미와 파장을 가지는지 이해하는데 필요한 정보를 제공하는 것이다. 이것이 평범한 영업 사원을 챌린저로 만드는 방법이다.

양보 전략의 차이를 실제로 느끼게 하려고 SSN 기술 향상 워크숍에서 듀폰사 영업 사원들은 다른 양보 패턴들을 역할극을 통해 직접 경험하고 협상이 끝나고 나서 어떻게 느꼈는지 토론한다. 이렇게 하면 다른 양보 패턴들이 고객에게 어떤 영향을 미치는지 직접 보게 되며, 그렇게 함으로써 영업 사원들은 협상을 성사시킬 수 있는 계획을 현명하게 세우고 있다는 확신을 가지게 된다. 즉, 고객이 협상에서 속은 것이 아니라 이겼다고 느끼게 할 계획을 영업 사원은 가지고 있는 것이다.

주의할 점

듀폰사의 사례는 영업 전체 과정 중 협상 과정에서 주도권을 잡는데 집중하고 있다. 그러나 이 장의 초반부에 언급한 핵심을 다시 상기할 필요가 있다. 주도권을 잡는 것은 영업 과정 전반에서 일어나며, 단지 영업 막바지에만 해당하는 것이 아니다. 우리 회사가 제공하는 챌린저 개발 프로그램의 주도권 잡기 모듈에서는 대부분의 시간을 협상과 전혀 관련 없는 것들을 다루는 데 투자한다. 여기에서 다시 한번 분명히 강조해야 할 핵심이 있다. 주도권 잡기는 영업 과정 전반에 걸쳐서 일어나야만 한다. 그렇지 않으면 고객이 속는 것처럼 느끼거나 나쁜 경우 서투르거나 불쾌한 느낌을 준다.

우리 회사의 챌린저 개발 프로그램에서는 대여섯 가지의 실제적인 사례와 기술을 가르친다. 그 중 집중적으로 가르치는 기본적인 기술 중 하나는 강력하게 요구하는 방법에 관한 것이다. 영업 사원은 영업 전 과정에서 강력하게 요구해야 한다. 그러면 고객은 영업 사원의 역할이 일을 전진시키는데 있다는 것을 자각하게 된다. 이것은 챌린저의 주도권 잡기 기술 중 아주 유용한 기술이다.

다음과 같은 예가 있다. 영업 사원이 고객사의 비효율적인 서버 관리로 인해 수백만 달러를 낭비하고 있다는 사실을 보여주었다. 그리고 영업 사원이 제안한 솔루션을 사용하면 적지 않은 돈이 절약될 것이다. 그러나 일이 진행되려면 다른 사람이 구매 결정에 참여해야 한다. 강력한 요구는 아마 이런 식일 것이다. "오늘 미팅에서 고객 여러분도 동의한 것은 랙 타입의 서버 솔루션을 도입하면 5년 동안 오백만 달러를 절약할 수 있다는 점입니다. 현 회계 연도에 비용 절감 효과를 거두려면 새로운 하드웨어를 조만간 설치해야만 합니다. 일을 시작하려면 다음 주까지 Dave가 사인한 계약서를 받아야 합니다. 계약서가 있어야 설치 엔지니어를 현장에 부르고 절차를 시작할 수 있으며, 비용 절감 목표를 달성할 수 있습니다." 계약을 성사시키는 데 초점을 맞추는 사례지만, 영업 초기 단계에 어떻게 주도권을 잡는지 영업 사원이 배울 수 있는 데 도움을 주는 사례이다.

요약

주도권을 잡는 것은 챌린저 영업 모델의 한 축이며, 대부분의 영업 책임자는 이것이 가르칠 수 있는 것이 라기보다는 타고나는 것으로 생각한다. 영업 사원이 단호한 DNA를 갖고 있으면 도움이 되겠지만, 성공적인 영업에 반드시 필요한 것은 절대 아니다. 수동적인 태도를 극복하는 솔루션은 아주 명료하다. 영업 사원에게 성급한 오더 종결보다는 명확한 방향성이 얼마나 중요한지 가르치고, 영업 과정에서 어떻게 진정한 가치를 창출할 수 있는지 가르쳐야 한다. 이 모든 것이 조합되면, 이런 기술들은 단호한 성품을 타고나지 않은 영업 사원이라도 효과적으로 사용할 수 있는 강력한 무기가 될 것이다.

직무 관련해서 읽었던 어떤 도서보다 업무에 대한 통찰력을 얻는데 도움을 주었다. 영업에 대해서 새롭게 생각해 보게 되었고 향후 업무 진행시 적극 반영해 보고 싶다.
김동영, GS리테일 | e-커머스사업본부 팀장

| 8장 |

영업 매니저와 챌린저 영업 모델

지금까지 우리는 영업 사원의 기술과 챌린저 영업 모델을 시행하는 데 필요한 조직의 역량에 집중했다. 그러나 영업 조직의 변화를 시도한 사람이라면 여기에 중요한 부분이 빠져 있다는 것을 알아차렸을 것이다. 바로 현장 영업 매니저이다.

영업 성과 향상을 전문적으로 연구하는 우리 회사[SEC]는 영업과 관련된 모든 주제를 연구해 왔지만, 연구 결과에는 항상 동일한 메시지 하나가 포함되었다. 현장 영업 매니저들이 참여하지 않으면 어떤 시도라도 실패한다는 것이다. 성과 보상 계획, CRM 시스템, 영업 절차, 아니면 더 기본적인 기술이나 행동 방식 등 모든 것의 변화는 매니저를 통하지 않고서는 수행되지 않는다. 어떤 영업 조직에서든지 현장 영업 매니저는 전략과 실행 사이의 근본적인 연결 고리다. 이들의 손에 조직의 변화나 영업 조직 개편 등의 성패가 달렸다.

챌린저 영업 모델을 적용하는데도 마찬가지다. 현장 영업 매니저 층에 적용하지 않고 챌린저 영업 조직을 성공적으로 구성할 수 있다고 기대해서는 안 된다. 영업 매니저는 챌린저 영업 모델의 아주 핵심적인 부분이다. 이 부분은 경험 많은 영업 책임자들에게는 분명한 사실로 인식되지만, 실제로 영업 조직이 매니저의 능력을 향상시키기 위해 무엇을 할 수 있는지는 명백한 해답이 없다. 매니저의 수준이 영업 사원의 성과를 높이는데 가장 중요한 요소라는 점에 대해서 전반적인 공감대가 있지만, 영업 책임자들은 매니저의 능력을 쉽게 풀 수 없는 수수께끼와 같은 것으로 간주하는 경향이 있다. 회원사의 한 사람이 말한 것처럼 "영업 매니저의 성공이 나의 성공에 중요하다는 것을 알고 있습니다. 그런데 문제는 내가 그것을 위해 무엇을 해야 할지 모른다는 것입니다."

이러한 우려는 일반적이며, 특히, 영업 책임자들은 미래 지향적인 관점을 가지기 때문에 현실적인 무기력함에 더 실망할 수밖에 없다. 사실, 우리가 SEC의 회원사를 통해서 매니저의 능력을 조사했을 때, 놀랍게도 63퍼센트의 회사에서 자신의 영업 매니저들이 미래의 변화하는 영업 모델에 맞추어 성공적으로 업무를 수행할 수 있는 기술과 자질을 갖추고 있지 않다고 했다. 그리고 영업 매니저 중 9퍼센트는 지금 현재의 역할을 성공적으로 수행할 능력을 갖추고 있지 않다고 했다. 회원사 중 약 4분의 3이 새로운 환경에서 좋은 성과를 낼 매니저들을 보유하고 있지 않다고 스스로 진단한 것이다. 이것은 매우 심각한 결과다. 고위 임원은 영업 매니저의 역할이 근본적으로 중요하다는 것에 동의했지만, 현재 그 역할을 하는 사람들에 대해서 확신을 가진 경우는 매우 드물었고, 대부분은 이 문제에 대해 무엇을 해야 할지 더욱 더 확신이 없었다.

세계적 수준의 영업 매니저

세계적 수준의 영업 매니저들의 중요한 특징을 찾아내기 위해 영업 리더십 진단이라는 설문 조사서를 만들었다. 현재까지 65개 이상의 회사가 12,000명의 영업 사원을 대상으로 이 조사를 시행했으며, 이를 통해 2,500명 이상의 현장 영업 매니저에 대한 자료를 모았다.

설문에 이용한 변수 샘플			
영업 매니저 기본 자질	영업	코칭	영업 리더십
• 일관되게 정직하다 • 신뢰성을 보여준다 • 부하 직원들을 인정한다 • 협동하는 팀 분위기를 만든다 • 상호 의사소통할 수 있게 한다 • 영업사원의 관점을 듣고 이해한다	• 고객에게 새로운 통찰을 가르친다 • 맞춤 제안을 한다 • 고객과 가격 및 예산에 대해서 이야기한다 • 생산적인 고객 관계를 지속한다 • 협상 능력이 있다	• 영업사원에 맞추어 코칭을 조절한다 • 코칭을 하기 전에 준비한다 • 기대하는 바를 잘 전달한다 • 제품 및 업계 지식을 공유한다 • 영업사원의 자기 개발을 챙긴다	• 담당 지역 내의 매출 가능성을 극대화한다 • 영업 기회와 관련된 데이터를 분석한다 • 프로젝트를 위임한다 • 영업 문화를 조성한다 • 우수 사례를 공유한다 • 주고 받기를 통해 균형을 맞춘다 • 제안을 새롭게 정립할 수 있는 방안들을 혁신한다

우리가 수행한 다른 여론 조사와 마찬가지로 이 자료는 회원사 대부분

의 산업분야, 지역, 시장 접근 모델 등을 대표할 수 있는 검증된 샘플이다. 여론 조사에서 우리는 영업 사원에게 자신을 담당하는 매니저의 성과를 64개의 항목으로 나누고 이에 대해서 평가하도록 했다. 위의 표의 네 가지 큰 카테고리 안에 있는 것이 그 중 몇 가지다.

먼저, 영업 매니저로서 갖춰야할 기본적인 소양에 대해서 물었다. 정직, 신뢰, 팀원에 대한 인정, 팀 관리 능력 등에 대해서 질문했다. 이런 것들은 영업 조직에서만 필요한 것은 아니지만, 매우 중요하다. 이것들을 분석에 포함한 이유는 영업 매니저의 성과를 결정짓는데 영업 사원들이 이런 특성들을 다른 특성들과 어떻게 비교하는지 알아보기 위해서였다. 두 번째로 실제 영업 능력과 관련된 특성들을 관찰하였다. 영업 매니저들이 영업 사원들을 대신해서 영업하는 것은 바람직하지 않지만, 다른 사람들이 더 좋은 성과를 내는데 도움을 주려면 어떻게 영업을 해야 하는지를 알아야 하는 것은 당연하다. 이와 관련해서 협상 능력이나 영업 매니저가 고객에게 고유의 관점을 제공하는지 등을 질문했다.

세 번째로, 영업 매니저의 코칭 기술에 관한 질문이다. 영업 매니저들이 코칭을 하기 위해 준비하고 상황에 맞춰 변화시키는가? 직원들의 경력 관리에 지속적으로 도움을 주었는가? 다음으로 영업과 직접 관련된 리더십의 특성에 대해 조사했다. 고객사 공략 계획, 영업 담당 지역 관리, 고객에게 제안할 때 보여주는 참신함의 정도 등이다.

계속해서 불만을 품은 한 명의 영업 사원이 전체 결과에 영향을 미치지 못하도록 세 명 미만의 영업 사원이 평가한 매니저는 제외하였다. 그리고 설문 결과를 의미 있는 자료로 전환하기 위해, 요인 분석을 통해 통계학적으로 의미 있는 그룹이나 카테고리로 분류하였다. 이렇게 얻어진 64개의 특성은 5개의 카테고리로 분류할 수 있다는 결론을 얻었다. 그런 다음 각 카테고리가 다른 4개의 카테고리에 비해 상대적으로 어느 정도 중요한지를 알아보기 위해, 실제 영업 매니저의 성과에 대하여 해당 요소들의 회귀분석을 시행했다. 물론, 영업 매니저의 성과는 영업 사원들과 회사가 평가한 자료를 기반으로 한 것이다. 이 분석을 통해 영업 매니저가 능력을 발휘할 수 있는 64개의 기술과 행동 방식 중 어느 것이 실제 영업 매니저의 성과에 가장 큰 영향을 미치는지 결정할 수 있었다. 물론, 성과는 영업 매니저의 행동을 매일 관찰할 수 있는 영업 사원과 영업 매니저가 자신의 영역을 유지하고 발전시키는 과정을 포괄적으로 파악할 수 있는 회사에 의해 평가된다. 궁극적으로 이런 작업은 영업 매니저의 성과에 관한 중요한 질문에 답을 제공했다. 즉, 현장 영업 사원의 우수함을 설명할 수 있는 통계적으로 의미 있는 최소 단위로 구분된 카테고리를 얻을 수 있었던 것이다.

이 작업을 통해 발견한 것을 설명하기 위해서, 먼저 영업 매니저의 기본 자질과 영업과 관련된 능력을 구분하는 것부터 시작해 보자. 여기서 기본 자질이란 신뢰감, 정직, 듣기 능력 등을 의미하며, 영업 매니저의 성공을 결정짓는데 약 4분의 1 정도의 영향을 미치는 것으로 드러났다. 기본 자질은 영업 매니저가 어떤 역할을 담당하든지 상관없이 어떤 관리직에서든 성공적으로 역할을 수행하기 위해 필요한 것이다. 흥미로운 사실은 이런 자질을 얼마나 가지고 있느냐의 평가는 특정 선상에 다양하게 분포되는 것이 아니라, 긍정 아니면 부정이라는 극단적으로 나오는 경향이 있다. 즉, 누가 신뢰할 수 있거나 없거나, 정직하거나 그렇지 안 거나이다. 이 점이 시사하는 것은 이것들은 고용할 때 살펴보아야 할 선천적인 특성이며, 고용하고 나서 장기적으로 개발해야 할 특성이 아니라는 점이다.

　다른 말로 하면, 우수 영업 사원이 반드시 우수 영업 매니저가 되는 것은 아니다. 우수 영업 매니저가 되려면 영업 성과만으로는 충분하지 않으며, 관리 업무에서도 우수한 성과를 보여야 한다. 그런데 많은 회사는 여전히 영업 성과를 바탕으로 현장 영업 매니저를 고용한다. 이런 방식이 고용 실패의 가장 근본적인 원인이다. 영업 매니저 성과에 관한 우리 분석에서 몇 명의 영업 매니저(약 4퍼센트 샘플)는 기본 자질 중 적어도 하나에서 몹시 나쁜 성과를 보였다. 그래서 영업 리더십 진단을 수행한 SEC의 회원사에 제일 먼저 제안하는 것 중 하나는 이 범주에 속하는 영업 매니저에게 새로운 자리를 찾아주라는 것이다.

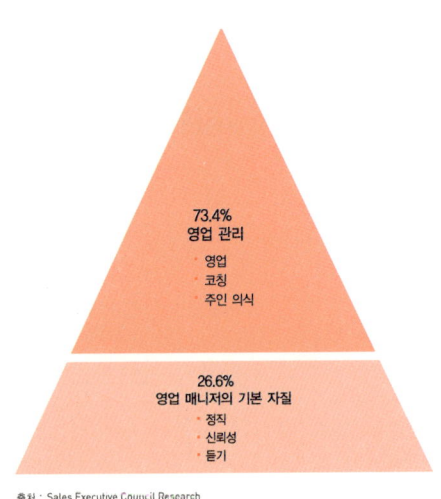

출처: Sales Executive Council Research

그림 8.1 영업 매니저의 기본 자질 항목

왜냐하면, 세계적인 수준의 영업 매니저가 갖추어야할 자질을 말하기 전에, 이미 이 영업 매니저들은 기본 자질을 충족시키지 못했기 때문이다.

우수한 영업 성과가 우수 영업 매니저가 되리라는 것을 보장해 주지는 못하지만 이 장에서 설명한 데이터에서 대안을 찾을 수 있다. 우수 영업 매니저 프로파일에 대해 충분히 이해를 한다면, 회사는 지원자 평가 방식을 개선하여 성공적인 비즈니스 성과를 끌어내는 행동을 할 수 있는 지원자를 선별할 수 있다. 몇몇 자질, 특히 정직, 신뢰감 등의 기본 자질은 시간을 들인다고 해도 발전시키기 어렵다는 것을 알고 있다면, 처음부터 이 자질에 부합하지 못하는 사람들은 배제하는 것이 좋다.

그렇지만, 전통적인 인터뷰 방식의 평가는 지원자의 잠재력과 기본적인 관리 능력을 확실하게 보여줄 지표가 되지 못한다. 진보적인 회사에서는 실제 업무를 수행할 기회를 주고 평가함으로써 고용하기 전에 지원자들이 업무를 수행하는 것을 관찰할 기회를 마련한다. 예를 들면, 어떤 첨단 제품 제조사는 시뮬레이션 기반 능력 검증 프로그램을 통해 채용을 확정하기 전에 외부 지원자의 관리 능력을 확인해 본다. 다른 예로 어떤 건설 자재 공급사는 내부 지원자에게 비슷한 평가 방식을 적용한다. 직원을 승진시키기 전에 영업 매니저로서 성공하는데 필요한 핵심적인 능력을 갖췄는지 확인하기 위해 비슷한 실무 평가를 진행한다.

우수 영업 매니저의 영업적인 측면

군대에서 전해오는 말 중에 영업에 적용되는 것이 있다. '아무리 계획을 잘 세우더라도 실전에서는 소용이 없다 no plan survives engagement with the enemy.'

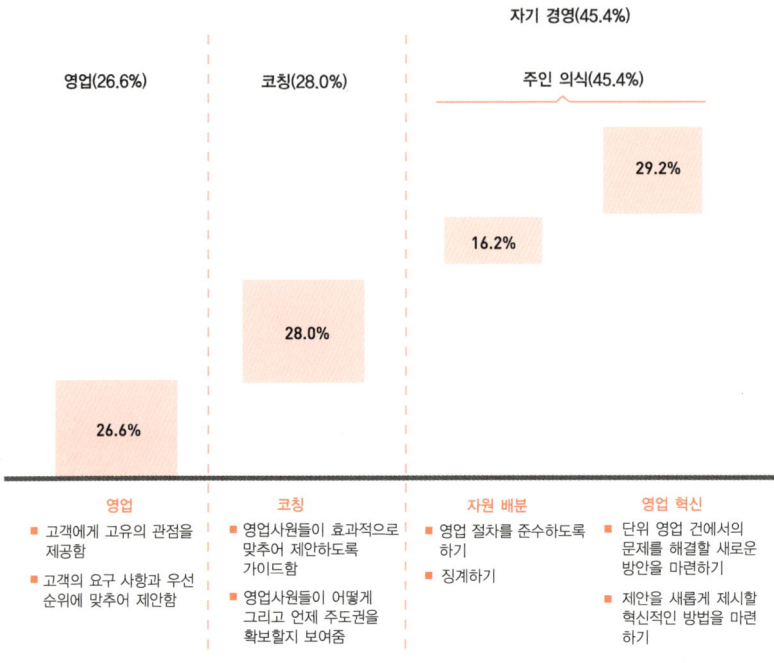

그림 8.2 현장 영업 매니저의 성과에 영향을 미치는 요인들

모든 시나리오를 상상해 세밀한 계획을 세우더라도 실제 전투에서는 다른 상황이 벌어질 수밖에 없다.

그래서 군대의 리더는 지휘관의 의도 Commander's Intent라는 리더십 방식을 이용한다. 지휘자의 의도는 다름이 아니라 지휘관이 달성하려는 구체적인 목표의 명확하고 간결한 진술이다. 예를 들면 '저 고지를 탈환하고 지원군이 올 때까지 사수하라.'와 같은 명령이다. 이런 방식의 지휘법을 이용하면 군대의 리더들은 고지를 탈환하기 위한 단계적 지시 사항을 하달하지 않는다. 지휘관은 적과 교전을 시작하면 전혀 예상하지 않았던 방식으로 현장 상황에 빠르게 적응해야 한다는 것을 알고 있기 때문이다.

따라서 창의적이고, 혁신적이고, 적응력이 뛰어난 사람들이 군대에서 우수한 성과를 내는 현장 리더가 되는 것은 당연하다. 전형적으로 이런 사람들은 전투 현장에서 물러나 있는 사람들이라면 절대 알 수 없는 선택 사항들을 파악하고, 이를 바탕으로 지휘관의 의도를 창조적으로 해석하면서 자신의 부하들을 이끌어 승리한다. 이것은 한쪽 편의 절차와 다른 편의 권한 위임과 혁신을 결합한 경영 철학인 것으로 검증되었다. 승리가 위태로워 보일 때는 최고의 현장 리더들의 손에 전투를 맡겨 놓아야 한다. 다양한 선택 사항들을 파악하고 그 특정한 상황에 구체적으로 들어 맞는 혁신적인 옵션을 개발할 수 있는 사람이 전투를 승리로 이끌 수 있다.

영업 매니저의 우수성을 결정하는 영업적인 측면의 특성들을 연구했을 때, 즉 영업 매니저의 성공을 결정짓는 나머지 4분의 3의 특성들과 관련하여 연구했을 때 위의 군대에서 적용된 리더십이 여기에서 잘 들어맞는다는 것을 알 수 있었다. 그림 8.2는 매니저가 우수한 실력을 발휘하는데 필요한 중요한 영업 관련 특성들을 보여준다. 지금까지는 매니저의 실패를 방지하는 방안에 대해서 살펴보았다면 이제 어떻게 성공을 보증할지 살펴보자.

우리가 분석했을 때 영업 매니저의 우수한 성과에 기여하는 특성들은 세 개의 큰 카테고리 중 하나에 속한다는 것을 알 수 있었다. 이것은 우리가 일반적으로 예상하는 것과 다르지 않다. 영업하기^{selling}, 코칭하기^{coaching}, 주인 의식 가지기^{owning} 등이다. 여기서 주인 의식이라는 세 번째 카테고리는 고위 경영진이 자신의 매니저들이 가지기를 기대하는 다양한 측면의 비즈니스적 애사심에 관한 것이다. 즉, 매니저들이 마치 자신의 비즈니스인 것처럼 회사에서 부여받은 영업 지역을 경영할 수 있는 정도에 관한 것이다.

그림 8.2는 영업 매니저의 우수성 중 영업적인 측면을 결정하는 통계적으로 의미 있는 요소들을 나타낸다(합이 100%가 되도록 다시 조정함. 이 네 개가 영업적인 측면의 100%를 구성하기 때문). 매니저의 영업적인 측면과 관련해서 제일 먼저 언급할 수 있는 것은 매니저에게 있어서도 영업이 여전히 중요하다는 것이다. 물론 이 결과가 의미하는 것이 최고의 영업 매니저들이 25퍼센트의 시간을 영업에 쓰고 있다는 의미는 아니다. 오히려, 만약 어떤 영업 매니저가 다른 사람들보다 훨씬 뛰어나다고 한다면 그 이유 중 약 25퍼센트는 이들이 가진 우수한 영업 능력 때문이라는 의미로 해석해야 할 것이다.

영업 책임자들이라면 일반적으로 생각하듯이 영업 능력은 여러 모로 반드시 필요하다. 왜냐하면 영업 매니저들은 현재 비어 있는 영업 지역을 임시로 담당하거나, 아주 큰 거래를 성사시키는데 도움을 주거나, 아니면 현재 휴가 중인 직원을 대신해서 급한 일을 처리해야 하기 때문이다. 그러나 핵심적인 것은 영업 매니저들은 영업 팀원들이 배울 수 있는 우수한 영업 방식을 보여주는 모델이 될 수 있어야 한다는 것이다.

이 차트에 있는 영업 기준에서 아주 흥미로운 것은 카테고리의 상위에 있는 구체적인 개별 특성들이다. 영업 매니저의 성공에 중요한 특성들이 바로 영업 사원들의 성공에 중요한 특성들이었던 것이다. '고객에게 고유한 관점을 제공한다.', '고객의 요구에 맞추어 제안하기', '돈에 관해서 편안하게 이야기할 수 있다.' 이것이 의미하는 것은 최고의 영업 매니저는 최고의 영업 사원인 챌린저들에서 나올 가능성이 크다는 점이다. 그리고 왜 크고 복잡한 영업 건들, 즉 챌린저의 개입이 필요한 영업 건들에서 최고의 영업 매니저의 도움이 절실한지 이유를 설명할 수 있다.

다음으로 현장 영업 매니저 능력의 28퍼센트를 결정짓는 두 번째 유발 요인인 코칭이 있다. 28퍼센트라는 수치 자체가 우리가 기대했던 것을 이미 말하고 있다. 영업 관리와 관련해서 코칭이 절대적으로 중요하다는 것이다. 코칭은 영업 매니저의 능력을 결정짓는 중요한 요소이며, 우리가 회원사에게 항상 주장하듯이 영업 사원의 성과를 개선하는데 아주 큰 역할을 한다.

영업하기 능력은 필요할 때 영업 사원의 역할을 수행하는 영업 매니저의 능력이었다면, 이와는 다르게 코칭은 영업 매니저가 영업 사원 가까이서 자신의 지식, 통찰, 경험을 공유하며 영업 사원이 성과를 내는데 방해가 되는 것으로 알려진 특정 행동을 진단하고 교정하는 것과 관련이 있다.

효과적인 코칭을 구성하는 구체적인 요소들을 살펴보면, 적어도 세계적인 수준의 영업 매니저가 수행하는 코칭은 이번에도 마찬가지로 영업하기 카테고리에서 본 챌린저 스킬을 전달하는데 초점을 맞추고 있다는 것을 알 수 있다. '영업 사원이 효과적으로 맞추어 제안하도록 가이드하기', '영업 사원에게 어떻게 그리고 언제 주도권을 확보할지 보여주기', '복잡한 협상 과정에서 영업 사원을 도와주기' 코칭은 영업 매니저의 성공적인 업무 수행에서 아주 큰 역할을 하므로 이 장에서 많은 부분을 할애할 것이다.

그렇다면, 이제 이 부분에 대해서 좀 더 이야기해 보자. 많은 영업 리더들이 좋은 영업 관리와 좋은 코칭을 동일시한다. 그러나 영업 매니저의 우수성은 단지 코칭과 관련된 것이 아니라, 리더십, 방향성, 가이드를 제공하는 능력 등 일반적인 측면들과도 관련되어 있다. 즉, 비즈니스를 마치 자신의 사업을 관리하는 것처럼 효과적으로 수행하는 것을 보여줄 수 있느냐에 달렸다. 실제로, 우리의 분석에 따르면 영업 매니저의 우수성을 결정하는 45퍼센트는 전반적인 비즈니스를 관리하는 역량에 달려 있다. 우수 영업 매니저는 자신이 관리하는 영업 사원들을 코칭하는데 환상적인 능력을 보여주지만, 이들은 자신의 비즈니스를 만들어 내는데 더욱 우수한 능력을 보여준다. 뛰어난 코칭이 중요하지만, 여전히 우수 영업 매니저가 가진 전체 능력 중 일부분이다.

우리가 실제 조사를 하기에 앞서 예측을 했다면, 효과적인 영업 매니저가 된다는 것은 대부분 자원을 어떻게 배치하느냐와 관련되어 있다고 말했을 것이다. 즉, 영업 절차를 적용하고 절차를 지키지 않는 행동을 지도하고, 가능한 효율적으로 전 지역에서 자원을 관리하는 일 등이다. 그러나 연구 결과에 따르면 이것은 사실이 아닌 것으로 드러났다. 이런 모든 능력은 자원 배분 카테고리에 포함되며, 이 카테고리는 전체에서 16 퍼센트를 차지하는 차트 내에서 가장 작은 부분이다. 이것이 의미하는 것은 자원 배분은 영업 매니저가 하는 일 중에서 중요한 부분이 아니라는 것이다. 이것은 영업 매니저의 일 중에서 가장 덜 중요한 부분이다.

영업 리더십에서 자원 배분이 중요한 것이 아니라면 도대체 뭐가 중요하다는 말인가? 연구 결과에 따르면 영업 리더십은 영업 매니저가 얼마나 혁신적인가와 깊게 연관되어 있다.

혁신이라는 말은 다양한 의미로 쓰이는 다소 감성적인 말이다. 그러나 여기서 혁신이라는 의미는 영업 매니저가 영업 사원과 협력하여 현재 해당 영업 건을 지체시키고 있는 것이 무엇인지 파악하고, 고객 측에서 왜 그리고 어디에서 어려움에 처해 있는지 평가하고, 해당 건을 진행할 수 있는 혁신적인 방법들을 찾아내는 것이다. 강조하자면, 이 문맥에서 혁신은 절대로 새로운 가치를 정립하거나 새로운 능력을 만들어 내거나, 아니면 새로운 제품 기능을 만들어 내는 것이 아니라는 것이다. 오히려 공급사가 가진 기존의 역량들을 각 고객의 고유한 환경에 맞추어 창조적으로 결합하고, 이 역량들이 현재 제안해 놓은 것에 대해 결정을 내리는데 방해가 되는 요소들을 해결하도록 하는 것이다.

이것이 바로, 지휘관의 의도가 영업의 세계에 적용된 것이다. 이것은 고객이 처한 구체적인 상황, 즉 실제 상황에 맞추어 창조적으로 단위 영업 전략을 수정하는 것이다. 이 영업 혁신 카테고리가 말해 주는 것은 우수한 성과를 내는 매니저들은 곤경에 빠진 영업 건을 정상 궤도에 올려놓고 종결짓는데 불가사의한 능력을 가지고 있다는 것이다.

혁신이 코칭과 얼마나 다른 지 한번 살펴볼 필요가 있다. 코칭은 알려진 행동 방식을 통해 성과를 내는 것이다. 이것은 성공으로 가는 길을 예측할 수 있을 때 아주 완벽한 접근법이다. 반대로 혁신은 예측할 수 없는 장애물을 돌파하면서 성과를 끌어내는 것이며, 역동적이고 예측할 수 없는 일들이 일어나는 세계에 잘 들어맞는다. 코칭을 할 때 영업 매니저는 이미 해답을 알고 있으며, 이 해답을 영업 사원에게 나누어 준다. 그러나, 혁신을 추진할 때는 영업 사원도 매니저도 해답을 가지고 있지 않으며, 대신 효과적인 방법을 발견해 내기 위해 매니저의 리더십을 바탕으로 협력한다. 우리가 모르는 것을 코칭할 수는 없지만, 우리가 모르는 것에 대해 혁신할 수는 있다는 말이다.

모든 사람이 동의하지는 않겠지만, 이 연구를 통해 알게 된 혁신의 중요성은 아마 영업 매니저와 관련된 것 중 가장 의미 있는 것이다. 영업 혁신은 29퍼센트로 세계적 수준의 영업 매니저 성과에 영향을 미치는 영업 관련 특성으로서는 가장 큰 부분을 차지한다. 영업 능력보다 더 중요하며, 매니저의 자원 배분 능력보다도 훨씬 더 중요하다.

코칭은 28퍼센트로 1위인 혁신과 거의 차이가 나지 않은 2위였다. 그런데 흥미로운 사실은 사람들이 지난 5년간 많은 시간을 코칭에 투자하며 주목했지만, 영업 혁신과 관련해서는 대부분의 영업 리더들이 지금까지 심각하게 생각해 보지 않았다는 것이다.

백지 한 장을 주면서 영업 매니저의 성공에 필요한 4~5개의 특성을 적어보라고 하면, 우리 중 몇 명이나 영업, 코칭, 자원 배분 이외의 다른 것을 써낼 수 있을까? 그러나 자료에 따르면 영업 혁신은 아주 중요한 특성이다. 설문에서 영업 사원들은 많은 경우 자신의 매니저에 대해 코칭에서 높은 점수를 주었지만 혁신과 관련된 특성에서는 낮은 점수를 주거나 아니면 정반대였다. 이 두 개의 능력이 서로 독립적으로 움직였다.

영업 혁신은 챌린저 영업 모델의 장점을 100퍼센트 활용하는데 필요한 잃어버린 고리 역할을 한다. 영업 사원이 최고의 가르치기 능력을 갖추고 있고 맞추어 제안하기와 주도권 잡기에 능숙하고, 여기에 이런 능력을 발휘하도록 코칭도 받고 스스로 챌린저 행동 방식의 역할 모델이 될 수 있는 매니저가 도움을 준다고 하더라도, 많은 영업 건들은 여전히 진행되지 못할 것이다. 챌린저 모델이 영업 기회들이 다음 단계로 진행될 가능성을 높여 주지만, 현재 정체된 상황을 타개하는 것은 여전히 어려운 일이다. 고객은 변하기를 꺼린다. 컨센서스 기반의 의사결정은 점점 확대되고 있다. 결정 권자들은 여전히 좋은 결정을 내리기보다는 결정을 유보하려고 할 것이다. 바로 여기서 혁신적인 영업 매니저가 힘을 발휘해야 한다. 단위 영업 건 수준에서 혁신할 수 있는 능력으로 무장한 매니저는 영업 사원이 무결정의 늪을 피하는데 도움을 줄 수 있다. 이를 통해 영업 사원 혼자, 특히 그가 챌린저형 영업 사원이라고 하더라도 혼자서 진행할 때보다 무결정의 늪을 피할 가능성이 커진다. 이 영업 혁신은 결정하기를 주저하는 경향이 높아지는 고객들에게 더욱 복잡해지는 솔루션을 판매해야 하는 전쟁에서 필수적인 능력이다.

현장 영업 사원들의 능력을 개발하는 것을 목표로 삼고 있는 영업 책임자들에게 이 데이터는 영업 매니저의 성과를 크게 향상시키는데 이용할 수 있는 미지의 기회가 있음을 보여준다. 그래서, 이 장의 일부분을 영업 혁신 개념에 대해서 심도 있게 이해하는데 할애할 것이다. 영업 혁신이 무엇인지, 어떻게 작동하는지, 그리고 가장 중요한 것으로 어떻게 우리가 전체 영업 매니저들에게 영업 혁신을 체계적으로 불어넣을 수 있는지 탐구할 것이다.

그러나 영업 혁신의 개념을 더 자세히 들여다보기 전에 영업 코칭에 대해 자세히 알아보는 것도 의미 있을 것이다. 체계화된 영업 코칭은 복잡한 영업 환경에서 영업 사원의 성과를 개선하는데 가장 큰 기회를 제공하는 것으로 알려져 있다. 그러나 사실 이것은 생산성을 증대시키는 요소들 중 가장 잘못 이해되고 관리되는 것들 중 하나이다.

알려진 목표를 향해 코칭하기

왜 많은 조직에서 코칭이 잘 활용되지 못하는지를 알아보기 위해, 먼저 코칭의 정의를 한번 되짚어볼 필요가 있다. 우리가 회원사 실무팀의 도움을 받아 정리한 코칭의 정의는 다음과 같다. '영업 매니저와 직속 부하 직원 사이의 지속적이고 역동적인 업무 연관 상호작용으로, 개인의 구체적인 행동을 진단하고, 수정하고, 강화하기 위해 구성됨' 이 정의는 코칭의 기본이 무엇인지 설명하고 있으며 이것이 일반적인 직무 관련 교육training과 어떻게 다른 지를 알려준다.

이 정의를 기본으로 회원사에게 항상 강조하는 몇 가지 핵심적인 부분이 있다. 먼저, 코칭은 지속적인 것이다. 코칭은 일회성 행사나 일련의 교육 이벤트와 다르게 지속적이다. 두 번째로 개별 영업 사원에 구체적인 진단을 바탕으로 한다. 그래서, 코칭은 개인에 맞춰져 있다. 교육이 일반적으로 같은 교육 내용을 같은 형식으로 모든 사람에게 전달하는 것이라면, 코칭은 특정 개인의 구체적인 요구에 완전히 맞춰져 진행된다. 마지막으로 코칭은 행동과 관련된 것이다. 코칭의 목표는 기술이나 지식을 습득하는 것만이 아니라, 습득된 기술이나 지식을 실제로 어떻게 적용할지 보여주는 것이다.

그렇다고 해서 직무 관련 교육이 가치가 없다는 것은 아니다. 교육은 지식을 공유하는데 효과적인 역할을 한다. 코칭은 지식을 기반으로 행동하는 것과 관련되어 있다. 코칭의 고유한 장점은 코칭이 특정 개인의 필요에 맞춰 적시에 체계적으로 전달되는 점에서 비롯된다. 많은 조직이 코칭을 단지 비공식적 교육으로 정의하지만, 우리 연구에 따르면 효과적인 코칭은 사실 매우 공식적이다. 코칭은 매주 조직적이며 주기적으로 일정에 따라 시행된다.

이 주제에 관해서 회원사들과 대화할 때 우리가 중점을 두는 것은 코칭이 관리managing와 어떻게 다른 가에 관한 것이다. 우리가 이야기해본 대부분의 현장 매니저들은 코칭을 하고 있다고 하지만, 사실 많은 경우 그런 노력이 그냥 관리 업무일 뿐이었다. 요청하기보다는 명령하고, 가이드하기 보다는 그냥 목적 없이 수행하고 있었던 것이다.

영업 코칭에 대한 사례 연구

그림 8.3은 SEC에서 발표한 유명한 그래프로 효과적인 코칭이 영업 조직에 상당한 영향을 미칠 수 있다는 것을 알려준다.

코칭의 질을 향상시키면, 성과 커브 전체가 움직일 것으로 생각하지만 실제로는 일부분이 기울어질 뿐이다. 그래프의 중간 부분이 움직이지만, 양쪽 끝 부분은 움직이지 않는다. 이것이 의미하는 것은 무엇일까? 먼저, 평균 이하의 사람들을 평균 이상의 사람으로 끌어올리려는 목적의 코칭은 성과가 아주 낮은 영업 사원들에게 거의 영향을 미치지 못했다는 점이다. 이것은 일반적인 생각에 반하는 것처럼 보인다.

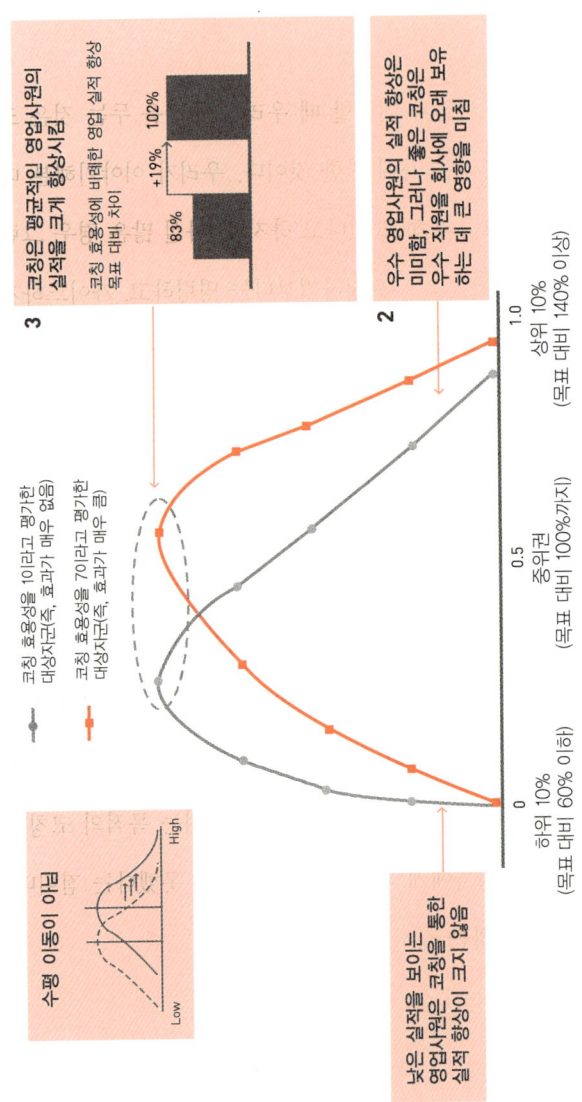

그림 8.3 코칭 효용성에 따른 영업 사원 실적의 상대적인 분포

많은 사람이 성과가 낮은 영업 사원들은 조금만 코칭하면 성과가 급등할 것으로 생각했을 것이다. 그러나 차트의 좌측 하단부를 보면 오히려 정반대로 나타난다. 특정 업무에 부적절한 사람은 코칭을 통해 변화시키지 못한다.

마찬가지로, 성과가 떨어지는 사람을 우수한 성과를 내도록 변화시키기 위한 코칭은 이미 우수 영업 사원인 사람들에게도 영향을 미치지 못한다. 이것 역시 일반적인 생각과는 반하는 것이다. 보통 사람들은 코칭을 통해 우수 영업 사원을 더 빛나는 영업 사원으로 만들 수 있다고 생각할 것이다. 여기에서 프로 골프 선수에 비유해서 한번 살펴보자. 많은 프로 골퍼가 스윙 코치를 고용해서, 이들과 항상 같이 연습한다. 그러나 결국 이런 과정을 통해 기대하는 것은 아마도 평균 타수보다 한 타를 줄이는 것이다. 이들은 이미 우수한 성적을 내는 사람들이고, 이들이 기대하는 것은 현재 수준에서 단지 조금의 추가적인 실력 향상이다.

그러나 코칭 대상이 평균적인 영업 사원이라면, 어떤 수준의 코칭을 받느냐에 따라 성과에 지대한 영향을 미친다. 연구 데이터에 따르면 영업팀 내에서 평균적인 성과를 보이는 영업 사원들은 수준 높은 코칭을 받게 되면 19퍼센트 정도까지 성과가 향상된다. 코칭의 효과를 하위 1/3 수준에서 상위 1/3 수준으로 옮기기만 해도 평균적인 영업 사원의 성과를 6~8퍼센트 향상시킬 수 있다. 다른 곳에 투자해서 영업 조직의 생산성을 이렇게 높일 수 있는 경우는 많지 않다.

이것은 단지 이론에 그치는 것이 아니며 실제로 검증된 효과다. 코칭의 질을 향상시킨 많은 조직에서 이런 결과가 관찰되었다. 유명한 보험 회사는 우리 연구 자료와 유사한 결과를 얻었다. 즉 회사의 새로운 코칭 프로그램에 참여한 영업 사원과 그렇지 않은 영업 사원들을 비교했을 때, 참여한 영업 사원들이 10퍼센트의 성과 향상을 보였던 것이다.

코칭은 분명히 의미가 있다. 조직화된 코칭은 복잡한 영업 상황에서 엄청난 성과 향상 기회를 제공한다. 이것은 영업 사원이 영업 목표를 달성하거나 그렇지 못하거나의 차이일 수 있다. 영업 성과를 향상시킬 계획을 세우고 있는 회원사에게 우리가 강력하게 제안하는 것은 민주적인 코칭, 즉 모든 사람에게 똑같이 코칭하는 방식을 중단하라는 것이다. 대신, 아주 낮거나 높은 성과를 내는 영업 사원들에게 투자하지 말고 평균적인 성과를 내는 영업 사원에게 집중하라고 제안한다.

여기에 더해, 코칭은 단지 영업 성과를 향상시키는 동력일 뿐 아니라, 직원들의 이직을 줄여 주고 직원들이 스스로 알아서 하며 추가적인 노력을 하도록 만든다. 이것은 최초의 방대한 연구를 통해 얻은 엄청난 발견 중 하나다. 코칭의 질이 영업 사원의 사기에 얼마나 큰 영향을 미칠 수 있는지 알게 되었기 때문이다. 연구 데이터가 알려준 것은 바로 이것이다. 좋은 코칭은 직원들이 회사에 머무르고 싶도록 만든다. 나쁜 코칭은 반대로 근본적으로 사기를 떨어뜨리는 환경을 만들며 사람들을 조직에서 떠나게 한다. 이것은 낮은 성과를 내는 영업 사원들에게만 해당하는 것이 아니라 평균적인 영업 사원 및 최고의 영업 사원들에게도 해당한다.

이를 확증하기 위해 우리는 연구 자료를 일부러 무시했다. 그리고 설문 조사 문항에 얼마나 많은 노력을 영업에 투여하는지에 대한 질문을 포함시켰다. 이를 통해 알게 된 핵심적인 내용은 나쁜 코칭과 나쁜 영업 매니저는 사람들을 포기하도록 만든다는 것이다. 성과가 낮은 사람이든지 높은 사람이든지 상관없이 매니저에게 효과적인 코칭을 받는다고 느끼지 않으면 일부러 힘들게 노력하려 하지 않는다. 코칭의 질이 중요한 것이다.

영업 매니저에게 코칭할 목표를 주어라

양질의 코칭을 어떻게 전달할 수 있을까라는 주제에 대한 다년간의 연구 결과에서 얻은 중요한 교훈은 영업 매니저들이 무엇을 목표로 코칭을 해야 할 지에 대한 방향성이 없으면 효과적인 코칭을 전달할 수 없다는 점이다. "그냥 가서 코칭하세요."라고 말할 수는 없다. 매니저들에게 구체적으로 무엇을 해야 할 지 알려주어야 한다. 코칭할 수 있는 어떤 목표를 주어야 한다. 즉 영업과 관련해서 우리 조직에서는 무엇이 최선인지에 대해 명확히 이해시켜 주어야 한다.

우리 회사에서 수많은 뛰어난 코칭 사례와 툴, 탬플릿 등을 모아 왔지만, 영업 코칭의 질을 높이는데 가장 인상적인 전술은 금융 서비스업에 종사하는 한 회원사가 이용하고 있는 것이다. 이 회사는 기존의 영업 절차에다 새로운 코칭 절차를 바로 접목했다. 그래서 영업 매니저의 코칭 활동이 영업팀과 현재 진행하는 영업 활동에 바로 접목되도록 했다.

그림 8.4는 이 회사가 영업 매니저들을 위해 만든 것을 일반화한 표다. 영업 절차의 각 단계는 각기 다른 목표들이 있다. 그리고 각 단계에서 회사가 강화하고자 하는 중요한 행동들이 있다. 이 툴은 특정 단계의 목적과 관련하여 영업 사원과 대화할 때 매니저가 물을 수 있는 여러 개의 샘플 질문도 제공한다.

■ 우수 사례를 이용해서 충분한 코칭 시간을 가져야 하는 단계

영업 단계	영업 기회 창출	영업 기회 추구	영업 기회 종결	지속적인 활동
해당 단계별 코칭 목표 사례	■ 고객이 타당한 영업 기회를 제공하는지 그리고 우리가 판매하는 것에 적합한지 확인 ■ 영업사원이 고객사에서 적절한 담당자를 파악하기 위해 조사하도록 ■ 영업사원이 방문 전 충분한 계획을 세우고 그 기간에 맞춘 방문 전략을 가지고 있는지 확인	■ 영업사원이 고객의 수요를 파악하고 검증하기 위해 자유답변식 질문을 하도록 함 ■ 영업사원이 수요 분석과 솔루션 개발에 적절한 전문가를 활용하도록 함 ■ 제안된 솔루션이 방문 전 고객의 학습된 수요에 연결되도록 함	■ 영업사원이 고객과 우선 순위와 최종 기한을 정하도록 확인 ■ 영업사원이 고객에게 제안할 적절한 가격을 결정하도록 검증 ■ 효과적인 협상 과정이 전개되도록 확인 ■ 영업사원이 장재적인 방해 요인을 파악하고 장애물을 효과적으로 처리하도록 함	■ 영업이 종결된 후에 고객 피드백을 모으도록 함 ■ 조직 내부부서, 기능, 지역에서 영업사원이 이 건을 얼마나 잘 조율했는지 평가함 ■ 영업사원이 고객과 우선 순위와 최종 기한을 정하도록 확인
해당 단계별 코칭 질문 사례	■ 나름으로 생각하고 한번 이야기해 보세요, 방문해서 첫 번째로 내가 할 것인지 그리고 어떻게 내가 신뢰하도록 만들지 한번 보여주세요 ■ 이 방문의 주 목적은 무엇인가요? ■ 오늘 방문을 위해 어떤 준비를 했나요? ■ 이 고객이 우리에게 적합한 고객이 아니라고 판명할 수 있는 조건이 있나요? ■ 고객사에서 가장 중요한 세 가지 전략적 목표가 무엇인지 말해 주세요	■ 어떤 질문을 받을 것 같은가요? ■ 이 고객사와 계속 영업을 할지 확인하기 위해서 무엇을 더 알아야 할까요? ■ 당신이 제안한 솔루션을 검증을 하면서 "그래서 어떻다는 거죠?"라는 질문을 고객 대신 해 보았는가요? ■ 이 고객에게 적합한, 고객이 아니라고 판명할 수 있는 것이 어떤 것이 있나요? ■ 고객의 생방향 대화를 할 수 있었던 이유는 무엇일까요? ■ 숨겨진 이유는 무엇일까요? ■ 숨겨져 있는 수요를 발견했다고 느끼는가요?	■ 어떤 장애물이 있을 것 같은가요? ■ 영업 제안이 가장 위험한 부분을 다시 재논의 계획을 가지고 있는가? ■ 이 현상에서 도착 관련되지 않은 비즈니스 수요가 무엇이라고 생각하는가? ■ 고객이 할 가장 어려운 질문은 무엇일까요? 어떻게 대답할까요? ■ 이 영업 건을 완결하기 위해 어떤 내부자원들이 필요할까요?	■ 지속적인 관계를 유지하기 위해 어떤 계획을 가지고 있는가? ■ 이 거래가 성공적으로 유지되기 위해 내부적으로 어떤 사람에게 영향을 미쳐야 하는가? ■ 다음 반이 큰 기회에 집중하기 위해 이 거래에서 어떻게 벗어날 계획인가? ■ 이 방문 후에 다음 단계로 무엇을 해야 할 것인가?

출처 : Sales Executive Council Research

그림 8.4 영업 절차 별 코칭 가이드

첫 번째 단계인 영업 기회 창출^{opportunity creation}을 예로 한번 보면, 매니저는 이 차트를 참조하여 전체 영업 절차 중 이 단계와 관련된 구체적인 목표와 활동을 확인할 수 있다. 고객을 방문할 때 명확한 목표를 세우고, 고객을 확인하고, 방문 이전에 충분하게 조사하는 등 우수 영업 사원이 이미 하는 일들이 여기에 들어 있다. 그 밑을 보면 영업 사원이 그러한 목표들을 어떻게 추진하고 있는지를 유추해 내기 위해 이용할 수 있는 질문들을 볼 수 있다. 예를 들면, '이 방문의 주 목적은 무엇인가요?' 등이다.

그런데 많은 경우 영업 매니저들이 코칭을 할 때 행동에 초점을 맞추기보다는 결과에 초점을 맞춘다는 사실을 발견했다. "최종 오더로 진행되는 비율이 낮아요. 뭐가 문제죠? 회사에서 지시한 영업 절차를 잘 따르고 있나요?" 이런 식으로 말해서는 안 된다. 한 회원사의 중역은 이것을 '스프레트시트' 코칭이라고 불렀다. 즉, 행동이 아닌 비즈니스 결과에 초점이 맞춰진, 단지 한 가지 방법으로 대상에 상관없이 똑같이 적용되는 좋지 않은 코칭이다. 좋은 코칭은 결과가 아닌 행동에 관한 것이어야 한다. 이 툴이 효과적인 것은 바로 이런 이유 때문이다. 더욱이, 모든 정보가 여기서 보는 것처럼 간단하게 한 페이지의 로드맵에 다 담겨 있다. 이 회사의 영업 매니저들은 이 한 페이지의 로드맵을 코팅해서 가방에 넣고 다닌다.

이 로드맵은 복잡한 절차나 별도의 교육, 행정적인 지원 없이도 코칭을 할 때 참조할 수 있는 완벽한 커닝 페이퍼 역할을 한다. 회사에서 영업 매니저가 코칭에 대해 부정적일 경우 이런 툴은 영업 매니저에게 복잡하지도 않으면서 행동 방식을 바꿀 필요도 없이 알아서 코칭을 할 수 있는 실용적인 틀을 제공할 것이다.

부록 A에서 챌린저 영업 모델을 강화하는데 도움을 줄 수 있도록 구성된 영업매니저 코칭 가이드의 일부분을 발췌해 놓았다. 웹사이트 (https://www.challengerinc.com/challenger-sale-resources)에서 전체를 내려 받을 수 있다. 이것은 챌린저 개발 프로그램을 진행할 때 이용하는 것과 동일한 툴이다. 254페이지에 정리된 코칭 가이드의 영업 절차와 마찬가지로, 이 영업 매니저 코칭 가이드는 챌린저 모델을 구성하는 세 가지 축(가르치기, 맞추어 제안하기, 주도권 잡기)에 맞춰져 있다. 그래서 각 영역에서 어떻게 행동하는 것이 좋은 것인지 영업 매니저가 가이드할 수 있도록 해주며, 코칭 초반부에 효과적으로 이용할 수 있는 질문들도 제공한다.

효과적인 코칭을 위해 PAUSE를 이용하기

챌린저 모델이 정착하도록 하는데 코치로서의 영업 매니저 역할은 말할 수 없을 만큼 중요하다. 챌린저로 변화하는데 좋은 코칭이 얼마나 중요한 역할을 하는가를 생각해 보면, 우리는 고객들이 현재 이용하고 있는 코칭이 잘 되고 있다고 자만하기보다는 실제로 잘 진행되고 있지 않다는 가정을 전제로 시작하도록 한다.

SEC사의 솔루션 그룹에서 약 10여 개의 회사를 대상으로 영업 매니저의 코칭 능력을 개선하고, 혁신적으로 거래를 이끌 수 있는 기술을 가르치거나, 아니면 현재 매니저군의 전반적인 능력을 향상시키는데 도움을 줄 수 있는 프로그램을 진행했다. 이 영업 매니저 개발 프로그램의 중요한 요소 중 하나는 가정 기반 코칭 hypothesis-based coaching 이다. 우리는 이 방법이 코칭과 관련해서 많은 회사가 어려움을 겪는 문제를 해결할 수 있다고 생각한다. 영업 매니저가 '이단 점프'를 할 수 있도록 하는 것 즉, 제품을 판매하는 영업 사원에서 솔루션을 판매하는 영업 매니저로 변신하고, 영업의 상호작용을 관찰할 수 있는 전문가가 되면서 동시에 이러한 상호작용을 바탕으로 코칭을 할 수 있는 전문가가 되는 이단 점프를 가능하게 한다. 이런 이유 때문에 이것을 가정 기반 코칭이라고 부르는 것이다. 이 방법에 따르면 영업 매니저는 무엇이 좋은 것인지에 대해 명확한 가정을 하고 코칭을 시작한다.

가정 기반 코칭은 영어로 PAUSE라고 부르는 효과적인 툴을 이용하며, 우리는 모든 회원사가 이 툴을 이용하도록 적극적으로 독려한다. PAUSE는 다음 각 항목의 영문 첫 글자를 조합한 단어다.

- **코칭 대화를 준비하기(Preparation for the Coaching Conversation):** 코칭 세션을 진행하기 전에 매니저들은 여기에 맞게 충분한 준비를 해야 한다. 준비를 통해서만 여러 코칭 이벤트 간의 연속성을 유지할 수 있다. 영업 사원이 영업의 어느 단계에 서 있는지 한번 생각해 봄으로써 매니저들은 영업 사원에게 어떤 행동들이 현재 중요한지 파악할 수 있을 것이다. 이것은 영업 사원이 상황의 변화를 잘 파악하지 못하는 문제를 가지고 있을 때 이것을 해결하는 첫 번째 단계일 것이다.

- **관계를 확증하기(Affirm the Relationship):** 영업 사원이 코칭을 받을 준비가 되어 있지 않거나 코치로서의 매니저 역할을 인정하지 않는다면, 코칭을 위한 노력은 시간 낭비일 뿐이다. 매니저는 성과 관리와 코칭을 구분할 수 있어야 하며, 이를 바탕으로 영업 사원의 자기 개발을 강조할 수 있도록 교육을 받을 필요가 있다. 성과 관리

와 코칭 사이에 명확한 구분을 하기가 쉽지 않지만, 코칭을 효과적으로 할 수 있는 '안전한' 상황을 만드는 것은 가능하다.

- **예상된(관찰된) 행동을 이해하라(Understand Expected/Observed Behavior):** 많은 매니저는 코칭을 하면서 관찰한 것을 어떻게 해석해야 할지, 영업 사원들을 관찰할 때 실제로 무엇을 중점적으로 파악해야 하는지를 어려워하고 있다. 매니저가 코칭을 위한 미팅이 실제로 어떻게 진행되어야 하는지 이미 알고 있다면, 실제 상황에서 그렇게 진행되는지 더 쉽게 알 수 있을 것이다.

- **행동 변화를 구체화하라(Specify Behavior Change):** 매니저가 핵심적인 행동이 어떤 것이어야 하는지를 이해하고, 그 행동을 정의하는 객관적인 기준을 가지고 있다면 구체적이고 객관적인 의견을 영업 사원들에게 쉽게 전달할 수 있을 것이다. 이러한 구체적인 의견을 통해 코칭이 너무 포괄적이거나, 주관적인 의견으로 끝나거나, 초점을 잃어버리거나, 강압적인 분위기에서 진행되는 것을 예방할 수 있다.

- **새로운 행동이 자리 잡도록 하라(Embed New Behaviors):** 여기에서 목적은 코칭이 단지 일시적인 것에서 끝나지 않고 조직 내에서 제도화된 절차로 자리 잡도록 하는 것이다. 회사는 매니저들이 각 영업 사원의 구체적인 행동 계획을 수립하고, 연속성을 가지고 코칭 대화를 진행하고, 중간 관리자들이 일선 매니저의 코칭 활동과 능력을 질과 양에서 파악할 수 있도록 도움을 줄 수 있는 툴을 제공해야 한다.

다시 말하지만, 우리가 이 툴을 아주 좋아하는 것은 이를 통해 효과적으로 코칭을 전달하는데 방해가 되는 걸림돌을 극복할 수 있기 때문이다. 그리고 PAUSE라는 개념이 매니저에게 아주 강력한 툴이 될 수 있다고 생각한다. 왜냐하면, 이 개념을 통해 매니저는 서두르지 않고 무엇이 코칭의 진정한 의도이고 목적인지를 곰곰이 생각해볼 수 있고, 흔히 시간에 쫓기는 영업 매니저들이 그러하 듯이 코칭을 단지 했다는데 의미를 두지 않도록 하기 때문이다. 이 접근법은 이번 코칭이 지난번 코칭과 연속성을 가지고 진행되도록 한다. 그리고 코칭이 문서화된 자기 개발 기회에 집중되도록 함으로써 매니저가 코칭을 객관적이고 규정된 것으로 유지하는데 도움을 준다. 코칭을 효과적으로 진행하는 것은 몹시 어려운 일이다. 그렇지만, 코칭을 잘 구성하고 실행하도록 하는데 시간을 투자하기가 쉽지 않지만, 이것을 무시한다면 오히려 더 큰 어려움에 빠질 수 있다는 것을 알 필요가 있다. 특히, 챌린저 영업 모델처럼 야심 찬 변화를 도입하려는 조직에 있어서는 더욱 그렇다.

지금까지 코칭에 대해 이야기하는 데 많은 부분을 할애했다. 코칭은 의심할 여지없이 세계적 수준으로 영업을 관리하기 위해서는 반드시 필요한 부분이기 때문이다. 그런데 이 장 초반부에 언급한 영업 매니저의 능력에 대한 분석 결과를 기억해 보면 코칭에 관한 부분이 실제 생각했던 것보다 크지 않다는 뜻밖의 결과가 있었다. 이 결과를 내놓기 전에는 많은 회원사 관계자들이 매니저의 우수성을 판단하는데 50퍼센트 정도나 그 이상이 매니저가 얼마나 효과적인 코칭을 하느냐에 달렸다고 생각했었다.

그런데 이것은 사실이 아닌 것으로 드러났다. 물론 기본적으로 코칭은 매우 중요하고, 영업 매니저의 우수성을 결정하는 중요한 부분이다. 그러나 매니저의 우수성에 기여하는 더 큰 부분이 있다는 것을 알고 있다. 매니저의 성과를 결정하는 마지막 요소인 영업 혁신sales innovation에 대해서 알아보자.

알려지지 않은 것에 대한 혁신

영업 혁신이 영업 매니저의 가장 중요한 특성이라면, 혁신을 이루기 위해 영업 매니저는 실제로 무엇을 해야 할까?

그림 8.5는 영업 혁신을 가져오는데 중요한 9개의 요소를 보여준다. 여기에서 보는 것처럼 이 9개의 특성은 3개의 중요한 영업 혁신 행동(조사하기, 창조하기, 공유하기)으로 다시 묶을 수 있다.

조사하기	창조하기	공유하기
■ 새로운 영업에 방해가 되는 장애물들을 파악하기 ■ 무엇이 효과가 있고 그렇지 않은지에 대한 피드백을 모으기 ■ 고객의 어려움을 어떻게 해결할지 알아내기	■ 우리 제안을 다른 형태로 보여줄 방법들에 대해 혁신하기 ■ 이상적인 비즈니스 성과를 파악하기 ■ 새로운 영업 제안과 솔루션을 정의하고 탐구하기	■ 전술과 우수 사례를 공유하기 ■ 팀 간의 관계를 증진하고 유지하기 ■ 뉴스를 필터링하고 정보를 공유하기
누가 이것을 수행하는가? ■ 영업사원이 정보를 모은다 ■ 매니저가 수행한다	**누가 이것을 수행하는가?** ■ 매니저가 솔루션을 개발한다 ■ 영업사원이 의견을 제공한다	**누가 이것을 수행하는가?** ■ 매니저가 통찰을 공유한다 ■ 조직이 이것을 진작시킨다

출처 : Sales Executive Council Research

그림 8.5 영업 혁신의 구성 요소들

조사하기investigating는 영업에 방해되는 것이 정확히 무엇인지 파악하는 능력에 관한 것이다. 누가 관여하고 있는가? 어떤 결정 기준을 고려하고 있는가? 어떤 재무적인 고려가 방해 요인이 될까? 혁신적인 영업 매니저는 영업 사원과 긴밀하게 일하면서, 현재 진행되고 있는 영업 건에 대해서, 특히 지금 진행이 잘 안 되는 거래에서 고객의 결정 과정을 가능한 자세하게 분석한다.

이것이 중요한 것은 단지 공급사 대부분이 고객의 결정 과정에 대한 최소한의 정보만 가지고 있어서 만은 아니다. 고객들조차도 자신의 조직이 어떻게 결정을 내리는지 확실하게 인지하지 못하기 때문이기도 하다. 여기에 더해, 우리는 새로운 고객과 기존 고객에 더 복잡한 솔루션을 판매하려고 노력할 것이고, 결국 각 영업 건마다 발생할 수 있는 여러 장애물이 엄청나게 얽혀 있는 상황에 부닥치게 된다. 바로 이때 혁신적인 영업 매니저가 힘을 발휘할 때다. 이들은 영업 사원들과 같이 마음을 모아 어떤 영업 건이 어디에서 수렁에 빠졌는지 창조적 기지를 발휘해 파악하고, 그리고 어떻게 빠져나올 수 있을지 결정한다.

혁신적인 영업 매니저들이 실력을 발휘할 수 있는 두 번째 방법은 솔루션을 창조하는 것이다. 여기서 말하는 것은 현장 영업 매니저들이 새로운 솔루션을 뚝딱 만들어 내거나 새로운 서비스를 발명해야 한다는 것이 아니다. 초점이 영업 혁신이지 제품 혁신이 아니라는 점을 기억할 필요가 있다. 그렇더라도, 혁신적인 영업 매니저가 영업 건 별로 혁신할 수 있는 여지는 충분히 있다. 예를 들면 고객이 힘들어하는 부분과 솔루션을 더 직접적으로 연관시키기 위해 공급사의 역량을 재정립해 보거나, 장기 계약이나 향후 추가적인 제품 구입을 전제로 고객을 대신해서 위험을 부담하는 것 등이 각 건 별로 가능하다.

모든 영업 매니저는 영업 건들에 대해서 영업 사원과 많은 시간을 보낸다. 그렇지만, 아마 대부분의 시간은 영업 사원이 무엇을 하는지 점검하는데 쓰일 것이다. "고객에게 전화를 다시 했어요?", "그 제안서 보냈어요?", "그 추가 서비스 패키지에 대해 언급했나요?" 이렇게 질문하는 것은 솔루션을 창조하는 것이 아니고, 개별 영업 건을 조사하는 것이나 마찬가지다. 감히 말하지만, 매니저가 영업 사원과 보내는 시간의 70~80퍼센트가 이렇게 영업 사원이 무엇을 하는지 조사하는데 쓰인다고 생각한다. 반대로, 혁신은 영업 사원을 점검하는 것과는 관련이 없다. 혁신은 가치에 대한 평가 없이 사고의 교류를 통해 함께 창조하는 것이며, 한 영업 건을 다음 단계로 진행시킬 수 있는 더 좋은 방법을 찾기 위해 협력하는 것이다. 결국, 우리가 원하는 것은 영업 매니저들이 혁신의 노력을 지금 가장 중요한 영업 건에 집중하는 것이다.

다른 말로 하자면, 시간과 노력이 가장 큰 결과를 얻을 수 있는 곳에 쓰이기를 원한다. 한번 곰곰이 생각해 보면 주위에 진정으로 혁신적인 영업 매니저들이 몇 명 있을 것이다. 이들은 성사시킬 가능성이 전혀 없는 영업 건조차도 어떻게 해서 든지 진행시킬 수 있는 방법을 항상 찾아내는 사람들이다. 이들이 생각해낸 솔루션들은 때로 영업팀의 전설이 된다. "신디가 스미스사 건을 성사시키는데 밥이 어떻게 도움을 줬는지 들었어?", "진짜 대단했어! 어떻게 그런 걸 생각해 냈지?" 우리 회원사의 한 임원은 이런 영업 매니저를 '영업 닌자'라고 불렀다. 좀 우스꽝스러운 표현이지만 곰곰이 생각해 보면 잘 들어맞는 말이다. 이 사람들은 거래에 필요한 모든 툴을 마스터한 사람들이다. 다른 사람들이 전혀 방법을 찾지 못할 때라도 이런 사람들은 뭔가 돌파구를 찾아낸다.

마지막으로, 혁신적인 영업 매니저들은 혁신적인 노력을 통해 얻어진 열매를 열정적으로 그리고 활발히 다른 사람들과 공유한다. 다른 사람들이 배울 수 있도록 잘 전파할 수 있다면 이 경험을 다른 곳에 똑같이 적용하는 것의 가치는 이루 말할 수 없다. 이것이 혁신의 노력을 확장하는 방법이다. 혁신적인 영업 매니저들은 좋은 사례를 공유하고, 조직 내에서 긴밀한 네트워크를 개발하고 유지하며, 새로운 아이디어와 솔루션을 팀의 다른 사람들에게 전파하는 사람들이다.

이제, 영업 혁신이 무엇인지에 대해 이해할 수 있었다. 이제 다시 돌아가서 영업 매니저의 우수성을 결정하는 다른 기본 카테고리와 비교해 보자. 자원 배분과 영업 혁신이 조화롭게 공존할 수 있는지를 논의하다 보면 여기에 아주 중요한 의미가 있다는 것을 알 수 있을 것이다.

상충하는 세계

이 장의 초반부에 세계적 수준의 영업 매니저에 대해 설명하는 부분에서, 영업 매니저에게 요구되는 프로파일이 요즘은 리더십을 이야기할 때 요구되는 프로파일과 비슷한 형태로 바뀌었다고 말한 것을 기억할 것이다. 오늘날 세계적 수준의 영업 매니저들은 알려진^{known} 목표 지점으로 코칭을 해서 이끄는 능력뿐 아니라, 알려지지 않은^{unknown} 것들에 대해 혁신하는 능력을 갖추고 있어야 한다.

이것은 챌린저 모델을 추구하는 조직에 아주 중요하다. 가르치기 능력과 맞추어 제안하고, 주도권을 잡는 능력을 갖춘 챌린저라고 할지라도 고객이 현실에 안주하려는 본성을 100퍼센트 극복할 수 있는 것은 아니다. 많은 영업 건이 생각대로 진행되지 않고 수렁에 빠질 것이다. 여기에서 혁신적인 영업 매니저는 거래를 성사시키거나 반대로 무결정의 늪에 빠진 또 하나의 실패를 기록해야 하는 기로에서 큰 역할을 하게 된다.

그런데 불행하게도 영업 매니저의 능력을 볼 때 대부분의 영업 책임자는 자원 배분resource allocation에 가중치를 두는 경향이 있다는 것을 기억할 것이다. 즉, 이런 영업 책임자는 현장 영업 매니저가 영업 지역을 더 효율적으로 관리하고, 가능성이 큰 영업 건에 집중하고, 영업 절차를 준수해서 제한된 자원을 더 효과적으로 관리하도록 주문한다. 곰곰이 생각해 보면 자원 배분이란 다름 아닌 효율성efficiency일 뿐이다. 그런데 영업 혁신은 반대로 효율성보다는 효용성effectiveness에 더 가깝다.

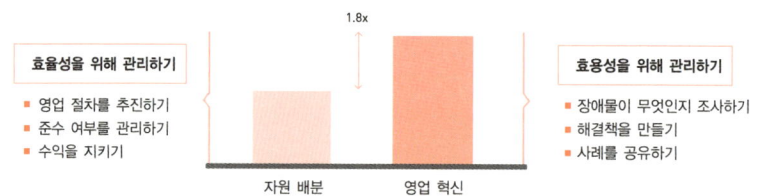

그림 8.6 자원 배분과 영업 혁신이 영업 매니저의 능력에 미치는 상대적인 영향

그림 8.6이 보여주듯이 효율성이 영업 매니저의 성과에 미치는 영향과 효용성이 영업 매니저의 성과에 미치는 영향을 비교해 보면, 효용성에 집중

할 때 약 두 배의 긍정적인 영향을 미칠 수 있다.

명확하게 밝혀 두지만, 절차적인 효율성을 높이기 위해 노력하는 것이 나쁜 접근법이라는 말은 아니다. 그러나 효율성은 우리가 이미 어떻게 할지 알고 있는 것을 더 잘하기 위해 노력하는 것이다. 즉, 좋은 영업 사원을 뽑아서 적합한 고객들에게 열심히 팔고, 단계마다 필요한 행동들을 하면 된다. 그리고 이것을 계속 반복하면서 더 빨리 하는 것이 효율성이다.

그런데 모든 영업 건이 똑같을 때는 이렇게 효율성에 집중하는 것이 문제가 없겠지만, 현실은 그렇지 않다. 만약, 모든 요구 사항을 알 수 있고, 모든 비즈니스 기회를 알 수 있고, 고객의 행동을 예상할 수 있다면 그냥 영업 절차에만 매달리고 영업 사원에게도 그렇게 하라고 코칭만 하면 될 것이다. 5~6년 전에는 대부분의 영업 매니저들에게 영업 환경에 대해 이렇게 설명하면 어느 정도 정확하게 현실을 묘사하는 것으로 인정했다.

그때는 여전히 단순한 제품 판매가 비즈니스의 대부분을 차지했기 때문이다. 그런데 이것은 더 이상 영업 책임자들이 경험하고 있는 현실이 아니다. 이제는 매출을 증대시키려면 이미 알려진 것^{known}에서 효율성을 증대시키기 보다는 적어도 부분적으로 알려지지 않은 것^{unknown}에 대해 협동을 통해 혁신하는 능력을 갖추고 있어야 한다. 회원사의 한 영업 책임자는 이런 맥락에서 "만약 작년에 영업 절차를 무턱대고 따르려고 했다면, 작년에 성사시킨 가장 큰 영업 건 세 개는 가능하지 않았을 것입니다."라고 말한 적이 있다.

오늘날 성공적인 영업은 이미 아는 것을 더 잘하는 것이 아니라, 모르고 있었던 것을 해결하는 능력을 개발해야만 가능하다. 이런 세계에서 성공하려면 혁신을 장려할 수 있는 영업 조직이나 영업 문화를 만들어야 한다. 즉, 효율성 보다는 효용성에 더 높은 가치를 두는 환경을 만들어 주어야 한다. 그런데 그림 8.7에서 보는 것처럼 대부분의 영업 조직은 아직 이 단계에 도달하려면 상당한 노력을 해야 하는 것으로 드러났다.

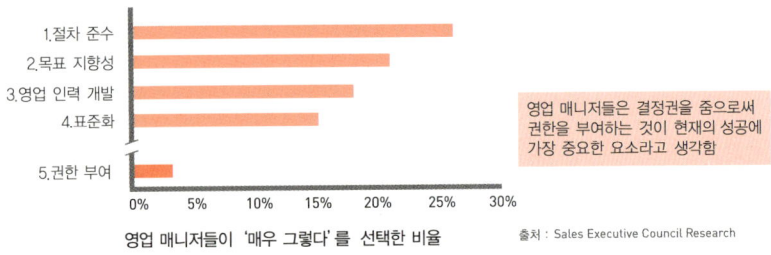

그림 8.7 '당신 회사의 고위 경영진들은 다음 사항을 장려하거나 지원하는가?'라는 질문에 영업 매니저들의 답변

최근 현장 영업 매니저를 대상으로 한 설문 조사에서, 여러 특성과 행동을 바탕으로 현재 회사의 고위 임원들의 전략을 어떻게 생각하는지 물었다. 그 결과 아주 명확한 답변을 들을 수 있었다. 현재 대부분의 매니저들이 영업 절차를 효과적으로 준수하는 것을 강조하는 환경에서 일하고 있다고 답했다. 반면, '경영진이 영업 매니저가 자신만의 행동 절차를 만들도록 위임하고 있느냐'는 질문에는 대부분의 매니저들이 아니라고 답했다. 그런데 같은 설문 조사에서 매니저들은 권한 위임 empowerment, 즉 결정을 내릴 수 있는 자유가 현 상황에서 영업 성공의 가장 중요한 요소라고 믿는다는 답을 했다. 영업 매니저의 능력에 대한 우리의 연구가 이것이 사실이라는 것을 보여준다.

물론, 모든 조직은 나름대로 준수하여야 하는 규칙을 가지고 있어야 한다. 구체적인 비즈니스 결과에 대한 목표를 설정하고 이것을 성취하기 위해 전력을 다해야 하는 것은 당연하다. 그런데 이런 큰 그림 안에서 우리는 매니저들이 혁신적인 방법으로 그런 목표를 추구할 수 있도록 권한을 위임할 수 있는 방안을 찾아야 한다. 그런데 이런 식의 권한 위임이 자연스럽게 이루어지는 기업 문화를 가진 기업들은 많지 않은 것 같다. 언뜻 보기에는 별로 대수롭지 않은 것처럼 보이는 발견이 우리에게 던지는 정신이 번쩍 들게 하는 메시지는 무엇인가? 이제 영업 매니저들이 다시 성장을 이끌어 내야 할 때가 되었지만 대부분의 기업에서 성장 동력이 잘못된 틀에 맞춰져 있다는 것이다. 효용성이 필요한 때에 효율성에 맞춰 조직이 구성되어 있는 것이다. 우리 자료에 따르면 혁신이 자유롭게 이루어지는 환경을 만들기 위해서는 대부분의 회사에서 아직 더 많은 노력을 해야 하는 것으로 드러났다.

효율성에 집중하는 영업 문화에서 효용성에 집중하는 문화로 변화시키는 것은 하루아침에 가능한 것이 아니고 장기적인 과제인 것은 맞다. 그러나 영업 매니저들이 각 영업 건에서 더 혁신적인 활동을 할 수 있도록 도움을 줄 수 있는 방안 중 지금 당장 도입할 수 있는 것들은 여전히 존재한다.

영업 매니저가 자신의 편견을 깨닫도록 하기

영업 매니저가 매일 당면하는 여러 과업을 더 잘 수행하기 위해 의존하는 생각 중 혁신적인 활동을 크게 방해하는 것들이 있다. 그림 8.8에서 보는 것처럼, 우리는 이런 생각을 축소형 생각narrowing thinking이라고 부른다. 축소형 생각은 복잡한 문제를 관찰하고, 기존의 옵션을 비교해서 솔루션을 만드는 과정이다. 이런 생각은 영업 매니저들이 제한된 자원을 배분하는 것과 같이 힘들지만 신속한 결정을 내려야 하는 상황에서는 아주 중요하다. 불행하게도, 이런 축소형 생각은 영업 매니저가 해결하기 어려운 고객의 도전에 직면했을 때, 창의적인 솔루션을 개발할 수 있는 능력을 극도로 제한한다. 이런 생각은 기존의 선택 사항 중 하나를 제거하는 데 초점이 맞춰져 있지, 새로운 것을 만들어 내는데 초점이 맞춰져 있지 않기 때문이다.

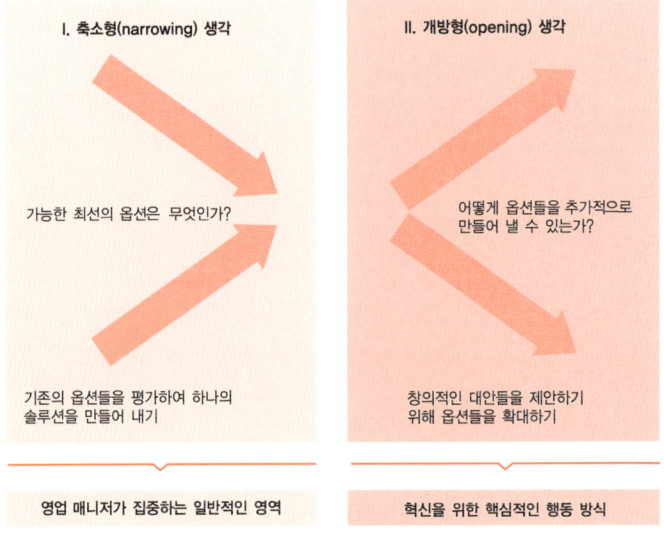

그림 8.8 영업 매니저의 사고 유형

축소형 생각의 대안은 개방형 생각 opening thinking으로 가능한 많은 선택 사항들을 만들어 내고 검토하는 것이 특징이다. 축소형 생각이 자원을 관리하는데 더 효과적일지 몰라도, 개방형 생각이 영업 혁신을 불어넣는데 더 효과적이다. 혁신적인 영업 매니저를 육성하려면 편협하게 생각하려는 본성이나 심리적 압박을 극복하도록 해야 한다. 그리고 개방적으로 생각할 수 있도록 도움을 주는 도구와 틀을 제공해야 한다. 적어도, 영업 혁신이 필요할 때 이것이 아주 중요하다. 이것을 잘하기 위해서 조직이 제일 먼저 해야 하는 것은 개방형 사고를 방해하는 것이 무엇인지 효과적으로 파악하는 것이다.

인간 행동에 대한 수십 년간의 연구 결과로 개방형 생각을 방해하는 중요한 편견 몇 개를 알아 낼 수 있었다. 가장 일반적인 편견은 다음과 같다.

- **현실성에 대한 편견(Practicality Bias):** 비현실적인 것은 배제되어야 한다는 생각
- **확신성에 대한 편견(Confirmation Bias):** 설명할 수 없는 고객 행동은 무시되어도 상관없다는 생각
- **재적용에 대한 편견(Exportability Bias):** 한 사례에서 효과적이지 않았으면, 다른 상황에서도 그럴 것이라는 생각
- **기존 체제에 대한 편견(Legacy Bias):** 우리가 해 왔던 방식이 최선일 것이라는 생각
- **첫 번째 결론에 대한 편견(First Conclusion Bias):** 어떤 상황에 대한 첫 번째 설명이나 결론이 최선이거나 유일할 것이라는 생각
- **개인화의 편견(Personal Bias):** 내가 구매하지 않으면, 고객도 구매하지 않을 것이라는 생각

이러한 편견이 본질적으로 '나쁜' 것은 아니다. 사실 이러한 것들이 많은 정보를 빠르게 검토하고 신속한 결정을 내리기 위해 우리가 매일 이용

	1. 깊이 있게 이해하기	2. 관점을 확대하기	3. 아이디어를 확장하기
목적	현재 문제를 완전히 이해하기 전에 솔루션을 제안하거나 철회하는 경향을 매니저들이 극복하는 데 도움을 줌	도전이 되는 어려움을 단지 개인적인 관점이나 영업 중심의 관점에서 이해하려는 경향을 매니저들이 극복하는 데 도움을 줌	가능한 옵션에 대해 기존의 가정들과 일치하는 아이디어들만 고려하려는 경향을 매니저들이 극복하는 데 도움을 줌
예	■ 이 고객의 상황을 설명할 수 있는 더 큰 그림은 무엇일까? ■ 이것이 사실이기 위해서는 다른 어떤 것이 배후에서 진행되어야 하는가?	■ 만약 당신이 고객사의 CFO라면 이 제안에서 무엇을 찾으려고 할 것인가? ■ 만약 이 제안을 보면 마케팅 총괄 책임자는 어떤 생각을 할까?	■ 이 고객과의 영업 건을 더 진행시킬 수 있는 더 많은 예산이 있다면 어떤 다른 방식으로 할 것인가? ■ 고객이 결정할 시간이 6개월에서 1년으로 연장된다면 무엇을 할 것인가?
언제 이용할 것인가	매니저들이 현재의 문제에 구체적으로 연관시키지 않고 모든 상황에 적용되는 (one-size-fits-all) 하나의 전략을 그냥 사용하는 경향이 있을 때 이용해야 함	적절하지 않은 개인적인 경향에 지나치게 의존해 상황을 이해하려는 경향이 있을 때 이용해야 함	아이디어를 충분히 생각해 보기도 전에 실현 불가능하다는 명목으로 버리는 경향이 있을 때 이용해야 함

출처 : Sales Executive Council Research

그림 8.9 효과적인 생각을 유도하는 질문의 특징들

하는 도구들이다. 근본적으로 이것들은 우리가 복잡한 상황에 직면해서 빠른 결정을 내리기 위해 의존하는 필터와 같은 것이다. 시간에 쫓기는 영업 매니저에게는 더욱 유용할 것이다. 이러한 용도로는 편견이 아니라 성공하기 위해 필요한 능력인 것이다.

그러나 동시에 이러한 편견은 우리가 생각의 흐름을 만드는 기회를 차단해 버린다. 신속한 결론을 내리는데 도움을 주지만 주도면밀한 결정을 내리도록 하지 못한다. 왜냐하면 우리는 세계를 우리 자신의 관점에서만 보기 때문이다. 그리고 이런 편견을 가지고 있다면 영업 매니저들은 고객의 입장에서 생각하지 못하게 될 것이고, 성공적인 영업에 치명적인 결과를 가져올 것이다. 이들이 나쁜 매니저여서가 아니라, 같은 인간이기에 자신의 관점에서 고객을 바라보게 된다. 이런 매니저들이 영업 사원과 마주 앉아서 현재 수렁에 빠진 영업 건을 바라본다고 가정해 보자. 자신의 편견을 통해서 세계를 볼 것이고 이 영업 건을 진행시킬 창조적인 방안을 찾지 못할 것이다.

영업 매니저가 이러한 편견을 극복하고 자신의 생각을 개방할 수 있는 간단한 두 가지 방법이 있다. 첫 번째로 단순히 영업 매니저가 이런 편견에 대해서 인지하도록 하는 것이다. 이런저런 편견들이 존재하고 있다는 것을 알려주고 지속적으로 상기시켜 주는 것만으로도 자신의 생각을 제한하려는 경향성을 현저하게 줄일 수 있다. 두 번째로 영업 매니저가 자신이나 영업 사원에게 다른 관점에서 새롭게 생각할 수 있도록 해주는 구체적인 질문을 할 수 있도록 교육하는 것이다.

이렇게 생각을 유도하는 질문에 대해서 실제로 어떻게 작동하는지 좀 더 자세히 알아보자.

편견을 떨쳐 버리기

간단하게 표현하자면, 생각을 유도하는 질문이란 생각을 확대시켜 주는 도구이다. 이것을 잘 이용하면 우리가 어떤 문제나 솔루션에 대해서 생각할 때 다음 세 개 중 하나의 도움을 받게 된다. 우리의 이해를 심화시키거나, 우리의 관점을 넓히거나, 우리의 생각을 확대시키도록 하는 것이다.

생각을 유도하는 질문들은 많은 경우 어떤 이슈에 대해서 결론을 내리기 전에 그것에 대해 충분히 생각해 보도록 도움을 준다. 예를 들면 '현재 고객의 상황을 더 큰 그림으로 어떻게 설명할 수 있을까?' 또는 '이것이 사실이라면 이면에 어떤 일들이 벌어지고 있을까?' 이런 질문들은 영업 매니저들이 여기저기에도 대충 들어맞는 일반적인 결론에 별 생각도 없이 성급하게 도달하는 것을 예방하는 데 도움을 준다.

두 번째로 이 질문들은 우리가 대안을 생각해 보도록 한다. '당신이 만약 고객사의 CFO라면 이 제안을 어떻게 생각할 것 같은가?' 또는 '마케팅 총괄 책임자는 이 제안을 어떻게 생각할까?'와 같은 질문은 모든 해답을 이미 가지고 있다고 생각하는 영업 매니저들에게 특히 유용하다.

마지막으로, 이 질문들은 우리의 생각을 제한하는 현실성에 대한 우려를 잠시나마 잊어버리도록 한다. '만약 이 고객과의 영업 건을 진행할 예산에 여유가 있다면 어떤 다른 행동을 할 수 있을까?' 이런 질문들은 어떻게 무언가를 할 수 있을지 방법을 찾는 것이 아니라, 왜 우리가 어떤 것을 할 수 없는지에 대해 성급한 결론을 내리는 영업 매니저에게 할 수 있는 훌륭한 질문들이다.

영업 매니저들이 실제로 어떻게 이것을 활용할 수 있을까? 그림 8.10에 있는 툴을 한번 보자. SEC에서 회원사를 대상으로 생각을 유발하는 질문prompting question으로 구성된 툴을 다 취합해 본 적이 있지만, 이 그림에 있는 것이 우리가 가장 선호하는 것이고 회원사들이 실제 영업 조직에서 아주 유용하게 사용하고 있는 것이다. 이것을 'SCAMMPERR 툴'이라고 부르는데, 이것은 첫 번째 행에 있는 영문 단어의 첫 글자들을 딴 것이다. 브레인스토밍을 할 때 효과적으로 사용할 수 있는 툴이다.

이 툴이 훌륭한 이유는 아주 간단하기 때문이다. 이 툴은 영업 매니저들이 머리를 쥐어짜며 고민을 하거나 수년간의 교육을 받을 필요없이 특정 영업 건에 대해서 어디에서 혁신적인 변화를 이끌어낼 수 있을지 체계적으로 검토할 수 있도록 해주는 아주 간단한 방법을 담고 있다. 이 툴을 살펴보면 툴 자체는 생소하겠지만, 우수 영업 매니저들이 거의 매일 스스로 알아서 하는 것들이라는 점을 알 수 있을 것이다.

한 영업 매니저가 영업 사원과 함께 난관에 봉착한 어떤 영업 건을 진전시키기 위해 노력하고 있다고 가정해 보자. 그 이유는 고객이 가격 인상에 대해 아주 강력하게 반발하기 때문이다. 물론, 우리는 그 영업 사원이 이 건을 진전시키기 위해 매니저에게 어떻게 제안할지 알고 있다. '고객이 가격이 문제라고 한다면 가격이 너무 높은 것이고 할인을 제공해야 한다.'

그런데 이런 솔루션에 성급하게 도달하기보다는 혁신적인 영업 매니저는 이러한 툴을 이용해서 그 다음 단계에 무엇을 해야 할지에 대해 영업 사원의 사고의 폭을 넓혀준다. 이 툴을 이용하면 영업 매니저는 그 영업 건

혁신	의미	가능한 아이디어들
대체하기(Substitute)	이것 대신에 무엇을 이용할 수 있을까?	고객에게 가치 있는 다른 제품과 번들을 만들기
결합하기(Combine)	다른 제안들과 어떻게 통합하고 결합할 수 있을까?	
적용하기(Adapt)	어떤 외부 아이디어를 이 상황에 적용시킬 수 있을까?	
확대하기(Magnify)	어떻게 중요한 특성을 더 강조하거나 돋보이게 할 수 있을까?	작은 양을 판매하되 자주 판매하기
변경하기(Modify)	제안의 구성 요소들을 바꾸어 더 적합한 제안이 되도록 할 수 있을까?	제조 과정에서 우리 제품을 부차적으로 이용할 수 있는 방안을 찾기
다른 용도로 이용하기 (Put to another use)	고객사의 다른 부서에도 이 제안이 도움을 줄 수 있을까?	가격 인상을 상쇄하기 위해 불필요한 포장을 없애기
제거하기(Eliminate)	고객이 도중 지불하기 싫어하는 요소들을 제안에서 제거할 수 있을까?	
재정렬하기(Rearrange)	제안의 순서를 바꾸어서 더 적합한 제안으로 만들 수 있을까?	
뒤집기(Reverse)	접근 방향을 완전히 뒤집어서 완전히 반대되는 것을 제안할 수 있을까?	

출처 : Sales Executive Council Research

그림 8.10 SCAMMPERR 툴

을 다시 정립할 수 있는 일련의 방법들을 세세히 검토할 수 있고, 가격을 변경하지 않으면서도 그 제안이 고객의 마음에 들게 할 수 있다. '어떤 대체품이 있을까?', '어떻게 다른 제안과 연결시킬 수 있을까?', '다른 상황에서 효과적이었던 아이디어를 여기에 적용할 수 있을까?' 등의 생각을 유발하는 질문을 하다 보면 할인을 제안하기 전에 다양한 선택 사항에 대해 더욱 포괄적으로 생각할 수 있도록 한다.

이 예를 이용해서 계속 설명한다면, 변경하기^{modify} 접근법을 이용해서 고객에게 적은 양의 제품을 판매하지만 동시에 더 자주 구매하도록 할 수도 있을 것이다. 또는, 제거하기^{eliminate} 접근법을 이용해서 가격 인상 분을 없애기 위해 필요 없거나 추가로 커스터마이징된 부분을 없앨 수도 있을 것이다. SCAMMPERR 툴이 작동하기 위해서 반드시 모든 질문에 답을 해야 할 필요는 없다. 이 툴은 영업 매니저가 선택 가능한 행동의 범위를 확장시키는데 도움을 주는 실행 메커니즘이다. 이 툴은 SEC의 회원사들을 위해 우리가 개발한 혁신적인 툴 중 하나다.

실행하기

지금까지 챌린저 영업 모델을 적용하는데 현장 영업 매니저들의 역할이 왜 중요한지 이야기해 보았다. 이제 우리는 많은 회사가 챌린저 영업 조직을 만드는 데 도움을 주면서 얻은 교훈에 대해서 이야기할 시점이다.

이 책을 읽으면서 영업 비밀무기를 하나씩 갖는 느낌이었다. 자기 반성과 더불어 새로운 의욕이 생기도록 도움을 받았다. 그 동안 영업사원에게 '실패를 두려워하지 말고 도전하지 않는 것을 두려워 하라'고 했지 도전하는 방법에 대한 코칭은 없었다. 이 책이 그 방법을 제시한다. 영업 뿐만 아니라 각 분야 리더들의 길라잡이가 되기를 기대한다.

정규덕, NICE정보통신 | 법인영업 부서장

| 9장 |

챌린저 영업 모델을 초기에 도입한 회사에서 배우는 교훈

2009년에 챌린저 관련 연구 결과를 발표하고 나서, SEC사의 팀과 자매사인 SEC 솔루션사는 여러 회사의 영업 및 마케팅 최고 책임자들이 챌린저 영업 모델을 자사에 도입하는데 도움을 주었다. 이 초기 도입 회사의 경험으로부터 많은 것을 배울 수 있었다. 이 장에서는 이런 경험으로부터 배운 교훈을 영업 및 마케팅 책임자, 다른 고위 임원과 공유하고자 한다.

영업 책임자를 위한 교훈

우수 영업 사원이 모두 챌린저는 아니다

고위 임원들은 우수 영업 사원은 모두 챌린저라고 오해하는 경향이 있다. 우수 영업 사원이 하는 많은 영업 활동이 있지만, 그 중 일부만이 가르치고, 맞추어 제안하고, 주도권을 잡는 행동이며 챌린저에 합당한 행동이다. 우리 연구 자료에 따르면 약 40퍼센트 정도이다.

챌린저 영업 모델을 도입한다는 것은 챌린저가 본능적으로 행동하는 것을 제도화한다는 의미다. 챌린저들의 가르치고, 맞추어 제안하고, 주도권을 잡는 행동을 배우고, 이 지식을 전체 영업 조직과 공유하는 것이다. 이를 효과적으로 수행하기 위해서는 우수한 관계중심형 영업 사원이나 외로운 늑대형 영업 사원이 이용하는 전술이나 습관을 잘못 채택하고 있지는 않은 지를 확인해야 한다.

챌린저가 어떻게 영업을 하는지 관찰하기 전에 먼저 챌린저가 누구인지 정확하게 파악하는 것이 가장 중요하다. 그냥 영업 매니저에게 누가 챌린저인지 물어보는 것으로는 충분하지 않다. 영업 매니저는 실제 영업 스타일과는 상관없이 우수 영업 사원을 선택할 가능성이 많기 때문이다.

SEC 솔루션은 챌린저 설문 조사에 이용한 진단 표 비슷한 것을 이용해서 챌린저를 구분한다. 즉 챌린저 영업 모델을 만들기 위해 이용했던 것과 같은 질문을 한다. 부록 B에서 제공된 표를 이용하여 질문 내용을 참고하면 실제 진단이 어떻게 이루어지는지 알 수 있다.

우수 영업 사원이 반드시 챌린저가 아닌 것과 마찬가지로, 모든 챌린저가 우수 영업 사원인 것은 아니다. '활동하지 않는' 챌린저를 보유한 조직들이 있다. 즉, 이런 유형의 챌린저는 챌린저로서의 기술은 가지고 있지만, 어떻게 적용해야 하는지 모르고 있다. 이들은 가르치기, 맞추어 제안하기, 주도권 잡기를 배우면 챌린저로서의 능력을 새롭고 강력한 방식으로 바로 보여줄 수 있다.

외로운 늑대의 외침을 경계하라

챌린저 연구 결과를 자세히 들여다보면 외로운 늑대형 영업 사원이 챌린저가 될 수 있는 가능성이 높다고 주장할 수 있을 것이다. 기술적으로 이것은 맞는 말이다. 외로운 늑대가 영업 사원 샘플 중 가장 작은 비율을 차지했지만(18퍼센트), 25퍼센트의 우수 영업 사원들이 이 프로파일에 속했다. 다른 말로 하면, 모든 프로파일 중에서 외로운 늑대를 무작위로 끄집어 내면 이들이 우수 영업 사원일 가능성이 가장 크다는 것이다. 그렇다고 해서, 이를 근거로 모든 영업 사원이 외로운 늑대가 되어야 한다는 것은 오류다.

외로운 늑대형 영업 사원은 특정한 패턴을 가지고 있지 않다. 정의에 따르면 외로운 늑대는 자기 자신만의 절차나 규칙 이외에는 어떤 것도 따르지 않는다. 그래서 이런 행동을 모델로 삼아 조직에 적용하는 것은 불가능하다. 특정 환경에서 어떤 영업 사원이 우수한 성과를 보인다고 해서, 똑같은 방식으로 평범한 영업 사원을 우수 영업 사원으로 만들 수 없다.

외로운 늑대형은 복잡한 솔루션을 제공하며 협업을 중요시하는 팀 기반 영업 환경을 어려워한다. 최근 첨단 기업의 최고 영업 책임자가 말해준 것처럼, "우리 조직을 한번 보면, 독립적으로 영업하는 환경에서 하나의 팀으로 영업을 해야 하는 환경으로 급속히 변하고 있습니다. 이런 환경에서 외로운 늑대는 악성 종양과 같습니다." 외로운 늑대는 개인으로서는 매우 유능하지만, 외로운 늑대만 모아 팀을 만든다면 어떤 영업도 할 수 없을 것이다.

또한 우리는 영업 사원 프로파일은 그들이 처한 환경의 영향을 부분적으로 받는다는 사실도 알게 되었다. 영업 사원은 일반적으로 그들에게 가장 많은 돈을 벌어줄 수 있는 방법을 따른다. 즉, 회사가 보상하고 칭찬해 주는 것을 최대화하기 위해 노력한다. 만약 외로운 늑대형 영업 사원이 주도하는 영업 조직이 있다면, 이유는 어떤 것이 최선인지를 스스로 알아서 파악하라고 명시적이든지 아니면 암묵적이든지 지시를 받기 때문일 가능성이 크다. 이런 환경에서 영업 사원들은 회사를 고객이 무엇을 가치 있게 생각하는지에 대해 권위 있는 의견을 주는 주체, 즉 지적인 가이드나 조언을 해줄 수 있는 주체로 생각하지 않는다. 오히려, 영업 사원의 성공에 방해 요인이라고 생각한다. 이렇게 외로운 늑대가 주도하는 영업 조직에서 회사는 영업 사원에게 어떤 가치도 주지 못하고 피해야 할 존재로 여겨진다. 교육, 영업 절차, CRM, 여러 영업 툴 등 회사가 개발한 것들은 외로운 늑대에게는 아무런 가치가 없다. 이런 조직에서는 영업 사원들이 영업 목표를 달성하더라도, 사람들은 경영진이 지원과 가이드를 제공했기 때문이라고 생각하는 것이 아니라, 오히려 이런 필요 없고 방해가 되는 것을 제공함에도 불구하고 이런 성과를 이루어 냈다고 생각하게 된다.

어제의 챌린저를 고용하기 시작하라

우리는 챌린저는 만들어질 수 있다고 확신한다. 챌린저 교육을 시행하다 보면, 영업 사원들이 챌린저 역을 맡는 것을 아주 흥미로워하는 것을 발견했다. 그리고 이 모델을 알고 나서는 고객에게 바로 도전하기 시작한다. 그렇지만, 조직 내에서의 자연적인 직원 감소분을 메우기 위해 챌린저를 고용하기 시작하거나, 회사가 성장하면서 새로 생겨나는 포지션을 챌린저로 채우는 것 또한 괜찮다.

챌린저를 고용하려면 인터뷰와 심사하는데 다른 접근법이 필요하다. 부록 C를 보면 챌린저 고용 가이드가 있다. 이 가이드는 챌린저의 중요한 능력을 기준으로 구성되어 있다. 인터뷰에 필요한 샘플 질문을 제공하며 각 능력에 대해 어떤 평가 기준을 사용해야 할지 알려 준다. 그리고 주의 깊게 봐야 할 위험 요소들에 대해서도 알려준다.

예를 들어, 챌린저의 능력 중 고객에게 고유의 관점을 제공하는 능력이 있다. 인터뷰하는 사람은 다음과 같은 질문을 함으로써 이 부분에 대해서 파악할 수 있다. "주로 고객과의 대화를 어떻게 시작하시나요?", "고객이 자신의 문제나 요구 사항을 다른 관점에서 생각하도록 만든 때가 언제였는지 설명해줄 수 있나요?" 이때 지원자는 공급사의 강점을 말하기 전에 고객의 혜택에 대해서 강조할 수 있어야 하며, 고객이 다른 관점을 가질 수 있도록 촉발하는 고유의 통찰을 제공해야 한다. 지원자가 제품의 특성이나 혜택에 초점을 맞춘 대화만 한다면 이는 그 지원자가 뭔가 문제가 있다는 것을 알려주는 중요한 지표가 될 수 있다.

많은 회원사가 이 툴을 채택했으며 결과는 성공적이었다. 음료 사업에 종사하는 한 회사의 중역은 챌린저 모델을 이용해 고용한 새로운 영업 사원이 마치 "기존 영업팀을 이끄는 회전축과 같다."라고 말했다.

회원사들이 흔히 일반적인 유료 채용 심사 툴을 이용하여 챌린저를 성공적으로 파악하고 채용했다는 이야기를 들은 적이 있지만, 이것들은 대부분 기존의 툴들을 챌린저를 검색할 목적으로 변형시킨 것이다. 영업직을 위한 많은 채용심사 툴이 있지만 어떤 것도 챌린저를 구분해 내기 위해 처음부터 만들어진 것은 아니다. 확실한 해결책을 얻기까지는 기존의 채용심사 툴을 이용해 특정 프로파일을 찾는 것은 주의할 필요가 있다. 기존 채용심사 툴은 원래 그런 목적으로 만들어진 것이 아니기 때문이다.

개인적인 능력과 조직의 역량은 함께 개발되는 것이 최선이다

챌린저 영업 모델을 최대한 활용하려면 회사는 조직적인 역량과 개인적인 능력을 개발하는데 투자해야 하는 것은 명확한 사실이다. 그러나 이런 투자에 적절한 순서가 있는 것인지는 명확하지 않다. 회사는 조직의 역량을 먼저 개발해야 하는가 아니면 개인의 능력을 먼저 개발해야 하는가? 회원사에서 많이 듣는 질문이다. 우리의 답은 뛰어난 조직은 이 두 가지 요소에 동시에 투자한다는 사실이다.

우리는 몇몇 회사들이 영업 사원의 인식과 능력을 변화시키지 않은 상태에서 회사의 솔루션에 대한 상업적 가르치기 메시지를 개발하려고 시도했지만, 영업 사원들은 새로운 가르치기 메시지를 거부하고 이들이 편하고 익숙한 이전의 메시지로 돌아갔다는 이야기를 들었다. 마찬가지로, 영업 사원의 능력에는 투자했지만 조직의 역량에는 투자하지 않았던 회사에서는 영업 사원들이 챌린저 영업 모델을 진정 의도대로 실행할 툴을 갖추지 못하고 있다는 느낌을 갖게 되었다. 반대로 두 가지 요소를 동시에 추구한 회사에서는 효과적이고 역동적으로 협동이 이루어지는 여건이 마련되었다. 챌린저 접근법의 효과를 알게 된 영업 사원들은 마케팅팀에서 현 상황을 타개할 가르치기 메시지를 만들어 주도록 요청하게 되고, 마찬가지로 챌린저 접근법을 도입한 마케팅팀은 영업팀을 생생한 통찰을 얻을 수 있는 통찰력의 보고로 인식하게 된다. 마케팅팀은 우수한 성과를 내는 챌린저형 영업 사원으로부터 가르치기 메시지를 얻어낼 수 있는 것이다.

교육 준비와 후속 조치에 변화를 주라

금전적인 보너스를 제외하면, 영업 교육은 영업 조직이 자율적으로 사용하는 비용으로는 가장 큰 부분을 차지한다. 또한, 교육은 시간과 돈을 낭비하는 가장 큰 부분이기도 하다. 닐 라컴의 연구에 따르면 교육 내용 중 87퍼센트는 30일 안에 잊혀지고 만다.

챌린저 영업 모델은 영업 사원의 행동을 전체적으로 변화시켜야만 정착될 수 있기 때문에, 영업 교육 및 개발 기능을 강화하여 변화를 불러 일으키고 오랫동안 유지해야 한다. 코칭은 교육의 효과를 증대시킬 수 있는 중요한 장치다. 그러나 다른 중요한 고려사항들이 있다. 최근의 SEC의 연구에 따르면 영업 교육 내용을 오래도록 기억하게 하려고 교육 자체를 개선하는 것은 의미 없는 것으로 드러났다. 대신 교육 이전과 이후에 무엇을 하느냐가 큰 차이를 나타낸다.

주도적인 회사들은 교육의 효용성을 향상시키기 위해 다음 세 가지를 하고 있다. 먼저, 그들은 영업 사원들이 변화를 갈망하도록 분위기를 조성하며, 교육이 이루어지기 전에 시끌벅적한 분위기를 만든다. 두 번째로 실제 영업 환경과 유사한 분위기의 교육 과정을 구성하여, 영업 사원이 실제 고객을 대상으로 한 '안전한 연습'을 한다는 느낌이 들 수 있도록 한다. 세 번째로 이런 회사들은 교육의 효과를 장기적으로 강화하기 위해 지속적으로 행동 방식에 대한 인증 프로그램을 만들고 있다.

이 부분이 우리 회사가 디자인한 챌린저 개발 프로그램이 다른 프로그램들과 가장 큰 차이를 보이는 부분이다. 교육 내용이 챌린저 행동 방식을 바탕으로 구성되어 있어 고유한 것은 당연하고, 여기에 더해 이 프로그램은 '구성원들의 자발적인 요구'로 인해 만들어졌다는 분위기를 만들어 낸다. 그래서 교육이 또 다른 상명 하달식의 교육이라는 생각이 들지 않도록 한다. 여기에 더해, 우리는 안전한 연습이라는 개념에 초점을 맞춘다. 그래서 교육 시간에 듀폰^{DuPont}, 머크^{Merck}, 나이키^{Nike}, 프록터앤갬블$^{Procter\ and\ Gamble}$, 아이비엠^{IBM} 등과 같은 회사의 전직 영업 책임자들이 경험을 제공하도록 구성했다. 그리고 '오늘 뭔가 배우셨어요?'라는 식으로 교육 내용이 영업 사원들에게 잘 안착했는지 평가하는 방식을 넘어서, 교육한 것을 지속으로 강화하는 데 체계적으로 접근했다는 것이 중요하다(지속적인 코칭을 통해 이 변화를 이끌어낼 영업 매니저와 많은 시간을 보냈다). 이를 통해 영업 사원은 교육 시간에 배운 새로운 행동 방식을 실행하고 있으며 원하는 영업 목표를 달성하고 있다는 확신을 가질 수 있는 것이다.

이런 원칙들을 지키는 것이 현명한 방법일 것이다. 우리는 모든 회원사가 교육 전과 후에 무엇을 할지 심각하게 생각해 보도록 조언한다. 이를 통해 영업 사원들이 교육을 원한다는 것을 알게 되고, 중요한 교육에 대한 투자를 통해 실질적인 효과를 얻을 수 있다는 확신을 가질 수 있기 때문이다.

마케팅 책임자를 위한 교훈

얼마나 고객 중심적인지 말하지 마라

요즘처럼 공급사가 '고객을 최우선으로 한다.'라는 말을 강조한 때가 없었다. 여기에는 현재의 불황에서 벗어나 성장을 이끌어 내려면 우리가 하는 모든 일이 고객에게 궁극의 가치를 줄 수 있도록 해야 한다는 전제가 깔려 있다. 그렇지만, 고객 중심적인 접근이 실제로 비즈니스에 나쁜 영향을 미칠 수 있다. 우리가 회원사에게 자주 듣는 사례로는 (1)장기적으로 큰 이익을 얻지 못하면서도 이익에 부정적인 영향을 미치는 할인이나 계약 조건을 수용하는 것 (2)고객에게 오더 테이커 order-taker로 비치는 것(고객이 장기적인 비즈니스에 대해 생각하도록 관점을 변화시키기 보다는, 고객이 강요하면 단기 오더를 수취하는 것) 등이 있다.

고객 중심이라는 말이 너무 남발되다 보니, 그 의미가 완전히 퇴색되었다. 고객을 공급사의 R&D 과정에 참여시킨다고 해서 '고객이 그들 사무실에서 하루에 열 시간씩 고민하는 것'을 영업 사원이 이해할 수 있는 것은 아니다. 이것을 아는 것이 영업 세계에서 고객 중심적인 조직이 되는 것이지만, 영업 사원들이 이것을 파악하고 있는 경우는 매우 드물다.

기본적인 원리는 아주 간단하다. 진정 고객 중심적인 조직을 만들려고 한다면 통찰력 중심 insight-centric의 조직을 만들어야 한다. 이런 조직은 고객이 공급사의 제품이나 솔루션이 아니라 고객 자신의 비즈니스에 대해서 완전히 다르게 생각하도록 가르침을 줄 수 있는 새로운 통찰을 만들어 내는 상업인 조직을 말한다.

Deb Oler 질문을 항상 중심에 두라

'고객이 경쟁사가 아니라 왜 우리에게서 구매해야 하는가?' 이 질문에 대답하지 못하면, 챌린저 영업 모델을 완성하지 못한 것이다.

챌린저 방식은 고객의 세계관을 재구성하는 작업이며, 돈을 절약하거나 더 벌 수 있는 새로운 방식을 고객에게 제공하는 것이다. 고객이 가치를 인정하는, 돈을 벌거나 절약하는 아이디어들이 많이 있지만, 아이디어의 대부분은 우리가 경쟁사를 압도하는 역량과 연관되지 못한다. 우리가 어떤 차별점이 있는지 확실히 말하지 못한다면, 즉 고객이 왜 우리에게 구매해야 하는지 이유를 말하지 못하면, 고객이 이 차별점을 중요하게 생각하도록 가르칠 수 없다.

모든 회사는 고유한 장점들을 보유하고 있다. 만약 그렇지 않다면 그 회사들은 지금까지 존재하지 못했을 것이다. 그렇다면, 우리 회사의 고유의 장점들과 연결시킬 수 있는 고객에 대한 통찰을 아무것도 없는 백지에서부터 만들 필요는 없다. 지금 현장에서 고객에게 새로운 통찰을 가르쳐 주는 챌린저가 이미 우리 회사 안에 있다는 사실을 뛰어난 마케팅 조직은 알고 있다. 그래서, 그들은 이러한 챌린저의 통찰을 이용해서 확대 및 지속 가능한 상업적 가르치기를 바로 구성하기 시작한다.

10가지 단어는 절대로 사용하지 마라

가장 일반적으로 사용하는 영업 자료인 회사 홈페이지의 회사 소개나 홍보 자료를 자세히 살펴보자. 시장을 주도하는leading, 고유의unique, 솔루션solution, 혁신적인innovative이라는 말이 나올 때마다 체크하자. 특히, '고객의 고유한 요구 사항을 이해하기 위해 노력하며, 이를 충족시키기 위한 맞춤 솔루션을 구성합니다.'라는 문구가 나오는지 잘 살펴보자. 그리고 이런 단어나 문구를 아예 삭제해 버리자. 왜냐하면, 이런 말을 쓸 때마다, 우리가 고객에게 실제로 전달하는 것은 '우리 회사는 다른 회사와 전혀 차별성이 없다.'라는 메시지이다.

역설적으로 우리의 차별성을 말하려고 할 때마다, 오히려 고객에게는 같은 것처럼 들릴 것이다. PR 전문가인 아담 셔크$^{Adam\ Sherk}$는 최근 회사의 홍보 자료에서 사용된 단어를 분석했으며, 그 결과는 아주 참담했다. 아래에 가장 많이 사용된 열 개의 단어가 있다.

	과도하게 사용된 마케팅 표현이나 관용어	홍보 자료에 사용된 사례의 수
1.	리더(Leader)	161,000
2.	주도하는(Leading)	44,900
3.	최고의(Best)	43,000
4.	최상의(Top)	32,500
5.	고유한(Unique)	30,400
6.	위대한(Great)	28,600
7.	솔루션(Solution)	22,600
8.	최대의(Largest)	21,900
9.	혁신적인(Innovative)	21,800
10.	혁신적인 기업(Innovator)	21,400

엄밀하게 말하자면, 산업 분야별로 리더는 오직 한 회사일 수밖에 없다. 그런데 161,000개의 회사가 자신들이 리더라고 말한다. 75,000개 이상의 회사들이 최고 또는 최상위라고 말했으며 30,400개의 회사가 "고유하다."고 말했다. 솔루션은 7위에 등재되었다. 솔루션을 제공한다고 말하는 것이 우리 회사를 차별화시킨다고 생각했다면 이제 다시 한번 생각해 봐야 한다. 모든 사람이 최고의 솔루션을 제공한다고 말한다면 고객들이 어떤 반응을 보일까? 고객은 '그래요, 10퍼센트 할인해 주세요.'라고 반응할 것이다. 이런 상황을 이해하지 못하는 것은 아니다. 사실 이런 단어를 사용하지 않기도 쉽지 않다. 사실 우리 회사^{SEC}도 사업 부분 하나를 SEC 솔루션이라고 부르지 않는가!

자신의 회사가 제공하는 가치가 경쟁사를 이길 수 있다고 생각하지 않는 회사를 본 적이 없다. 충분히 이해할 수 있는 부분이다. 이류 제품을 생산하는 회사에서 왜 일하겠는가? 특히, 영업직이라면 더욱 그럴 것이다. 그렇지만, 많은 회사에서 자신의 제품을 설명하기 위해 똑같은 언어를 사용한다는 것은 우리에게 한 가지 교훈을 준다. 즉, 아이러니하게도 경쟁사보다 우수한 제품의 장점을 더 자세히 설명하려는 전략은 완전히 다른 결과를 낳는다는 점이다. 그렇게 하다 보면 결국 고객에게는 다른 회사들과 동일한 것처럼 들리게 된다는 것이다.

우리 회원사의 한 고객이 같은 이야기를 해주었다. 제품이 뛰어나다고 해도, 사실은 경쟁사 제품과 그렇게 차이가 나지 않습니다. 고객에게 아무리 "수치화된 자료를 가지고 확실히 평가할 수 있는 그런 가치를 제공해 드릴 수 있습니다."라고 말하더라도, 바로 다음에 들어오는 다른 회사의 영업 사원도 같은 말을 할 것이라는 것을 알고 있어야 한다. 어떤 식품 회사의 구매 담당 최고 임원은 "저는 '가치'라는 말을 들을 때마다 방어적인 자세를 취합니다. 왜냐하면, 이때 저는 상대방이 뭔가를 판매하려고 한다는 것을 알고 있기 때문이지요." 부모가 쌍둥이를 구분할 수 있는 것처럼, 우리는 우리 제품의 미묘한 차이나 고유성을 파악해 낼 수 있다. 그러나 고객은 그렇게 하지 못할 것이다.

이런 상황에서도 우리 제품을 차별화시키는 것은 가능하다. 핵심 기술은 차이점을 기술하는 것이 아니라, 고객이 그 차이점을 가치 있게 생각하도록 하는 것이다. 그렇게 하려면 두 가지를 기억해야 한다. 첫 번째, 기억에 남도록 하되, 마음에 들도록 하지는 마라. 수익과 역량에 관한 비즈니스 대화를 하는 것도 좋고 스포츠나 아이들에 대해 이야기하면서 관계를 증진시키는 것도 좋다. 그러나 대화를 차별적이거나 고유한 통찰을 바탕으로 구성하지 않으면, 고객은 우리가 문을 열고 나가자 마자 모두 잊어버릴 것이다. 다르다는 것은 위험해 보이는 말일지는 몰라도 그냥 잊어버리는 것보다는 낫다.

두 번째로, 영업 대화나 자료의 포인트가 우리 솔루션으로 자연스럽게 이어지도록 해야 하며, 우리 솔루션에 대한 이야기로 영업이 진행되어서는 안 된다. 우리의 역량에 대해서 이야기하기 전에, 고객이 깨닫지 못했던 문제에 대해서 가르쳐 주어야 하며, 이 문제는 우리가 경쟁사보다 더 잘 해결할 수 있는 어떤 것이어야 한다. 그리고 나서야, 솔루션의 구체적인 내용에 대해서 말할 수 있다.

모든 고위 임원을 위한 교훈

챌린저 모델에 대한 거부를 인정하라

우리는 챌린저가 아닌 우수 영업 사원에 대한 질문을 많이 받는다. 영업 목표를 잘 달성하지만, 천성적으로 챌린저와 다른 영업 스타일을 가진 영업 사원의 스타일을 굳이 바꿔야 할지에 대한 질문을 많이 받는다. 우리는 그렇게 해서는 안 된다고 답한다. 그렇지만, 여기에 몇 가지 중요한 단서 조항이 있다.

영업 조직을 변화시키려는 어떤 변화도 100퍼센트 적용시키는 것을 목표로 해서는 안 된다. 최고의 회사들도 새로운 기술, 툴, 절차, 시스템 등 항목에 상관없이 80퍼센트를 달성 목표로 한다는 것을 알게 되었다. 나머지 20퍼센트마저도 변화시키려면 훨씬 힘든 노력이 필요하다. 모범적인 사례는 80퍼센트를 변화시키는 것을 목표로 해서 진행하고, 나머지 20퍼센트는 자신의 페이스로 따라오도록 하는 것이다. 물론 여기에서 전제는 이 나머지 20퍼센트가 조직의 전반적인 전환에 방해되지 않으며, 나름대로 목표를 달성하고 있어야 한다.

이 법칙은 챌린저 방식을 추진할 때도 적용된다. 몇몇 영업 사원은 변화를 거부하면서, 자신의 실적이 이러한 변화가 필요 없다는 것을 보여준다고 주장할 것이다. 이것은 이들이 자신의 목표를 달성하는 동안에는 문제가 되지 않는다. 이런 상황에 대한 우리의 해석은 이것이다. 우수한 영업 성과를 달성하기 위한 새로운 기준을 영업 조직이 도입할 경우, 여기에 대해서 참여하기를 거부하는 사람들은 외로운 늑대일 가능성이 크다. 이 책의 초반부에서 이야기한 것처럼, 외로운 늑대를 관리하는 기본적인 법칙은 '검에 살고, 검에 죽는다.'이다. 영업 목표를 달성하지 못하는 순간, 이들은 이제 새로운 방식을 채택하거나 자신의 자리를 다른 사람에게 물려주어야 한다.

우수 영업 사원은 공통된 코드를 가지고 있다. 이들은 항상 자신의 성과를 개선할 수 있는 방안을 찾으려 노력한다. 그러므로 이들은 새로운 것이 있으면 한번 시도해 보기를 원하는 최초의 영업 사원일 것이다. 영업 사원이 엘리트 운동 선수라고 생각해 보자. 우수한 운동 선수는 항상 어떻게 자신의 능력을 향상할 수 있을지 연구한다. 도움이 될 수 있는 새로운 기술이 있으면, 이들은 이를 채택한다. 신뢰가 가는 새로운 운동법이 있으면 이들은 도입할 것이다. 더 좋은 결과를 내는 것으로 보이는 새로운 기술이 있으면 이들은 이것을 원할 것이다. 우수 영업 사원도 마찬가지다. 이들은 영업과 관련된 새로운 책을 읽는다. 이들은 동료가 성공적으로 영업 건을 성사시키기 위해 이용한, 메시지, 툴, 포지셔닝 방법 등을 항상 찾고 있다.

그러나 우수한 운동 선수와 마찬가지로, 우수 영업 사원은 확실한 선을 긋는다. 새로운 접근법이 별로 가치가 없다고 생각하면 이들은 거부한다. 그러므로 회사가 우수한 성과를 보이는 챌린저를 파악하고 이들을 초기 단계에서 챌린저 접근법을 주도하는 사람으로 변화시키면, 조직에 있는 나머지 사람들이 따라올 가능성이 크다.

지금, 챌린저 영업 모델은 새로운 접근법이지만, 곧 표준이 될 것이다. 이를 수용하지 않는 사람들은 점점 영업하기가 어렵다는 것을 알게 될 것이다. 이들이 만나는 고객들은 챌린저 모델을 도입한 다른 회사의 영업 사원들과 만나고 있을 것이기 때문이다. 첨단 기술은 항상 움직이고 발전한다. 초기에 챌린저 모델을 수용한 사람들이 가지는 장점이 물론 있다. 그렇지만, 결국 챌린저 모델을 수용하는 것은 선택이 아니고 필수가 될 것이다.

이 긴 여정에 동참하기를 거부하는 나머지 20퍼센트로 힘들어 하는 영업 리더들이 있다면, 이 변화는 시간의 문제라고 말해 주고자 한다. 만약 이런 영업 사원들이 목표를 달성한다면 그냥 그들이 하는 대로 놔두어라. 조만간 성과를 초과 달성하는 것이 점점 어려워지는 것을 알게 될 것이고, 조직 내의 다른 사람이 더 좋은 성과를 내게 되는 상황에 분통이 터질 것이다. 그러면 이들은 이 새로운 방법에 관심을 보이기 시작할 것이다.

낙오자를 예상하라

우리 경험에 따르면 영업 사원 중 20~30퍼센트는 아마 챌린저 모델로 전환하지 못할 것이다. 아마 이런 사람들은 자신의 방식에 너무 집착하거나, 챌린저형 프로파일을 보고 나서는 '와, 그런데 나는 이렇게 하려고 여기 온 게 아니야.'라고 반응하는 사람일 것이다.

이들이 나쁜 직원이라는 말은 아니다. 그렇지만, 이런 사람들을 영업 목표를 중심으로 움직이는 현장 영업 사원으로 놓아두는 것도 바람직하지 않다. 특히, 복잡한 고객을 담당할 경우는 더욱 그렇다. 많은 회원사가 이런 영업 사원들은 고객 서비스나 아니면 마케팅이나 제품 전문가의 역할을 더 잘 수행할 수 있다는 사실을 알려주었다. 이 역할은 현장 비즈니스를 잘 이해하고 있어야 하지만, 영업 사원들처럼 고객을 대면했을 때 반드시 도전적인 행동을 취할 필요는 없는 일이다.

하여튼, 약 20~30퍼센트의 영업 사원들이 이런 변화에 동참하지 못한다는 것은, 나머지 70~80퍼센트는 변할 수 있다는 것임을 명심하자. 이것은 영업 책임자들에게 아주 좋은 뉴스다. 이런 변화가 사람들의 유전자를 다시 구성하거나 한 사람의 정체성을 변화시키는 것을 목표로 하는 것이 아니라는 사실을 기억하자. 이 변화는 영업 사원들이 고객 앞에 섰을 때 챌린저와 같이 행동하는데 필요한 기술, 툴, 코칭 방법들로 이들을 준비시키는 것이다. 많은 영업 사원이 챌린저처럼 행동할 수 있을 뿐 아니라 이런 것을 시도하는 것에 대해서 아주 흥미로워할 것이다. 이는 과거의 다른 어떤 방법보다도 더 영업 사원의 성공에 도움을 줄 수 있는 완전히 새롭고 더 구체적인 경로를 제공해 준다. 우리는 영업 사원에게 자신의 정체성을 변화시키기를 요구하는 것이 아니라, 자신의 영업 방식을 바꾸라고 요구하는 것이다.

챌린저 모델을 시행하기 전에 파일럿 프로젝트를 고려하기

5장에서 소개했던 그레인저사는 새로운 영업 모델과 가르치기 자료를 적용하기 위해 아주 조심스럽게 파일럿 프로젝트를 진행했다. 대부분의 회사는 새로운 툴을 조직 전체에 소개하기 이전에 이 툴을 어떻게 최적화시켜야 하는지 파악하기 위해서 파일럿 프로젝트를 진행한다. 그러나 그레인저사는 여기에서 한 걸음 더 나갔다. 이들이 파일럿 프로젝트를 진행한 이유는 언제 그리고 왜 이러한 적용이 정체 또는 답보 상태에 이르게 될지를 전반적인 시행에 앞서 먼저 알아내려고 했기 때문이다. 이들은 다음 네 가지 질문에 답을 얻고자 했다.

1. 초기 수용자 그룹의 규모는 어느 정도 일까?(이를 통해 초기 수용자 그룹이 수용하고 나서 언제부터 조직에서 수용 속도가 느려지기 시작하는지를 알고자 함)
2. 누가 초기 수용자(early adopter)이며, 이들의 차별점은?
3. 이 툴의 효과를 더 정확하게 예측하기 위해서 어떤 측정 기준을 이용할 수 있을까?
4. 이 툴의 효과를 개선하고 아직 수용하지 않은 사람들이 더 적극적으로 수용하도록 하기 위해 지금까지 경험에서 얻은 교훈은 무엇인가?

이 질문의 답을 찾아가면서 그레인저사의 영업 운영팀은 새로운 모델에 대한 수용이 정체될 때 어떻게 돌파할 수 있을지 계획을 수립할 수 있었다.

그레인저사는 새로운 툴을 수용할 때 사람들이 네 가지 부류로 나뉜다는 것을 발견했다. 초기 수용자early adopters, 주류파majority, 느림보laggards, 회의론자naysayers 등 각기 다른 성향을 잘 파악하지 못하고 특정 단계의 사람들이 성공적으로 수용하지 않은 상태에서 다음 단계의 사람들에게 너무 성급하게 강요하면 조직의 에너지를 낭비하는 결과를 가져온다. 예를 들면, 대부분의 사람들(주류파에 속하는 사람들)은 초기 단계의 성공을 먼저 지켜볼 것이고, 느림보 성향의 사람들은 자신과 비슷한 성향이 있는 사람들이 이 툴을 통해 성공을 거두는지 관찰한 후에야 수용할 것이다. 적당한 시기에 신뢰할 만한 지지층을 바탕으로 올바른 채널을 통해 적절한 대상을 찾는다면, 많은 회사가 초기 수용 후 보통 경험하게 되는 간극chasm을 성공적으로 극복할 수 있다. 사실 이 과정은 신제품을 시장에 출시하는 것과 비슷하다.

그레인저사의 수용 경험에 대해서 하나 더 말하고 싶은 것은 너무 격차가 크면 수용하기 어렵다는 것이다. 영업 매니저가 즐겨 쓰는 방법 중 하나는 평범한 영업 사원에게 우수 영업 사원이 하는 것을 그대로 따라하라고 말하는 것이다. 그러나 우수 영업 사원의 행동 방식을 모델로 해서 회사 내부 조직원을 대상으로 마치 고객에게 영업하듯이 적용하려고 한다면 실패하고 말 것이다. 바람직한 행동을 처방할 때 우수 영업 사원의 행동을 따르도록 처방하는 것은 올바른 방법이다. 사실 이 책은 평범한 영업 사원들이 모방해야 할 우수 영업 사원들의 행동 특성에 대해 우리의 관점을 바탕으로 자세히 설명하고 있다. 그러나 이러한 변화를 실제로 도입할 시간이 되었을 때 '우수 영업 사원들이 하는 것을 따라 해라.'라는 식의 접근법은 오히려 해가 될 수 있다.

단지 우수 영업 사원이 성공을 거두었다고 해서 다른 영업 사원이 툴을 이용하기 시작하거나 행동 방식을 따라 하지 않기 때문이다. 새로운 행동 방식을 따라 하는 것은 바로 자신과 같은 영업 사원이 성공을 거두기 때문이다. 새로운 접근법을 전체 영업 조직에 소개하기 위해서는 다른 시장이나 다른 제품군을 판매하는 평균적인 영업 사원이 챌린저로 변화하고 나서 성공을 이루어 낸 사례를 찾아서 기록할 필요가 있다. 그런데 잘 구성된 파일럿 프로젝트를 진행하지 않고서는 이러한 사례를 발굴할 수 없다.

단어 선택이 중요하다

챌린저challenger라는 단어가 뜻하지 않게 사람들에게 불쾌감을 주는 문화적 환경이 있다. 우리는 이 단어에 대해 생각할 수 있는 모든 부정적인 의견을 들어왔다. 어떤 회사는 이 단어를 사용함으로써 영업 사원들이 시장에서 공격적이거나 무례한 행동을 해도 괜찮다고 생각할까 봐 걱정했다.

챌린저가 결국 고객과 더욱 강한 관계를 형성하는 것이 우리가 말하는 것의 핵심이라면 챌린저를 '새로운 형태의 관계중심 영업 사원'이라고 바꾸어 부르는 것이 좋지 않겠느냐는 의견도 있었다. 그러나 이렇게 부를 수 없는 이유는 아주 간단하다. 새로운 형태의 관계중심 영업 사원에 대해서 관심을 가지는 사람은 아무도 없다. 믿지 못하겠으면 자신에게 한번 물어보라. 만약 내용이 새로운 형태의 관계중심 영업 사원New Relationship Builder을 육성하는 것에 관한 것이었다면 이 책을 샀을까? 그 답은 '아니다.'일 것이다.

우리가 추진하는 변화에 조직이 관심을 가지도록 하려면 불협화음을 의도적으로 만들어 내야 한다. 영업 사원들이 아주 명확하게 '이것은 해야 하고 저것은 할 필요가 없다.'라고 결정하게 되는 시점이 있게 마련이다. 만약 새로운 모델이 오래된 모델을 그냥 변형시켜 놓은 것처럼 느껴진다면 왜 힘들게 변화하려고 하겠는가? 변화는 아주 힘든 것이다. 영업 사원들이 A에서 B로의 이동을 명확하게 관찰할 때(A 1.0 버전에서 A 2.0 버전으로의 이동이 아니라), 새로운 것을 이전과는 다른 것으로 간주하게 될 가능성이 커진다. 한 일주일 동안 시도하다가 중단할 변화나 별 차이가 없는 변화로 간주하지 않게 하는 것이다.

이 메시지를 희석해서는 안 된다. 챌린저에 관한 이 연구 결과가 최초 수용자들이 증언하듯이 강력한 영향력을 미친 것은 기존의 오래된 방식과 새롭고 더 효과적인 방식 사이의 극명한 대비 때문이기도 하다. 이 메시지를 기존 방식과 연계시키면 영업 사원들은 자신의 행동을 조금 수정할지도 모른다. 그러나 대부분의 사람은 메시지의 핵심 내용을 보지 못하고 그 결과 이전과 다르게 행동하려고 하지 않을 것이다. 우리의 메시지가 조직에 강력하게 전달되었는지 확인할 수 있는 최고의 척도는 얼마나 많은 사람이 동의하지 않으며, 논쟁하려고 하느냐이다. 물론, 이것이 챌린저 영업 모델에서만 그런 것은 아니다. 그렇지만, 영업 조직에서 변화를 이끌어 내려면 특히 이러한 반대와 논쟁이 필수적이다. 기존의 영업 방법을 고수하면서 무기력한 영업 조직을 변화시키려고 한다면 이것은 아주 힘든 일이다.

다른 말로 하면, 만약 당신이 영업 책임자이거나 교육 전문가라면 스스로 챌린저가 되어야 한다. 챌린저가 고객에게 그렇게 하듯이, 우리는 조직 내에 판매하려고 하는 그 변화를 영업 사원들이 가치 있게 생각하도록 가르쳐야 한다. 자극 없는 듣기 좋은 말을 골라서 사용하면 듣기도 좋고 조직에 있는 사람들이 편안하게 받아들일지 몰라도 당신이 말한 것을 기억할 사람들은 별로 없을 것이다. 그렇게 되면 변화를 이끌어낼 수 없다. 우리가 이제 알게 된 것처럼 영업 사원이 고객에게 프레젠테이션할 때도 마찬가지다. 고객이 챌린저형 영업 사원과 만나면 특별한 경험을 하고 있다고 느끼는 것은 챌린저가 건설적인 긴장감을 조성하려고 하기 때문이다. 결국 이로 인해 고객은 더욱 높은 충성도를 보이게 된다.

'여기에서는 챌린저가 성공할 수 없을 거야.'라는 함정

한 회원사의 글로벌 영업 조직을 책임지는 영업 책임자가 챌린저 영업 모델이 비서구권 시장에서도 적용될 수 있을지 질문했다. 이런 질문이 나오는 것은 대부분 아시아와 같은 특정 시장에서는 챌린저처럼 행동한다는 것이 때로는 공격적이고, 오만하고, 그래서 잠재적으로 고객에게 불쾌감을 줄 것이라는 우려 때문이다.

우리는 고객에게 통찰을 제공하는 조직이나 영업 사원에게 반드시 보상해줄 것이라는 챌린저 모델의 근본적인 개념은 어디에서나 누구를 대상으로 영업하든지 유효할 것이라고 주장한다. 이런 주장은 전 세계의 고객을 대상으로 시행한 우리의 고객 충성도 조사뿐 아니라, 전 세계에 흩어져 있는 영업 조직을 다년간 관리한 회원사의 경험을 통해서도 확실한 것으로 밝혀졌다. 돈을 절약하거나 벌 수 있도록 도움을 주는 새로운 아이디어에 대한 갈망은 반드시 서구의 고객에게만 해당하는 것은 아니다.

그러나 아시아와 같은 특정 지역의 영업 사원이나 매니저들이 바로 거부하지 않도록 몇몇 개념은 표현을 조금 바꿀 필요가 있다. 어떤 아시아 영업 조직은 챌린저라는 단어에 거부감을 일으키거나, 고객을 '가르친다.'라는 생각을 좋아하지 않는다는 것을 알게 되었다. 이것이 단어의 의미에 대한 문제인 것처럼 해결 방안도 역시 의미론적으로 접근하면 된다. 챌린저 대신 다른 이름을 사용해서 메시지를 희석시켜서는 안 된다는 주장은 고수하겠지만, 가르치기 대신 '통찰을 공유하거나 전달하기'라는 말을 대신 사용해도 무방하다.

한 회원사의 간부는 챌린저 프로젝트를 중국에 있는 산하 영업 조직을 대상으로 발표했을 때의 경험을 알려주었다. 처음 몇 번의 세션에서 전혀 반응이 없자 그 간부는 당황했다. 중국 영업팀들과 세 번의 세션을 마친 후, 그녀는 오랫동안 알고 지냈던 부하 직원을 살짝 불러내서 물어보았다. 미국과 유럽에 있는 영업 매니저와 영업 사원들은 아주 흥미로워하는데 왜 여기서는 챌린지 개념에 관심을 보이지 않는지 질문했다. 그러자 부하 직원은 영업팀이 사실은 그 연구가 흥미롭다고 생각하고 있지만, 몇 가지 단어에 대해 걱정하고 있다고 말했다. 그리고 몇 단어는 살짝 변경하는 것이 좋을 것이라고 제안했다. 가르치기, 도전하기 또는 주도권 잡기 등의 말 앞에 정중하게^{respectfully}라는 말을 붙이자고 제안한 것이다. 그 다음 세션에서 이렇게 조금 변경하자 영업팀이 더욱 활발하게 토론에 참여하기 시작했다. 질문도 하고 어떻게 새로운 통찰을 통해 고객의 생각을 정중하게 도전할지에 대해 공개적으로 토론하기 시작한 것이다.

챌린저는 비서구권 시장에서도 유효하지만 어떻게 도전^{challenge}할지에 대한 접근법은 아마 조금씩 다를 것이다. 행동과 관련된 문화적 패턴에 따라 새로운 아이디어를 고객에게 소개하고 토론하는 방법은 다르겠지만, 영업의 관점에서 보자면 차이가 없다. 문화에 상관없이 기본 원칙은 동일하지만 실제 적용은 지역별 행동 방식과 대화법에 따라 차이가 있는 것이다. 다른 말로 하면, 도전^{challenge}하되 상황에 맞추어^{tailor} 해야 한다.

지금 시작하라

앞에서도 말했지만, 다시 한번 말하고 싶다. 빠른 결과를 얻고 싶다면 다른 방법을 찾아보라고. 챌린저 영업 모델을 도입하고 나서 단시일에 영업 성과를 끌어올린 사례가 물론 있다. 한 회사는 챌린저 영업 모델을 도입한 후 12개월 내에 시장 점유율을 6퍼센트 끌어 올렸고, 챌린저 교육 과정을 개설한지 1분기만에 그 회사 역사상 가장 큰 영업 건을 성사시킨 회사도 있었다. 그러나 이 모델이 완전히 정착되려면 시간이 걸린다.

챌린저 영업 모델은 상업적인 변환 과정이다. 잘 정착시키기 위해서는 영업팀과 마케팅팀이 상호작용하는 방식, 영업 사원에게 제공하는 툴, 새로

채용하는 영업 사원의 유형, 영업 사원에게 제공하는 교육의 종류, 매니저가 영업 사원과 커뮤니케이션하는 방식 등에서 큰 변화가 필요하다. 이 모든 것을 제대로 정착시키기는 어렵다. 이 책에서 언급된 회사 대부분은 몇 달 만에 변화를 이끌어낸 것이 아니다. 몇 년이 걸렸고, 이 프로젝트는 여전히 진행 중이라고 말할 것이다. 이 책 앞부분에서 말한 것처럼 챌린저 영업 모델은 상업적인 조직이 채택할 수 있는 새로운 운영 체제 operating system 이며, 기존 시스템에 추가된 다른 응용 프로그램이 아니다.

새로운 시스템을 도입한다는 것이 나쁜 뉴스인 것만은 아니다. 지금 행동을 시작한다는 것은 경쟁사보다 한발 앞서서 영업 사원이 고객과 교류하는 방식을 바꾼다는 것이다. 고객이 무엇을 원하는지에 대한 확실한 데이터를 우리는 이미 가지고 있다. 경쟁사가 사실, 기능, 장점에 초점을 맞춘 대화를 하는 관계중심형 영업 사원을 고객에게 보낸다면, 우리 회사는 고객들이 미처 모르고 있었던 문제를 고객에게 가르쳐주면서 통찰을 통해 대화를 주도하는 챌린저를 보내는 것이다. 경쟁사의 영업 사원은 고객이 겨우 시간을 내어 주면서 마지못해 "제안서를 검토하고 나서 연락하겠습니다."라는 불성실한 답변을 듣지만, 우리 영업 사원은 고객에게서 더 많은 시간을 할애 받고, 언제든지 다시 방문해 달라고 요청을 받고, 행동을 취하겠다는 진실한 약속을 받는다. 경쟁사들이 고객을 찾는데 에너지를 집중할 때, 우리는 고객을 만들고 있을 것이다.

| 후기 |

영업을 넘어 모든 분야로

우리는 2009년 회원사들과 미팅 중 한 가지 의견을 듣게 되었다. 30여 명의 회원사 앞에서 챌린저 연구 결과를 발표했을 때 어느 첨단 기업의 최고 영업 책임자가 다가와서 말하기를 "이 챌린저 이야기는 아주 매혹적입니다. 영업 사원에 대한 발견이 흥미롭기도 하고, 마치 이 회사에서 내가 성장한 과정을 이야기하는 것 같아요."

우리는 놀라서 무슨 뜻인지 물었다. "내가 지금까지 영업만 해온 것은 아닙니다. 처음에는 엔지니어로 시작해서 IT, 인사, 마케팅 부서에서 일했지요. 영업은 사실 저에게 새로운 것입니다. 흥미로운 것은 챌린저 접근법이 내가 경험한 모든 부서에 적용될 수 있다는 점입니다." 그리고는 "내가 IT 부서에 있을 때 직원들이 회사 내부의 고객에게 우리의 가치를 전달하는 능력을 어떻게 개선할 수 있을지에 대해 이야기했습니다. 즉, 주로 요청이나 명령만 수행하는 오더 테이커에서 벗어나 어떻게 신뢰할 수 있는 조언자나 컨설턴트로 보일 수 있을지 등에 대해서 이야기했죠."

"내가 인사팀에 갔을 때도, 마케팅팀에 갔을 때도 마찬가지였습니다. 그런데 챌린저 개념이 해답을 가지고 있는 것 같아요. 이 문제는 단지 영업사원의 문제가 아닙니다. 영업팀이 아니라 다른 업무 환경에 이 챌린저 모델을 대입시킬 생각을 해보았나요?"

사실 우리는 그런 생각을 해보지 않았다. 그렇지만, Corporate Executive Board에 있는 다른 동료들은 이런 생각을 했었다.

우리 회사와 같은 조직의 장점은 회사의 모든 기능에 대해서 최첨단의 콘텐츠를 만들고 있는 수백 명의 동료들이 세계 곳곳에 흩어져 있다는 점이다. SEC^{Sales Executive Council}는 영업 및 마케팅을 주로 담당하는 사업부의 일부분이지만, 회사 전체에는 인적 자원, 금융 및 전략, 법률 및 법규 준수, 정보 기술 등을 다루는 네 개의 사업부가 있다. 우리 회사는 55개 국가에서 약 4,800개 조직에 걸쳐 20만 명 이상의 비즈니스 리더들에게 서비스를 제공한다. 어떤 비즈니스 이슈라도 처리할 수 있는 아주 포괄적인 역량을 가지고 있는 것이다. 그래서, 우리는 전화기를 들고 중역급 연구 위원들에게 물어보았고, 회원사 사람들에게도 물어보았다. "챌린저 모델이 지금 하는 일에 적용될 수 있을까요?"

이 질문을 통해 얻은 결과는 아주 놀라운 것이었고, 회원사들은 이 주제에 대해 관심이 있다는 것을 보여주었다.

내부 비즈니스 고객도 통찰을 원한다

챌린저에 대한 대부분의 논의가 끝난 이 시점에서 아주 명확해진 것은 고객이 진정 원하는 것은 공급사가 그들에게 통찰을 제공해 주는 것이라는 사실이다. 즉, 이전에는 생각하지 못했던 돈을 절약하거나 돈을 벌 수 있는 새로운 아이디어들이다. 그렇다면 내부 비즈니스 고객들 또한 지금 하는 업무와 관련해서 통찰을 원하거나, 더 정확히 말해서 기대하고 있다는 것은 전혀 놀라운 것이 아니다.

예를 들어 인사팀을 한번 보자. 채용 담당 중역들을 대상으로 서비스를 제공하는 우리 회사의 다른 사업부인 CLC Recruiting은 우수한 채용 전문가의 능력을 구성하는 여러 요소 중 전략적 조언자로서의 능력이 52%를 차지한다는 것을 발견했다. 이것은 채용 대상자 관리 능력이 33%, 채용 절차를 관리하는 능력이 15%를 담당하는 것과 비교하면 아주 큰 부분이었다. 이것은 아주 놀라운 발견이었다. 더욱 흥미로운 것은 채용 담당 중역들에 따르면 현재로는 단지 19%의 채용 전문가만이 비즈니스 파트너에게 진정한 인력 개발 조언자로서 기여할 역량을 갖추고 있다는 점이다.

IT 및 정보 부문 컨설팅 사업부에 있는 동료에게 아주 비슷한 이야기를 들었다. 작년 CIO들을 대상으로 서비스를 제공하는 CIO Executive Board는 어떻게 하면 현장 IT 담당자들이 내부 직원을 대상으로 하는 서비스를 개선할 수 있을지 조사했다. 과거의 경험을 보면 IT 부서가 개선할 수 있는 여지가 많은 곳은 내부 직원들을 대상으로 하는 서비스이다.

CIO Executive Board에 따르면 2007년과 2009년 사이에 비즈니스 리

더들이 IT 부서가 비즈니스 요구 사항에 맞추어 효과적으로 IT 능력을 발휘했다고 평가한 비율은 사실 감소했다. 2007년 31%의 비즈니스 리더들이 IT 부서가 효과적이라고 말했지만, 2009년에는 26%로 감소했다. 단지 회사의 중역들뿐 아니라 현장 직원들도 마찬가지였다. 2009년 5,000명 이상의 현장 이용자를 대상으로 한 설문 조사에서 놀랍게도 76%가 IT 부서에서 제공해준 새로운 시스템이 업무 성과 개선에 도움이 되었다는 것에 동의하지 않았다.

IT 부서에서의 이런 조사 결과는 채용 부서에서 발견한 결과와 거의 비슷했다. 영업팀과 비슷한 것은 당연하다. 비즈니스 고객들은 현장 IT 담당자들이 IT 기술을 이용해서 돈을 절약하거나 더 버는데 필요한 새로운 아이디어를 제공해 주기를 원한다. 효율적인 서비스 제공이 업무에 도움되고 좋은 것은 사실이지만 진정 가치 있는 것은 어떻게 더 효과적으로 경쟁할 수 있는지에 대한 통찰이다.

여러 분야를 비교했을 때 비슷한 결과가 나왔다. 비즈니스 고객에 대한 연구에서 53%의 충성도가 공급사가 고객에게 고유의 통찰을 제공하는 거래 경험에서 기인한다는 점을 한번 떠올려 보자. 이 결과는 우리가 채용 전문가나 현장 IT 담당자의 우수성에 대한 연구 결과와 비슷했다. 또한, 이전의 연구에서 고객이 원하는 고유의 통찰을 제공할 수 있는 영업 사원, 즉 챌린저가 전체 영업 사원의 27%뿐이라는 것이 밝혀졌다. 마찬가지로, 채용 및 IT 부서의 연구 결과에서도 비슷한 결과가 나왔다.

오더 테이커에서 벗어나기

영업에서 관계중심형 영업 사원The Relationship Builder이 있었다면 영업 이외의 업무 영역에서는 오더 테이커가 있다. CIO Executive Board에서 근무하는 동료와 이야기하면서 이런 이야기를 여러 번 들었다. 커뮤니케이션 서비스를 담당하는 사업부인 Communication Executive Council의 의견에 따르면 홍보 담당자들은 회사 내의 비즈니스 고객들을 대상으로 자신의 가치를 높이기 위해 고군분투하고 있다고 한다. 홍보 담당자들은 회사의 '메시지를 관리하는' 역할에서 '논쟁을 관리하는' 역할을 맡기를 원하는데, 이렇게 하기 위해서는 '전술적인 난청tactical deafness'이라고 불리는 접근법을 이용할 필요가 있다. 쉽게 말을 하면, 홍보 부서의 책임자들이 회사 내의 비즈니스 고객이 요청하는 구체적인 전술을 자신의 팀이 의도적으로 무시하도록 하는 것이다(예를 들면 "X에 대한 보도자료를 배포할 필요가 있다."). 이렇게 하는 이유는 이 요청을 하도록 만든 전략적인 이유를 팀원들이 깊이 파악할 수 있도록 하기 위해서이다(예를 들면, "경쟁사에게 우리가 이 영역에 진출했다는 것을 확실하게 알려줄 필요가 있다."). 이렇게 함으로써, 노련한 홍보 담당자는 그냥 오더를 받아서 처리할 때 만들어 낼 수 있는 가치보다 훨씬 더 큰 가치를 전달할 기회를 자주 찾을 수 있다.

우리가 커뮤니케이션 프로그램에서 가르치는 최고의 홍보 사례 중 하나는 자동차 제조 업종에 있는 한 홍보 담당 부사장에게서 들은 것이다. 이 여자 부사장은 자신의 팀이 다섯 단계의 절차를 수행하도록 가르친다. 이 절차는 파트너의 비즈니스 문제에 대한 정밀하고 비판적인 생각을 할 수 있도록 구성되었다. 이 절차를 통해 회사의 홍보 솔루션들이 파트너들의 성과에 방해를 일으키는 가장 중요한 요소를 제거하는 것을 목표로 한다. 이 문제 해결 절차를 홍보팀에서 이용하면서 이들이 제공하는 솔루션들의 효과가 향상되었으며, 홍보팀이 회사의 성과에 얼마나 기여하는지가 투명하게 전달되었다. 결국, 홍보팀이 비즈니스 성과를 이끌어 낼 수 있는 자문형 파트너로서 자리매김하는 데 도움을 주었다.

때로는 이러한 새로운 접근법이 회사의 명운을 거는 일에 기여할 수 있다. 회사의 핵심적인 기능인 전략, R&D, 구매 등은 지시 사항을 수용하는 오더 테이커의 역할이 아니라 회사의 기본적인 전제들에 대해 깊이 있게 검토하는 역할을 통해 회사에 큰 영향을 끼칠 수 있다. 이 전제들은 새로운 시장에서의 사업 기회에 관한 것이거나, 아니면 중요한 자본의 투입이나 물품의 구매와 관련된 것일 수 있다.

우리 회사의 구매 관련 컨설팅을 제공하는 Procurement Strategy Council은 최근에 구매 담당 책임자들이 현장 고객의 오래된 믿음에 효과적으로 도전하기 위해 매니저들에게 어떻게 도움을 주는지 파악해 보았다. 이 부서에 있는 동료가 말해 주기를 "진정 혁신적인 아이디어를 만들기 위해서는 구매 부서가 회사의 전략과 전략의 근거가 되는 전제들을 이해할 수 있어야 한다. 이런 지식을 가지고 있으면 구매 부서는 단지 구매 비용 데이터를 분석하는 데서 벗어나 구매 부서의 전문성을 바탕으로 회사에 도움을 줄 수 있는 영역을 찾을 수 있다. 비즈니스 전략의 근거가 되는 전제를 파악한 후, 구매 부서는 그 전략의 약점을 들추어 내어 어떤 부분이 잘못된 전제나 의심스러운 전제에 기반하고 있는지 결정해야 한다. 이렇게 잘못된 생각에 도전하고 대안을 제시하는 것이 회사의 발전에 큰 기여를 할 것이다."

R&D 분야는 어떤 비즈니스의 전제에 대해서 질문하고 깊이 뿌리 박힌 믿음에 대해 질문하는 것이 제일 중요한 분야다. 그렇지 않으면 조직이 전혀 예상하지 않은 위험에 처하거나 편견에 사로잡히고 말 것이다. 현재의 불안정한 경제 상황을 성공적으로 극복하기 위해 회사는 R&D 그룹에게 '완전히 새로운 형태의 혁신'을 기대하고 있다. 즉, 다른 말로 하면 회사 전체 혁신보다 한 단계 앞에 있는 R&D에서 변화를 원하는 것이다. 이것을 잘 수행했을 때 회사에 엄청난 보상이 돌아간다. 우리 회사의 R&D 분야의 컨설팅을 담당하는 사업부인 Research and Technology Executive Council[RTEC]은 혁신적인 아이디어를 통해 성장의 씨앗을 뿌리는 데 우수한 R&D 조직이 그렇지 못한 조직에 비해 신제품 영업 창출에 두 배 이상 기여한다는 것을 알게 되었다. 여기에 더해, 완전히 혁신적인 아이디어는 경쟁사보다 11% 더 빠르게 개발 주기를 앞당길 수 있다. 잘 계획되고 시장 상황을 정확히 반영하는 아이디어는 더 적은 추가 작업으로도 실현될 수 있기 때문이다.

우리 회사의 동료들은 R&D 부서가 가지고 있어야 하는 역량 중 전략적 영향력[strategic influence], 즉 R&D 부서가 회사나 비즈니스 전략에 영향을 미칠 수 있는 능력이 새로운 아이디어를 실행시키는 혁신의 관점에서는 효용성이 있다는 사실을 밝혀냈다. 동시에, 우리 회사가 설문조사를 한 R&D 최고 책임자의 70%는 자신들이 관리하는 팀이 이 중요한 능력을 충분히 가지고 있지 않다고 답했다.

많은 조직이 고민하고 있는 문제는 혁신이 전개될 통로의 앞부분에서 오히려 많은 좋은 아이디어가 사장되고 있다는 점이다. R&D 부문에서 혁신적인 아이디어의 장점을 다른 비즈니스 파트너들에게 설득시키지 못하기 때문에 회사가 새로운 혁신을 이룰 기회를 자주 잃어버린다. 실제로 새로운 아이디어들이 성공하지 못하는 이유는 R&D 부문이 좋은 아이디어를 찾았지만 그 아이디어가 적합하다는 것을 확신시키지 못하거나 아이디어를 시장의 수요에 연결시키지 못하기 때문이다.

이 문제를 해결하기 위해 RTEC에 있는 동료들은 일련의 우수 사례를 모았다. 이것은 챌린저 영업 모델을 소개하기 위해 우리가 한 것과 크게 다르지 않다. 이들이 회원사에게 가르친 사례들은 회사에 뿌리 박힌 편견에 도전하고, 새로운 기회에 대해 무조건 부정적인 반응을 보이지 않도록 조절하고, 초기 단계의 아이디어에 대한 반응을 파악하는 시간을 줄이는 새로운 방법들과 관련되어 있었다.

비즈니스 언어로 말하기

국제적으로 활동하는 사업 부문에서 자주 관찰되는 공통된 문제는 자신의 비즈니스 파트너들이 이해하기 쉬운 방식으로 의사 소통할 수 있는 능력이 부족하다는 점이다. 자주 발견된 문제는 본사에서 일하는 직원들, 예를 들면 법률, IT, 인사팀에 있는 사람들은 자신의 영역에 관한 지식은 설득력 있게 비즈니스 파트너에게 전달하면서 신뢰를 쌓기는 하지만, 아이디어나 통찰을 전달하지 못한다는 사실이다.

우리 회사의 고객 서비스 컨설팅 담당 부서와 함께 프로젝트를 진행했던 한 금융 서비스 회사는 고객 서비스 부문에서 영원한 숙제가 무엇인지 말해 주었다. 그것은 고객의 불만에 대해 회사가 행동을 취하도록 하는 것이다. 지금까지 그 회사는 불만 사항에 대한 데이터를 '콜센터의 시각'에서 정리하였다. 즉, 얼마나 많은 불만 사항이 접수되었는지, 불만을 처리하기 위해 소모되는 시간 등이다. 그런데 이런 데이터들이 회사 내의 다른 파트너들에게 어떤 의미가 있는지 이해시키기 어렵다는 것을 알게 되었다. 그래서 '불만 대비 시장 영향력'이라는 모델을 개발해서 고객 불만 사항 하나가 회사의 재무에 어떤 영향을 미치는지 파악할 수 있도록 했다. 그러자 갑자기, 회사 내의 비즈니스 파트너들이 귀를 기울이기 시작했다. 고객 서비스 부사장은 "항상 회사 내에는 뿌리 깊게 남아 있는 고객 서비스 문제가 있습니다. 이 데이터는 명확하게 제시되기 때문에 사람들이 문제를 직시할 수 있게 되었습니다. 이를 통해 우리는 시스템적인 문제를 발견할 수 있었고 다른 사람들에게 우리와 협력해서 문제들을 해결할 필요가 있다는 확신을 줄 수 있었습니다."라고 말했다.

기술적인 전문 용어를 이용해서 다른 사람들을 불편하게 하는 최악의 사례는 법률팀에서 자주 관찰된다. 특히, 큰 회사의 경우 법률팀은 아주 전문적이고 기술적이다. 우리 회사의 법률 관련 컨설팅 부문의 한 고객은 법률팀의 능력을 개선하기 위해 많은 시간과 에너지를 투자하고 있다고 말했다. "변호사들이 로스쿨에서 배우는 기술들은 비즈니스에서 능력을 발휘하는데 도움을 주지 못합니다. 변호사들은 학생 때 길고 기술적인 보고서를 쓰는 것을 배웁니다. 이것들은 판사를 상대로 할 때는 큰 도움이 되지만 비즈니스맨을 상대로 할 때는 아주 골치 아프죠. 우리는 이들이 비즈니스 파트너와 의사 소통하는 방법을 가르치는데 많은 시간을 투자합니다. 어떤 경우에는 제가 커뮤니케이션 강사를 초청해서 이 사람들이 '… 임에 반하여'나 '에 소급하여' 등 계약서에서나 사용하는 단어를 프레젠테이션에서 사용하지 않도록 교정합니다. 사내 변호사로서 일하려면 비즈니스 환경에서 어떻게 행동해야 하는지 이해하고 있어야 합니다."

이 수석 변호사는 변호사들이 비즈니스 고객과 효과적으로 일하는데 방해가 되는 것이 단지 기술적인 전문 용어 때문만은 아니라고 했다. 다른 이유는 변호사들은 고객이 결정을 내리는데 도움을 주는 사업적인 선택을 제시하는 것이 아니라 애매한 판단을 내리려고 하는 경향을 가지고 있기 때문이기도 하다. "변호사들은 애매한 답변을 주고 싶어 합니다. 예를 들어 '이 결정은 좋을 수도 있고 나쁜 영향을 미칠 수도 있습니다.'와 같은 답변 말이죠. 그런데, 이것은 우리 고객에게 아무런 도움을 주지 않습니다. 이런 지침을 가지고 신뢰할 만한 결정을 내릴 수 없습니다." 변호사들이 이런 생각에서 벗어나도록 하기 위해 이 수석 변호사는 소송 위험 예측 전문가를 초빙하여 도움을 구했다. 그는 다음과 같이 설명해 주었다. "우리가 미래를 말해 주는 수정 구슬을 가지고 있는 것은 아닙니다. 그러나 우리는 결정에 따른 확률에 대해 말해 줄 수 있고, 잠재적 손실에 대해 예측을 해 줄 수 있습니다. '이것이 이럴 수도 있고 저럴 수도 있다.'는 판단보다는 훨씬 더 비즈니스 파트너들에게 도움이 됩니다."

중요한 역할을 얻기 위한 방법

　어려운 전문 용어를 쓰지 않고 비즈니스 중심의 대화를 한다면 우리가 전달하려는 내용에 회사가 관심을 가져줄 가능성은 커진다. 그렇다고 당장 중요한 전략적인 미팅에 초대되거나 큰 위험 부담을 가지고 있는 결정 과정에 반드시 참석해야 하는 인물로 인정받기는 쉽지 않다. 즉, 사람들이 무시하지는 않겠지만 그렇다고 해서 당신을 반드시 필요로 하는 것은 아니다. 회사에서 중요한 역할을 하기 위해서는 관리직 직원들도 설득력 있는 통찰을 제공해야 한다. 직속 고위 경영진들은 항상 바쁘다는 것을 감안하면 기회는 여러 번 찾아오지 않는다.

　회사 내에서 관심을 끌고 우리 팀을 반드시 필요한 비즈니스 파트너로 자리매김할 기회를 잡을 수 있는 최선의 전략에 대해서 우리 회사의 시장 조사 컨설팅 사업부가 설명해 주었다. 시장 조사 전문가들은 우리가 지금까지 이야기한 그런 모든 문제로 고민하고 있다. 대부분의 회사에서 이들은 오더 테이커로 인식되고 있으며, 자신의 전문적인 영역에 매몰되어 있다 보니 비즈니스 파트너들과 관계를 맺는 데 어려움을 겪고 있다.

　어느 첨단기술 회사의 시장 조사 책임자가 회사 최고위층에서 진행되고 있는 전략 관련 토론에서 중요한 조언을 해 줄 수 있는 몇번의 기회를 발견했다. 그런데, 문제는 그 회사에서 흩어져 있던 시장 조사 부문들이 최근에 통합되었으며, 그래서 아직 고위 임원들의 회의에 이 책임자가 참석할 위치가 아니라는 점이었다. 그 당시 시장 조사 책임자는 "우리는 회사에 전략적인 조언을 해 줄 수 있는 영역을 발견했습니다. 그러나, 경영진들에게 우리의 의견을 개진할 위치에 있지 못했지요. 경영진은 먼저 전략적인 조언자들이 정확히 무엇을 할 수 있는지 경험할 필요가 있었지요. 힘든 점은 우리 팀의 능력을 보여줄 기회를 찾는 것이었습니다."라고 당시 상황을 설명해 주었다.

그 팀의 존재감을 확실하게 보여주기 위해서 고위 임원에게 좋은 첫 인상을 줄 수 있는 기회를 놓치지 않도록 몇 가지 기준을 만들었다. (1)프로젝트는 경영진이 고려하고 있는 중요한 관심사와 일치해야 한다. (2)그 프로젝트에 대해 시장 조사팀이 중요한 통찰을 발견할 가능성이 높아야 한다. (3)프로젝트가 우리 그룹이 전문성을 가지고 있는 영역 안에 있어야 한다. (4)문제에 대해 결정을 내릴 가능성이 높아야 한다. (5)프로젝트가 큰 자원을 필요로 하지 않아야 한다. 익숙하지 않은가? 시장 연구 책임자가 만든 기준은 챌린저 영업 모델의 가르치기 방법과 아주 유사하다. 사실 이들 중 몇 개는 5장에서 이야기한 안전-과감성 틀과 동일하다. 이 기준은 시장 조사팀이 경영진에게 처음 프레젠테이션을 할 때 신뢰할 만한 통찰을 전달하는데 도움을 주었으며, 결국 이 팀에 의뢰된 전략적인 프로젝트의 숫자가 두 배가 되었고, 이 팀의 예산이 65퍼센트 증액되는 결과를 가져왔다. "비밀은 적절한 이슈를 찾는 것입니다. 일단 초기 단계에서 성공하면 문은 열리기 시작하고 경영진들은 시간을 내서 우리를 만나고 싶어 합니다. 왜냐하면 우리가 중요한 것을 말해 줄 수 있다는 것을 그들은 알고 있기 때문이지요."

끊임없는 노력

우리 회사는 회원사의 본사 내근 직원들을 대상으로도 다양한 교육 프로그램을 제공한다. 예를 들어 우리 회사의 인사 및 재무 리더십 프로그램에서는 회사 내의 다양한 업무 영역에서 우수 직원들을 대상으로 컨설팅 능력을 배양하는데 초점을 맞추고 있다. 마찬가지로 우리 회사의 시장 조사 프로그램도 컨설팅 기술과 프레젠테이션 기술을 키우는 교육을 제공한다. 이 모든 프로그램에 대한 수요는 항상 있으며, 이것은 적어도 현재 이 주제들이 많은 리더들에게 절박한 문제라는 것을 말해 주고 있다. 그런데, 미래에는 이런 종류의 기술이나 능력에 대한 요구가 줄어들까?

회사에서 오 년 및 십 년 뒤에 어떤 기술들이 더 이상 쓸모 없어 질지 예측하기 힘들다. 그러나 본사 직원에 대한 기대 수준이 낮아질 것 같지는 않다. 외부 고객과 마찬가지로 내부 고객들도 비용을 절감하거나 돈을 벌 수 있는 새로운 아이디어를 계속해서 찾고 있으며, 통찰을 제공해 주는 주체가 외부 공급사 이든지 회사 내의 지원팀 이든지 상관없이 보상을 해 줄 것이다. 회사가 내부 공급사(내부 지원팀)와 일하지 않을 수는 없겠지만, 내부 공급사에게 지갑을 닫는 경우는 자주 있다. 근근이 생명을 유지할 정도로 지원을 하는 것과 큰 프로젝트나 솔루션에 대규모로 지원을 하는 것은 엄청난 차이가 있다.

우리는 챌린저 개념이 영업직 이외에 회사 내 다른 부문에서도 공감을 불러 일으킨다고 생각한다. 이는 챌린저 개념이 많은 비즈니스 리더들이 처한 현재 상황에 대안을 제시해 줄 수 있기 때문이다. 공급사가 고객의 충성을 얻기 위해 노력하듯이 회사 내의 여러 부서 책임자들은 자신과 자신의 팀의 이익을 대변하기 위해 회사의 중요한 결정 과정에 참여하기를 원한다. 챌린저 모델은 적어도 이런 팀들이 자신을 차별화하고 수동적인 오더 테이커와는 근본적으로 다르게 보이도록 하는 출발점을 제공한다.

요즘 B2B 영업에서 우리는 더 똑똑해 지고 진화하는 고객들과 만난다. 이 고객들 앞에서 주도적인 영업을 하는데 반드시 필요한 정보이며 우리 회사와 팀에 반드시 추천하고 싶은 책이다.

한재정, SK 엠앤서비스 | Solution Biz 그룹장

| 부록 A |

챌린저 코칭 가이드

가르치기

방문 전 질문 사항

- 이 고객과 만나서 어떤 비즈니스 문제에 초점을 맞출 것인가? 이것이 그 고객에게 중요하다는 것을 어떻게 아는가? 비슷한 회사들이 이 문제에 어떻게 대처했는가?
- 이 통찰이 그 고객에게 얼마나 신선하거나 흥미롭게 여겨질까? 왜 고객은 이 통찰을 아직 모르고 있을까?

방문 후 질문 사항

- 당신이 제공한 통찰에 대해 고객이 얼마나 흥미를 느끼거나 자극을 받았는가? 어떻게 그것을 알 수 있는가?

챌린저 코칭 연습

　상황을 이해하기 기존의 고객이나 아니면 현재 판매하고자 하는 고객사 한 곳을 선택해서 다음 질문에 대해서 답해 보자:

- 고객사의 앞으로 3년 동안의 전략적인 목표는 무엇인가?
- 경쟁사와 비교하면 어떤 강점을 가지고 있는가? 더불어 어떤 약점을 가지고 있는가?
- 고객사에서 당신이 만나는 사람은 고객사의 전략적인 목표 및 장점/강점에 어떤 영향력을 미치는가?

코치로서 영업 사원과 같이 고객의 비즈니스 기회들과 우리 회사의 장점을 연결해 설득력 있는 가르치기 대화를 만들어 낼 기회를 찾아라.

맞추어 제안하기

방문 전 질문 사항

- 고객이 속한 산업의 최신 동향은 무엇인가? 최신 동향이 고객사에 어떻게 영향을 미치는가?
- 이 회사가 시장에서 가지고 있는 고유한 위치는 무엇일까? 어떤 부분이 가장 취약한가?

방문 후 질문 사항

- 고객의 경제적인 유발 요인에 대해서 무엇을 배웠는가?
- 당신이 기대하지 않았던 목표, 동기 유발 요인, 정보를 알게 되었는가? 여기에 어떻게 반응했는가?

주도권 잡기

방문 전 질문 사항

- 구매 과정이 진행되기 위해 다음 단계에서 밟아야 할 행동은 무엇인가?
- 고객의 구매 절차에 대해서 무엇을 이해하게 되었는가?

방문 후 질문 사항

- 이 대화가 다음 단계로 영업을 진행시키는 데 어떤 역할을 했는가?
- 긴장감이 고조될 때 긴장을 없애고 싶은 본능이 들었는가 아니면 그냥 유지하려고 했는가? 무엇을 했는가?
- 다음 단계에서 해야 할 것은 무엇인가?

| 부록 B |

영업 스타일 자기 진단

진단 방법

다음 항목에 대해 생각해 보고 당신이 영업하는 방식을 얼마나 잘 설명하고 있는지 정도에 따라 각각 점수를 매김

- 1 = 아주 그렇지 않음
- 2 = 그렇지 않음
- 3 = 맞지도 틀리지도 않음(중립)
- 4 = 그러함
- 5 = 아주 그러함

진술	점수
1) 나는 고객과 지속적이면서 유익한 관계를 자주 맺는다.	
2) 나는 우리 회사의 제품과 서비스와 연계되는 새롭고 고유한 통찰을 가르치면서 고객에게 고유한 관점을 효과적으로 제공할 수 있다.	
3) 나는 내가 판매하는 제품과 서비스에 대해 진정한 전문가이며, 구매 전문가들이 가진 지식보다 훨씬 다양한 지식을 가지고 있다.	
4) 고객에게 적합한 것이 무엇인지 주장하기 위해 자주 고객의 반대도 감수한다.	

진술	점수
5) 고객과 협상할 때 각 고객이 가장 가치 있게 생각하는 것이 무엇인지 이해하며 이에 따라 메시지를 수정한다.	
6) 고객의 비즈니스를 이끄는 중요한 원동력이 무엇인지 파악할 수 있으며, 그 정보를 이용해서 나의 접근법을 커스터마이징할 수 있다.	
7) 고객의 요청을 충족시키는 일과 관련하여 나는 대부분 모든 것을 스스로 해결한다.	
8) 아주 힘든 영업 상황에서 나는 고객이 결정을 내리도록 영향을 미치는 데 어려움이 없다.	
9) 나는 고객과 가격 및 대금 지급에 대해서 고객의 상황을 고려하며 효과적으로 이야기할 수 있다.	
10) 나는 영업 방문을 준비하는 데 다른 어떤 사람들보다 더 많은 시간을 보내는 것 같다.	

점수 가이드

- 질문 2번과 3번의 점수를 더해서, 이 숫자를 '차별화하도록 가르치기' 박스에 적기
- 질문 5번과 6번의 점수를 더해서, 이 숫자를 '반향을 불러 일으키도록 맞추어 제안하기' 박스에 적기
- 질문 8번과 9번의 점수를 더해서, 이 숫자를 '주도권 잡기' 박스에 적기

질문 1, 4, 7, 10번에 높은 점수를 주었다면 특정 영업 프로파일에 해당하는 타고난 영업 스타일을 가지고 있다는 것을 의미한다(1번은 관계중심형, 4번은 외로운 늑대형, 7번은 문제 해결형, 10번은 하드워커형).

차별화하도록 가르치기	반향을 불러 일으키도록 맞추어 제안하기	주도권 잡기

각 박스의 점수

- **8점 이상일 경우:** 아주 좋은 출발을 할 수 있는 조건을 가짐. 고객의 생각에 지속적으로 도전할 수 있는 방법들을 지속적으로 찾아라.

- **5점에서 7점:** 좋은 기초 능력을 가지고 있음. 개선할 수 있는 영역을 찾아서 목표를 정하며, 더 많이 도전할 수 있도록 자신을 압박하라.

- **4점 이하:** 자신을 위해 조금 새로운 접근을 해야 할 지도 모름. 가장 편안하게 일할 수 있는 영역에 대해 생각해 보고 여기에서 자기 개발을 시작하라.

| 부록 C |

챌린저 채용 가이드
인터뷰에 사용하는 핵심 질문

자질	• 고유한 관점을 제공할 수 있다.
정의	• 고객이 자신의 비즈니스를 바라보는 관점을 재구성하고 도전하기 • 통찰을 고객의 긴급한 문제와 연계시키며 동시에 공급사 고유의 차별 점과 연계시킴
샘플 인터뷰 질문	• 고객과 대화할 때 보통 어떤 주제로 이야기를 시작하는가요? • 고객이 자신들의 문제나 요구 사항을 다른 각도에서 생각하도록 만든 경우가 있다면 설명해 주세요 • 영업 프레젠테이션에 무엇을 포함시킬지 어떻게 결정하는가요? • 고객이 당신의 생각에 동의한다는 것을 어떻게 파악하는가요? • 당신의 영업 프레젠테이션이 전혀 통하지 않은 한 사례를 설명해 주세요. 이럴 때 당신은 어떻게 반응했는가요? • 다른 형태의 고객에 맞추어 프레젠테이션을 어떻게 변경하는가요?
평가 가이드라인	• 영업 프레젠테이션은 공급사의 장점을 강조하기 전에 고객의 혜택을 강조하도록 구성함 • 고객의 비즈니스에 적합한 통찰을 제공하며 이것을 공급사의 역량과 명확하게 연계시킴 • 고객의 반응에 따라 영업 프레젠테이션을 조정하기
주의 사항	• 영업 프레젠테이션이 제품의 기능이나 장점에 초점을 맞출 경우 • 통찰이 고객의 긴급한 문제와 연계되지 않을 경우 • 공급사의 차별점을 명확하게 설명하지 못할 경우 • 영업사원들이 프레젠테이션 중간에 주장을 변경시키지 못할 경우

자질	• 쌍방향 의사소통을 주도할 수 있다.
정의	• 명확하게 공급사의 가치를 밝히고 긴급한 비즈니스 문제를 해결하는데 고객을 함께 참여시킴 • 비언어적인 실마리를 읽고 예상하지 않았던 고객의 요구 사항을 파악함 • 내부 관계자들의 지원을 조율하고 확실히 끌어낼 수 있음
샘플 인터뷰 질문	• 당신은 고객과의 관계를 어떻게 설명하겠습니까? • 고객이 긴급한 비즈니스 문제에 대해서 이야기하도록 하기 위해 어떻게 하는가요? • 영업 과정 속에서 어떤 비언어적인 실마리를 찾는가요? • 고객이 언급하지 않은 고객의 요구 사항에 대해 먼저 주도적으로 대처한 적이 언제인가요? • 바쁜 고객사의 경영진에 접근하기 위해서 문지기 역할을 하는 사람을 어떻게 다룰 것인가요? • 여러 부서 간의 이견을 조율하는 데 어려움이 발생했을 때 극복한 사례를 설명해 주세요.
평가 가이드라인	• 고객과의 관계가 고객의 어려움에 대해 가르쳐 주는 능력에 기반하고 있다.. • 복잡한 고객의 수요에 맞추어 부서 간의 의견을 성공적으로 조율했다.
주의 사항	• 개방적이거나 쉽게 접근할 수 있는 사람으로 보이지 않음 • 유연하지 못하며, 단언하기를 좋아함 • 보디랭귀지를 파악하지 못함 • 다양한 관계를 조율하는 것을 어려워함
자질	• 고객의 가치 유발 요인을 알고 있다.
정의	• 고객의 비즈니스에 대해서 깊이 이해하고 있으며 다양한 각도에서 고객과 문제들을 논의할 수 있음 • 결정에 영향을 미치는 다양한 사람들과 편안하게 이야기할 수 있음 • 구매에 대한 장애 요소를 극복하기 위해서 공급사의 역량을 고객 개개인의 목표와 성공적으로 연결할 수 있음

| Continued |

샘플 인터뷰 질문	• 고객사의 관계자들로부터 동의를 얻기 위해 어떤 절차를 이용하는가요? • 어떻게 핵심 결정권자와 영향을 미치는 사람들을 파악할 수 있는가요? • 결정권자들에게 무엇이 중요하고 중요하지 않은지 어떻게 판단하는가요? • 고객의 비즈니스를 배우기 위해 이용하는 조사 방법이 무엇인지 설명하세요. • 고객사에서 잠재적으로 경쟁사를 지원할 수도 있는 담당자를 어떻게 탐지할 수 있는가요? • 당신의 제안이 고객의 요구 사항과 일치하지 않은 경우가 언제였는지 설명해 주세요.
평가 가이드라인	• 핵심 결정권자들과 이들의 최우선 관심사를 파악하는 데 구조화된 절차를 따름 • 고객의 고유한 요구 사항에 영업 메시지를 맞추어 제안함 • 고객의 목표를 달성하는 데 있어 공급사/판매사 관계에서 파트너십 관계로 성공적으로 전환함
주의 사항	• 영업 건에 관계되어 있는 모든 관계자를 파악하지 못하고 있음 • 모든 고객 담당자에게 똑같은 메시지를 이용함 • 고객 관계가 본질적으로 제품을 구매하고 판매하는 관계임 • 고객의 비즈니스 우선 순위에 대해서 명확하게 파악하지 못함

자질	• 경제적인 유발 요인을 파악할 수 있다.
정의	• 주의 깊게 경제적인 상황과 산업계의 동향을 파악하고 이것이 새로운 비즈니스 기회를 포함해서 고객의 비즈니스에 어떤 영향을 미치는지 이해함 • 산업계의 동향과 동종 회사들의 우수 사례에 대해서 고객을 교육함

| Continued |

샘플 인터뷰 질문	• 현재의 경제 위기가 당신이 영업하고 있는 산업계에 어떤 영향을 미쳤나요? • 고객이 우선 순위를 정하거나 변경하는 데 도움을 준 적이 있으면 설명해 주세요. • 동료들이 경제적인 사건이나 업계의 사건에 대해 당신이 전문가라고 생각하는가요? 왜 그런가요? • 비즈니스 환경에 대해 배우기 위해 어떤 자원을 이용하는가요? • 당신이 파악하고 진행한 새로운 고객의 영업 기회에 대한 사례를 한번 알려주세요. • 우수 사례를 고객과 공유했던 경험을 설명해 주세요.
평가 가이드라인	• 경제적인 상황 및 업계의 상황에 대해서 정통하며, 이것을 고객의 비즈니스와 연계시킴 • 고객이 계획 단계에서 영업사원에게 적극적으로 조언을 구함 • 성장 가능성이 큰 새로운 비즈니스 기회를 자주 파악해 냄
주의 사항	• 업계에 대하여 깊은 지식을 가지고 있지 않음 • 경제적인 사건들과 고객의 목표를 연계시키지 못함 • 고객과 새로운 기회를 창출하는 데 실패함 • 비즈니스의 우선 순위에 대해 고객에게 조언을 하지 못함

자질	• 돈에 대해서 이야기하는 것을 불편해하지 않는다.
정의	• 어떻게 공급사와 경쟁사들의 제안 가격이 정해지는지 그리고 고객의 예산에 대해서 알고 있음 • 가격에 대한 반대를 극복하기 위해 공급사의 제품과 서비스의 가치를 제안 가격과 명확하게 연결함 • 언제 영업 건을 포기할 때인지를 알고 있음
샘플 인터뷰 질문	• 언제 가격 인상을 성공적으로 관철했는지 말해 주세요. • 고객이 가격에 대해서 양보해 달라고 요청했을 때 어떻게 반응했나요? • 명확하지 않은 가격 가이드라인에 대해 성공적으로 협상했던 적이 언제인 지 설명해 주세요. • 지속적으로 당신보다 낮은 가격을 제안하는 경쟁사에 어떻게 반응 했나요? • 가격 때문에 영업을 포기했던 적이 언제인지 말해 주세요.

| Continued |

평가 가이드라인	- 영업 사이클의 어떤 단계에서든지 가격에 대해서 편안하게 이야기 하며 절대적인 가격 가이드라인에 의존하지 않음
- 고객이 가격 이상의 다른 것을 보도록 하고 공급사의 고유한 차별 성을 인정하도록 함
- 상당한 수익을 확보한 상태에서 영업을 성사시킴
주의 사항	- 가치 대비 가격을 명확하게 정당화하지 못함
- 고객의 구매 능력에 대해서 알지 못함
- 자주 가격과 할인에 대해서 양보함

자질	- 고객에게 압력을 가할 수 있다.
정의	- 결정 과정을 이해하고 중요한 결정권자에게 영향을 미칠 수 있는 능력이 있음
- 관계자들의 반대를 먼저 파악하고 고객을 압박하여 좋은 결과를 얻음
- 공급사를 위해 컨센서스를 구성해 줄 고객사 내의 지지자를 만듦
샘플 인터뷰 질문	- 고객이 당신에 대해서 연상하거나 말해 줄 단 하나가 있다면?
- 영업 건에 관련된 모든 사람들 사이에서 어떻게 컨센서스를 만드는가요?
- 진퇴양난에 빠진 영업 건을 진전시킨 사례가 있으면 설명해 주세요.
- 영업 건을 성사시키기 위해 타협한 적이 언제였는지 설명해 주세요. 이때 고객에게 무엇을 제공했나요?
- 고객사의 지지자들에게 당신을 위해 영업을 할 정도로 확신을 준 적이 있는지 말해 주세요.
평가 가이드라인	- 결정 과정과 다양한 관계자들의 우선 순위를 이해하는 숙련된 협상자 인가?
- 관계자들 사이에서 컨센서스를 만들어 내고 혼자서 거래를 성사시킬 수 있음
- 지원을 확보하기 위해 최고 경영진보다는 주로 고객사 내 지지자들의 신뢰를 얻기 위해 노력함
주의 사항	- 고객에게 지나치게 공격적이거나 수동적임
- 관계자들의 컨센서스를 구성하는 것을 어려워함
- 협상을 끝내기 위해 가격을 양보함
- 최고위 경영진에만 집중함